财政部规划教材
全国财政职业教育教学指导委员会推荐教材
全国高职高专院校财经类教材

# 商务谈判与推销技巧

（第二版）

范　忠　陈爱国　主编

中国财政经济出版社

**图书在版编目（CIP）数据**

商务谈判与推销技巧/范忠，陈爱国主编．—2版．—北京：中国财政经济出版社，2013.6

财政部规划教材．全国财政职业教育教学指导委员会推荐教材．全国高职高专院校财经类教材

ISBN 978-7-5095-4565-2

Ⅰ.①商…　Ⅱ.①范…②陈…　Ⅲ.①商务谈判-高等职业教育-教材②推销-高等职业教育-教材　Ⅳ.①F715.4②F713.3

中国版本图书馆CIP数据核字（2013）第124868号

责任编辑：张　军　　　　责任校对：徐艳丽
封面设计：陈　瑶　　　　版式设计：兰　波

中国财政经济出版社出版
URL：http://www.cfeph.com
E-mail：cfeph@cfeph.cn

社址：北京市海淀区阜成路甲28号　邮政编码：100142
发行处电话：010-88191537　财经书店电话：64033436
三河市宏图印务有限公司印刷　各地新华书店经销
787×1092毫米　16开　14.5印张　353 000字
2013年12月第2版　2021年9月河北第6次印刷
定价：30.00元
**ISBN978-7-5095-4565-2/F·3699**
（图书出现印装问题，本社负责调换）
本社质量投诉电话：010-88190744
**打击盗版举报热线：010-88191661　QQ:2242791300**

# 编写说明

本书是财政部规划教材、全国财政职业教育教学指导委员会推荐教材，由财政部教材编审委员会组织编写并审定，作为全国高职高专院校财经类教材使用。

《商务谈判与推销技巧》是根据财政部学历教材建设计划的要求，按照理论必需够用、突出实践操作的原则，集合有关人员组织编写的系列教材之一。它适用于财经商贸类高等职业技术院校以及高等专科学校各有关专业的教学，也可供营销业务人员及广大经济工作者学习和参考。

在职业技术教育飞速发展的今天，编写出真正符合职业技术教育特色的教材日益重要。本书力求体现职业技术教育的特色，在体系、结构及内容上突出职教特点：一是基本理论和基础知识简洁、新颖；二是力求创新，积极吸收新理念、新案例、新形式，从而激发学生进行自主学习，并加强技能方面的训练；三是形式生动活泼，穿插一些小思考、小案例、小知识等，丰富了教材内容。

本书由范忠教授、陈爱国教授担任主编，董媛担任副主编，参加编写的人员有：陈爱国（第一、二章）、王瑶副教授（第三、四章）、王方副教授（第五、六章）、范忠（第七、八章）、董媛（第九、十章）、尹正年副教授（第十一、十二章）。范忠、陈爱国负责全书总纂定稿，董媛做了大量的基础性工作。在编写过程中，我们还参考并吸收了国内外一些专家学者的研究成果及资料，特在此表示衷心的感谢。

为了加强对教学内容的理解和实践训练，章后我们还编写了配套的习题。用书学校任课老师若需要习题答案及本教材的电子课件，请登录如下网址下载：http：//www. zgcjjy. com。

在本书的编写过程中，得到了财政部干部教育中心的大力支持和悉心指导，并提出了宝贵的意见和建议，谨在此表示诚挚的谢意。

限于编者学识水平，疏漏之处在所难免，敬请专家和读者不吝指教。

编　者

2013 年 5 月

# 目录

# 第一章 商务谈判概论

**学习目标**

- □ 理解并熟练掌握商务谈判概念与特征
- □ 了解商务谈判的基本类型
- □ 领会商务谈判的相关原则
- □ 掌握判断商务谈判成败的标准
- □ 能够运用商务谈判的成功模式

**案例导入**

有一个妈妈把一个橘子给了邻居的两个孩子。这两个孩子便开始讨论如何分这个橘子。两个人吵来吵去，最终达成了一致意见，由一个孩子负责切橘子，而另一个孩子先选橘子。结果，这两个孩子按照商定的办法各自取得了一半橘子，高高兴兴地拿回家去了。第一个孩子把半个橘子拿到家，把皮剥掉扔进了垃圾桶，把果肉放到果汁机上打果汁喝。另一个孩子回到家把果肉挖掉扔进了垃圾桶，把橘子皮留下来磨碎了，混在面粉里烤蛋糕吃。

（资料来源：根据《市场报》2004 年 5 月 18 日资料整理。）

**分析：**虽然两个孩子各自拿到了看似公平的一半，然而，他们各自得到的东西却未物尽其用。没有事先申明价值导致了双方盲目追求形式上和立场上的公平，结果，双方各自的利益并未在谈判中达到最大化。

你如何理解“谈判常常是不均等的公平”这句话？

第一节

# 对商务谈判的基本认识

## 一、商务谈判的概念

### （一）什么是谈判

“谈判”一词听起来有些严肃、玄妙，有时甚至令人生畏，其实，我们每个人每天都会接触到有关谈判的内容，只是我们没有明确地意识到而已。比如我们上街购物，会很自然地与货主讨价还价，这其实就是一种谈判。如果说谈判真的有什么玄妙之处的话，那么它的玄妙之处就在于：它是一项既充满智慧、勇气，又充满艺术和技巧的活动。

那么，什么是谈判呢？

**谈判，是指人们为了协调彼此之间的关系，满足各自的需要，通过协商而争取达到意见一致的行为和过程。**

谈判有广义和狭义之分。

**广义的谈判**，泛指一切为寻求意见协调一致而进行的思想、意愿交流磋商的全过程。比如说，公司为分发红利而召集的讨论会，医生规劝病人要戒烟，父母为给儿子购买小汽车而进行的协商，等等，都是一种广义的谈判。日常生活中的每个角落都充满着这类谈判，生活中的每个人都是广义谈判的谈判者。因此说，整个世界就像一张偌大的谈判桌。

**狭义的谈判**，是指有准备、有步骤地为寻求意见协调，并用书面形式予以反映的磋商过程。狭义的谈判具有阶段性、程序性、正规性和法律效应性等特征，本书提供给大家的正是这种谈判。

人类为什么要谈判呢？

谈判的直接原因是因为谈判双方都有自己的需求，是基于一定的需求而进行的人类活动。也就是说需求是谈判的内在动力，谈判者只有为了保护和寻求某种利益才会去谈判。谈判的内在动力是需求，而满足一方的需求会涉及或影响另一方需求的满足，任何一方都不能无视他方需求的满足。也就是说，谈判双方都不能仅仅以追求自己的需求为出发点，而是应该通过交换观点进行磋商，寻求双方都能够接受的方案。

### （二）什么是商务谈判

“商”字有多重字义，其一为交易。根据《辞海》的解释，“商务”应理解为商业活动，即贸易或交易，也就是指在各种市场主体之间发生的一切有形与无形的产品、服务或资产的交换活动，以及合作活动。

所谓**商务谈判，是指人们为了实现交易目标而相互协商的活动。**

这里的“商务谈判”有两层含义：一是“商务”，二是“谈判”。前者表明行为目标和内容性质，后者表明运作过程和活动方式。在商务谈判中，没有“商务”，就不能说明谈判的特定目标和内容性质；没有“谈判”，也就不能说明商务的运作过程和活动方式。可见，商务谈判，正是这样一种为实现商品交易目标，而就交易条件进行相互协商的活动。

## 二、商务谈判的构成要素

**谈判要素是指谈判的构成因素和内部结构。**一项完整的谈判活动须具备以下要素：主体、客体、目的、行为、环境和结果。

### （一）谈判主体

在谈判活动中，主体的存在是必然的。**谈判主体也就是谈判当事人。**谈判主体由关系主体和行为主体构成。

**关系主体：**在商务谈判中有权参加谈判并承担谈判后果的自然人、社会组织及能够在谈判或履约中享有权利、承担义务的各种实体。

**行为主体：**实际参加谈判的人。

谈判主体是谈判的前提，在谈判中要注意避免因谈判的关系主体和行为主体的不合格，使谈判失败而造成的损失。如果谈判的关系主体不合格，便无法承担谈判的后果；如果未经授权或超越代理权等的谈判行为主体则为不合格主体，谈判的关系主体也不能承担谈判的后果。

### （二）谈判客体

**谈判的客体是指谈判的标的和议题。**谈判客体有资金方面的，如价格和付款方式等；有技术合作方面的，主要是技术标准方面的问题；有商品方面的，如商品的品质、数量、仓储、装运、保险和检验等。总之，涉及交易双方利益的一切问题，都可以成为谈判的议题。

### （三）谈判目的

谈判目的是构成谈判活动不可或缺的因素。正因为谈判各方鲜明的目的性，才会使得谈判活动具有较强的冲突性和竞争性，而闲谈则不涉及各方的利害关系，也不会导致双方的对立和竞争。

朱莉娅·蒂普勒曾把谈判过程比作一次旅行，她说：“当你要旅行时，你应该清楚从哪里出发，然后要清楚目的地，之后确定行程。”谈判总是以某种利益的满足为目的，目的建立在需要的基础上，目的是人们进行谈判的动机，也是谈判产生的原因。尼伦伯格指出，当人们想交换意见、改变关系或寻求同意时，人们开始谈判。这里，交换意见、改变关系、寻求同意都是人们的需要，这些需要来自于人们想满足自己的某种利益，这些利益包含的内容非常广泛：有物质的、精神的，有组织的、个人的等，这些需求的满足是人们进行此次谈判要达到的目的。需要越迫切，谈判意愿越强烈。

### （四）谈判行为

**谈判的行为主要指谈判的行为主体围绕谈判事项进行信息交流和观点的磋商。**如果说谈判主体是指谈判“谁来谈”，谈判客体是指谈判“谈什么”，那么谈判行为则是指谈判中“怎么谈”。其内容包括谈判各方的信息交流、评判谈判胜负标准、谈判策略、方式、方法和技巧等。

### （五）谈判环境

谈判活动受到环境的具体制约，都是在特定的环境下进行的。这种环境既包括了外部的大环境，如政治、经济、文化、市场、竞争等，亦包括了谈判的小环境，如时间、地点、场所、交往空间等。

### （六）谈判结果

一项完整的谈判活动必须有谈判结果。无论谈判成功与否，都需要有相应的结果。没有结果，则意味着谈判活动还没有结束。有些谈判旷日持久或相持不下，但只要没有明确的谈判结果，谈判就有继续的可能。谈判活动不了了之，只能成为“不完整的谈判”，应尽力避免。

## 三、商务谈判的特征

### （一）商务谈判以追求经济利益为目的

谈判活动的直接动因就是需求，参与谈判的各方，其目的或需求不尽相同。而商务谈判的目的就是要获得经济上的利益。因为谈判的各方都是经济实体，获取自身利益最大化是他们经营的根本目标，也是他们参加谈判的出发点和目的。虽然在商务谈判过程中，谈判对手可能会运用并调动其他的非经济因素，并且会产生对谈判的积极影响，但其最终目的是为了实现自身利益的最大化，或者是为了追求本组织的长远经济利益。

需要指出，商务谈判中的经济利益，是谈判各方的共同追求。所以，这种利益性应当是“合作的利己主义”，即应当是在相互合作中实现自身利益的最大化。在商务谈判中，以双方谈判为例，其利益关系界限如图1－1所示。

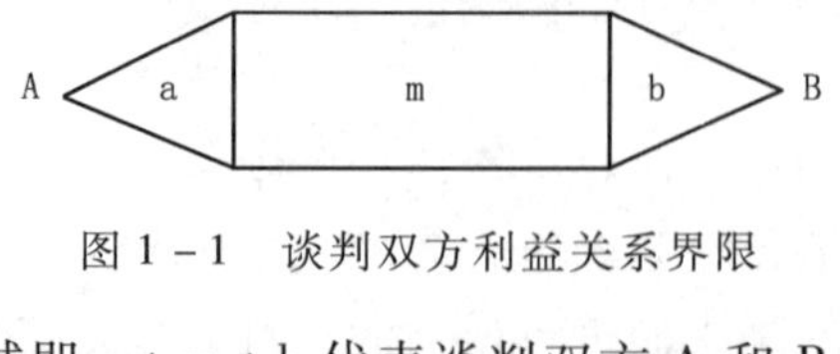


图1－1　谈判双方利益关系界限

在图1－1中，三个区域即 $a+m+b$ 代表谈判双方 A 和 B 的总利益。其中，a 代表 A 方谈判者必须在此次谈判中得到的最低利益，b 代表 B 方谈判者必须在此次谈判中得到的最低利益，m 代表 A、B 双方经过磋商、积极争取得到的利益。很显然，谈判中 A、B 双方的利益区间应分别是 $a \leqslant A \leqslant a+m$ 和 $b \leqslant B \leqslant b+m$。如果谈判的结果不在此范围内成交，比如：$A < a$，即 $B > b+m$；或 $B < b$，即 $A > a+m$，则 A 方或 B 方就会因不能满足其最低利益而退出谈判，谈判也就会因此而破裂。因此，了解和把握谈判的利益界限问题是非常重要的。在谈判中必须满足谈判各方的最低需求，如果一方的期望过高，超越了对方利益的临界点，势必导致谈判失败。所以谈判当事人不仅要考虑己方的利益，同时还要站在对方的立场上，考虑对方的利益和己方提出的要求能否被对方所接受。当然，谈判前人们是无法准确预计谈判结果的，具体谈判各方所得利益的确定，则完全取决于双方谈判实力的对比，以及谈判艺术与技巧的发挥。

### （二）商务谈判以价格谈判为核心

**以商品交易为内容和以经济利益为目的的商务谈判，其谈判的议题必然以价格为核心。**虽然商务谈判所涉及的因素不只是价格，谈判者的需要或利益也不一定表现在价格上，但价格最直接地表明了谈判双方的利益，因而在几乎所有的商务谈判中，价格都是谈判的核心内容。这是因为：一方面，价格的高低直接表明谈判各方通过交易可以实际获得的经济利益的大小；另一方面，谈判双方在其他利益因素上的得与失、拥有的多与少，在很多情况下都可以折算为一定的价格，通过价格的升降得到体现。

比如，质量因素，一辆一等品的自行车售价 850 元。同样牌号规格的二等品自行车售价为 600 元，价格的核心作用就体现出来了。又如，数量因素，购买一盒磁带花 5 元钱，购买三盒磁带总价 12 元。价格差就把数量差折算表现出来了。再比如，付款时间，即期付款比 120 天远期付款可给予 5% 折扣优惠。这就通过价格差把时间差折算表现出来了。

当然，并非在任何时候、任何情况下都能够进行这样的折算，即谈判者并不一定接受这种折算。例如，从国外卖方引进一套商定为具有 21 世纪初技术水平的新设备，结果到货后发现，该设备只有 20 世纪 90 年代的水平，根本不具备 21 世纪初的水平。尽管外商提出愿意折让 50% 价格，我们也不愿意接受，因为其价值太低，已不能靠价格来补偿。

对于一个商务谈判者来说，了解价格是商务谈判的核心，价格在一定条件下可与其他利益因素相折算这一点很重要。在谈判中，谈判人员一方面要以价格为中心，坚持自己的利益；另一方面又不能仅仅局限于价格，而可以在其他利益因素上争取利益。有时，与从价格上争取对方让步相比，在其他利益因素上要求对方让步可能更容易做到，并且行动也比较隐蔽。

### （三）商务谈判追求平等互惠

商务谈判之所以追求平等互惠，是因为商务谈判交易的载体都具有商品的属性，比如设备、技术、服务等。既然具有商品属性，就必须遵循价值规律的要求，等价交换是谈判的最高准则，因而决定了谈判双方是平等互惠的。但谈判的平等互惠并不意味着利益的均等，由于谈判者各自拥有的综合实力与谈判技巧和策略的差异，可能导致有些谈判者从中获得的好处多，有些谈判者从中获得的好处少，表现为“不平等”的结果。不过，谈判的结果使一方绝对吃亏也是不现实的，因为谈判参与的双方对谈判结果都有否决的权利，谈判结果一般都能保证自己的基本利益，无论双方共同认可的结果是多么的不平等，这样的谈判也是相对公平的。

所以，商务谈判中各方所追求的平等，不仅仅局限在价格的平等上，更重要的是体现在权利的平等上。这里的权利包括话语权、决策权、参与权等，就是说谈判各方在这些权利面前都是平等的，谈判的任何一方都不能凌驾于这些权利之上而对另一方发号施令，或者代替对方做出决定。

本章导入案例中，两个孩子如果能多一些更多的交流和沟通，换一种更优的分配方式，一个孩子分得所有的橘子皮，另一个孩子分得所有的橘子，从表面来看，分配结果似乎是不公平的，但从各自的需求角度来看，利益却实现了最大化。

正是基于这种平等，才使得谈判各方能够互利互惠，失去或缺乏互利互惠的谈判是不成功的，在某种威胁之下达成的协议也将是难以执行的，因为协议缺乏平等和互利互惠的基础。

**案例分析**

**香港百年“失”与“归”**

1841年1月26日，英国军队强行登上香港岛，举行升旗仪式，单方宣布香港岛归英国所有。1843年6月26日，英国政府强迫清政府签订了令中国人屈辱的《南京条约》。从此，中国的香港区域沦为英国的殖民地。1984年12月19日，中英两国政府在经过22轮的谈判后，签署了《中华人民共和国政府和大不列颠及北爱尔兰联合王国政府关于香港问题的联合声明》，以邓小平的“一国两制”构想解决了香港问题。1997年7月1日，中国政府对香港正式恢复行使主权，结束了英国的殖民统治。这100多年香港主权的“失”与“归”谈判说明了什么？

**分析：**只有在物质力量、人格、地位等方面都获得了相对独立或对等的资格，双方才能构成谈判关系，否则强势的一方就有可能采取非谈判方式，包括武力强取等。一百多年前，中国经济落后，清政府软弱无能，无需谈判，英帝国主义就可以强行占有香港，所谓《南京条约》是一个完全不平等的条约。而改革开放后，中国经济建设成就举世瞩目，在世界舞台上赢得了地位，所以，就有可能从谈判桌上解决香港问题。

当然，香港主权的“失”与“归”，还昭示我们要改变贫弱受欺、落后挨打的历史命运，就必须奋起抗争、奋发图强。

**（四）商务谈判是“给”与“取”、“施”与“受”兼而有之的过程**

**“给”与“取”、“施”与“受”兼而有之，这是谈判的基本要求**，任何单方面的“给”与“取”、“施”与“受”都不能被看成是谈判。前者是慈善行为（当然慈善从某种角度来说也是一种有目的的行为），后者要么是掠夺，要么是乞讨。真正的谈判是双方不断调整各自的需要，相互适应并最终趋于一致的过程。谈判双方都有自己的需要，而一方需要的满足又是以是否满足另一方的需要为前提的。因此，在任何一项谈判中，都必定同时存在着给予与取得。谈判双方都要做出一定的让步，每一方都必须在不同程度上修改其期望达到的目标，并准备降低某些要求，以便满足对方的期望和要求。

从某种意义上讲，谈判这一行为本身就意味着存在让步的可能性。如果一方有足够的力量将其所有的条件强加给对方，而无视对方的利益和需要，这就是迫使对方无条件投降，而不是谈判。在谈判过程中，任何一方都必须根据对方的意愿和要求，相应地调整自己的需要，互相让步，最终达到彼此在利益上的平衡。需要注意的是，谈判中的让步对双方来说可能并不对等。因此，**利益上的平衡并不意味着利益上的平均。**

**（五）谈判具有“合作”与“冲突”的二重性**

谈判是双方合作与冲突的对立统一。谈判的合作性表现在，通过谈判而达成协议对双方都有利，各方利益的获得是互为前提的。而谈判的冲突性则表现在，谈判各方希望自己在谈判中获得尽可能多的利益，为此要进行积极的讨价还价。

在实际谈判中，不能只注意到谈判双方合作的一面，不了解谈判还存在冲突的一面，过分重视维护双方的合作关系，在面临对方的进攻时一味地退让，尽力避免冲突，而不是积极地为己方争取利益。同时，也不能只看到谈判冲突性的一面，而忽视了双方友好合作的积极意义，认为谈判是一场战争，被击败的必须是对方，而取得胜利的只能是自己。无视对方的利益会导致谈判破裂，最终也会损害自己的利益。

任何一项谈判都必须注意既不应损害双方的合作关系，又要尽可能合理地利用冲突来为己方谋取更多的利益，也就是要在这两者之间求得平衡。

**（六）谈判是科学和艺术的统一**

首先，谈判是一门科学。它有自己的理论体系，是一门综合性的边缘交叉性学科。其次，谈判也具很强的艺术性。谈判是人们的一种直接交流活动，谈判人员的素质、能力、经验、心理状态以及思维的运用，都会直接影响谈判的结果。同样的谈判内容、条件和环境，不同的人去谈判，其最终结果往往也会不同。这就是谈判的艺术性的体现。

**（七）商务谈判注重合同的准确性和严密性**

合同是商务谈判双方协商结果的书面文件。合同中的各项条款是对双方责、权、利的文字表述，其准确性和严密性是保障谈判者各方利益以及严格执行合同的重要前提。有些谈判者在谈判过程中花了很大力气、下了很多功夫，好不容易与对方达成一致意见，到了拟定合同条款、签订合同的关键时期，如果掉以轻心，不注意合同条款的准确、严密、完整、详细，就有可能落入对方条款措辞或表述技巧的“陷阱”，不仅把到手的利益丧失殆尽，还可能为此付出惨重的代价。因此，在商务谈判中，谈判者不仅要重视口头上的承诺，更要重视合同的起草拟定，注重合同条款的完整、严密、准确、合理、合法。

**（八）商务谈判讲求经济效益**

商务谈判本身就是一项经济活动，而经济活动本身就要讲求经济效益。而与其他政治、军事、外交谈判相比，商务谈判更重视这一点。

**四、商务谈判的分类**

商务谈判客观上存在着不同的类型。

1. 按照参加谈判的人数规模分类，可分为个体谈判和集体谈判。**个体谈判**是指双方各出一人参加的谈判，即一对一的谈判；**集体谈判**是指谈判各方都以多人参加的谈判，往往是较为重要且关系复杂的谈判。

2. 按参加谈判的利益主体分类，可以分为双边谈判和多边谈判。**双边谈判**是指由两个利益主体参加的谈判。**多边谈判**是指由两个以上利益主体参加的谈判。

3. 按谈判进行的地点分类，可分为主场谈判、客场谈判和中立场谈判。

**主场谈判**，是指谈判在参与谈判的某一方所在地区或国家进行，那么这个参与方即为东道主，对其而言就是主场谈判。而相对于其他参与方来讲，是以宾客的身份参与谈判的，称为客场谈判。中立场谈判，是指在谈判双方所在国家或地区以外的其他地点进行的谈判，谈判各方均无主宾之分。

4. 按商务交易的地位分类，可以分为买方谈判、卖方谈判和代理谈判。由于处于不同交易地位的谈判者其谈判目标的不同，从而谈判者的策略也会有所不同。

买方谈判是指以购买者的身份参加的谈判，卖方谈判是指以供应者的身份参加的谈判，代理谈判是指接受当事方委托参与的谈判。

5. 按照谈判各方所持的态度与方针分类，可分为软型谈判、硬型谈判和价值型谈判三类。

**软型谈判**也称关系型谈判或让步型谈判，即谈判者准备随时做出让步达成协议，回避一切可能发生的冲突，追求双方满意的结果。

**硬型谈判**也称立场式谈判。硬型谈判者视对方为劲敌，强调谈判立场的坚定性，强调针锋相对。

**价值型谈判**也称原则型谈判。原则型谈判要求谈判双方首先将对方作为与自己并肩合作的同事对待，而不是作为敌人来对待。原则型谈判强调通过谈判取得经济和人际关系的双重价值，是一种既理性又富有人情色彩的谈判，是目前商务谈判人员普遍追求的谈判形式。

6. 按商务谈判对象分类，可以分为货物贸易谈判和非货物贸易谈判。

**货物贸易谈判**的标的，是存在着客观实体、具有使用价值、双方用以进行交换的商品；**非货物贸易谈判**，是指谈判的标的并非是具有实体商品的商务谈判，包括技术贸易谈判、劳务贸易谈判等。

## 第二节 商务谈判的基本形态及原则

### 一、商务谈判的基本形态

商务谈判尽管主题不同，形式各异，方法千变万化，但是它的基本形态不外以下两种：“输—赢”式谈判和“赢—赢”式谈判。

### （一）“输—赢”式谈判

这是人们最为熟悉的谈判形式。例如，甲与乙分割一块土地。由于土地的面积固定，因此当甲取得较大的面积时，乙所得的份额就小，反之亦然，在这种情况下甲与乙的利害关系势必处于正面的冲突之中。在这一类型的谈判中，冲突多于合作，得失相当明显，因此常常给人以输—赢之感。当然，在这一类型的谈判中，尽管谈判各方处于高度的利害冲突状态之中，但不容忽视的是谈判各方自始至终存在一定程度的合作，因为谈判本身就是一种合作过程。为使这类谈判取得成功，宜采用“皆大欢喜”的谈判方针及相应策略。只有这样，谈判各方才能达成协议，才能不同程度地满足自身需要。如对于一块土地的分割，可以让甲得到的土地相对多一些，但地理位置要差一些，乙得到的少，可地理位置好一些，这样会使双方都比较满意。

### （二）“赢—赢”式谈判

在“赢—赢”式谈判中，参与谈判的各方都能通过彼此的通力合作而各得其利。例如劳资双方通力合作，能够创造并分享更大的生产成果，此时，对方都为自身赢得了更大的利益。当然，劳资双方除了通力合作、共同创造更大的生产成果外，在成果的分享中不免设法为己方争取较大的占有率。换言之，双方在合作的过程中，仍处于相互冲突的状态。与“输—赢”式谈判不同的是，在“赢—赢”式谈判中，双方的合作占主导地位，宜采用“谋求一致”的方针及策略。例如：甲乙双方合作制作一个大面包，假设分成比例已定，则面包做得越大，双方各自的利益也越大。在合作的过程中，双方在合作制作大面包的过程中，都满足了各自的需要，达到了双赢的效果。

## 二、商务谈判的原则

**商务谈判的原则，是指在商务谈判中彼此交换意见、解决分歧而进行磋商讨论时所依据的法则。**商务谈判的原则是商务谈判内在的、必然的行为规范，是商务谈判的实践总结和制胜规律。因此，认识和把握商务谈判的原则，有助于维护谈判各方的权益，提高谈判的成功率和指导谈判策略的运用。

### （一）自愿原则

**自愿原则，是指作为谈判当事人的双方，是在没有外来人为强制压力的情况下，出于自身意愿来参加谈判的。**谈判是一种自愿的活动，任何一方都可以在任何时候退出或拒绝进入谈判。这犹如维系夫妻关系靠的是感情而不是“捆绑”，谈判任何一方都没有权力以强制的手段挟制另一方必须参与谈判或不得不中途退场，谈判任何一方对谈判结果的接受与否都是谈判方权衡利弊后自愿作出的决定。在商务谈判的过程中，强迫型的行为是不可取的，一旦出现，自愿原则就会遭到破坏，被强迫的一方势必退出谈判，谈判也就会因此而破裂。

**（二）平等原则**

**平等原则，是指在商务谈判中无论各方的经济实力强弱、企业或公司规模的大小，其地位都是平等的。**交易的各方拥有相等的权力，任何一方提出的议案都需要得到他方的认可，或经过各方的协商取得一致方可确立。从某种意义上讲，双方力量、人格、地位等的相对独立和对等，是谈判行为发生与存在的必要条件。如果谈判中的某一方由于某些特殊原因而丧失了与对方对等的力量或地位，那么另一方可能很快就不再把他作为谈判对手，并且可能试图去寻找其他的而不是谈判途径来解决问题，这样，谈判也就失去了它本来的面目，失去了它原有的目的。

在商务谈判中，确立平等的原则并对此达成共识似乎并不难，而真正贯彻落实好这一原则还需要下些工夫。贯彻平等原则，首先要求谈判各方互相尊重，以礼相待，任何一方都不能仗势欺人、以强凌弱，把自己的意志强加于人。只有坚持这种平等原则，商务谈判才能在互信合作的气氛中顺利进行，才能达到互助互惠的谈判目标。可以说，平等原则是商务谈判的基础。

**（三）双赢原则**

**双赢原则是指谈判达成的协议对于各方都是有利的。**要知道，谈判不是竞赛，不是对弈。若视谈判为竞赛游戏，只会让你陷入反复讨价还价、彼此竞争的状态中。这种尽力压制对手求胜的行为，往往会导致即使赢了竞赛，自己也是输家的结局。

美国谈判学会会长、著名谈判大师尼尔伦伯格曾举过这么一个例子，20世纪70年代初期，纽约发生了大规模的报业风波，纽约市印刷工会主席柏纯·鲍尔发起了几次报业工人罢工，为工人争得了非常好的一份工作合约，同时也限制了报社的许多权力。报社因此财务紧缩、经营困难，不得已只好三家合并成一家，最终纽约市只剩下两份早报及一份晚报，以及成千上万名失业的印刷工人，“谈判是成功了，但病人却死了”。

“双赢”绝非摒弃竞争。恰恰相反，正因为通过竞争，通过谈判参与各方的较量，通过对各方共同感兴趣目标的不懈追求，寻找到一个能满足各自利益目标的最佳契合点，谈判也就真正成功了。可以说，成功的谈判是建立在充分竞争基础之上的，没有了竞争，谈判的预期利益目标也就无法实现。当然竞争不是无限度地拼杀，更不是你死我活式的搏斗，而是如何把握好实质利益和关系利益之间的平衡，尤其要注意“当止即止，过犹不及”。“双赢”原则的另一个含义是指参与谈判各方应本着互惠合作的原则，通过谈判追求双方利益的更大化，而不是简单意义上的眼前利益分割，即追求 $1+1>2$ 的利益效应。

**（四）诚信原则**

谈判大师尼尔伦伯格在其《谈判的艺术》一书中明确指出：“从本质上讲，谈判是一项诚实的活动。”确实，要达成一项双赢的协议，谈判的诚实原则是必须首先遵守的，那种只图眼前利益，不惜损害主体社会形象，甚至视谈判对手为蠢货的谈判，无异是一种饮鸩止渴行为，他们根本不懂得诚实在谈判、乃至在人际交往中的重要性，最后吃亏的往往还是自己。犹太人以善于经商理财、精于谈判而闻名于世，但他们的诚实、他们对协议的尊重与信守也同样举世皆知。在签约前他们会运用各种策略与你周旋，争取目标利益最大化，一旦签约则会充分信守合同，决不反悔。

实际上，诚实守信也是市场经济体系渐趋完善的一种标志。当每个市场参与者都能遵守市场经济的“游戏规则”时，诚信才会成为一个人人都能遵守的基本守则。当然，诚信并不是老实，更不能理解成脱离现实的乌托邦，我们主张在谈判中以诚实守信为前提，最大限度地维护自身根本利益，运用各种策略与技巧追求预期收益目标的最大化。

### （五）客观原则

无论是把谈判看成双方的合作，还是双方的较量，都无法否认谈判中双方利益冲突这一严酷现实。买方希望价格低一点，而卖方希望价格高一些；贷方希望高利率，借方希望低利率。双方都希望得到对自己有利的结果。这些分歧在谈判中时时刻刻存在着，谈判双方的任务就是清除或调和彼此的分歧，达成协议。消除或调和彼此的分歧有多种方法，一般是通过双方的让步或妥协来实现的。而这种让步或妥协是基于双方的意愿，即愿意接受什么，不愿意接受什么。所以调和和消除双方的分歧是十分困难的，付出的代价也是巨大的，更谈不上创造性地解决问题。

坚持客观的原则，运用客观标准有利于调和和消除谈判双方的分歧，从而使谈判达成一个明智而公正的协议。所谓**客观标准，是指独立于各方意志之外的合乎情理和切实可用的准则**。它既可能是一些惯例、通则，也可能是职业标准、道德标准、科学鉴定等。贸易谈判所涉及的内容极其广泛，客观标准也是多种多样的。*例如，在大米交易谈判中，卖方报价是每吨 1 000 美元，而买方出价是每吨 900 美元，那么调和的标准是什么呢？这时市场上同类商品的价格就是参照物，就是谈判的客观标准。*当然，这里客观标准只是谈判双方参照的依据，不是商定的价格。这是因为价格议定还要考虑交货期限、交易数量、商品质量等多种因素。如果双方都能从坚持客观标准这一原则出发，那么，所提出的要求和条件就比较客观、公正，而不是漫天要价，不着边际，调和双方的利益也就变得可能和可行。

### （六）求同原则

**求同原则**也叫协商的原则，**是指谈判中面对利益分歧，从大局着眼，努力寻求共同利益**。求同原则要求谈判各方首先要立足于共同利益，要把谈判对象当做合作伙伴，而不仅视为谈判对手。同时，要承认利益分歧，正是由于需求的差异和利益的不同，才可能产生需求的互补和利益的契合，才会形成共同利益。贯彻求同原则，要求在商务谈判中善于从大局出发，要着眼于自身发展的整体利益和长远利益，着眼于长期合作；同时，要善于运用灵活机动的谈判策略，求大同存小异，也可以为了求大同而存大异。可以说，求同原则是商务谈判成功的关键。善于求同，历来是谈判高手具有智慧的表现。

贯彻求同原则，首先要正确对待分歧。要正确对待谈判各方的需求和利益上的分歧，不要“谈虎色变”，更不要“狮口大开”。要记住，谈判的目的不是扩大矛盾，而是弥合分歧。其次要善于探求各自的利益，要把谈判的重点放在探求各自的利益上，而不是放在对立的立场观点上，通过利益的揭示，调和矛盾，达成协议。最后要寻求双方的契合利益。表面上看，参与谈判的各方，其价值观、需求、利益的不同会带来谈判的阻力。事实上并非如此，正是由于利益需求上存在分歧，才使得各方可能在利益需求上相互补充、相互满足，此所谓谈判各方的互补效应和契合利益。

**（七）把立场与利益分开原则**

谈判者所持的立场与其所追求的利益是密切相关的。立场反映了谈判者追求利益的态度和要求，而谈判者的利益则是使其采取某种立场的原因。谈判者持有某种立场为的是争取他所期望的利益，立场的对立无疑源于利益的冲突。虽然每个谈判者都明白，在谈判中所做的一切都是要维护己方的利益，坚持立场的出发点是为了维护利益，但维护利益与坚持立场是完全不同的。为了捍卫立场而进行的磋商，会给谈判带来难以克服的困难，造成无法弥补的损失。

为了克服立场上讨价还价带来的弊端，应当在谈判中着眼于利益，而不是立场，在灵活变通的原则下，通过深入观察和分析，找到在立场背后隐藏的共同利益，寻找增进双方利益和协调利益冲突的解决办法。

**（八）事人有别原则**

**事人有别原则是指在谈判中，把对人（即谈判对手）的态度和对所谈论的问题的态度区分开来。**商务谈判所涉及的是有关双方利益的事物，如货物与服务的价格、成本等，而不是谈判者，参加谈判的人只是事物的载体，谈判桌上发生冲突的是事物。所以，对事应是强硬的，当仁不让，坚持原则；而对人则应是友好的、温和的，相互尊重，关系融洽。

在商务谈判过程中，当双方互不了解、出现争执，以及因人论事时，想解决问题达成协议是极其困难的。这是因为参加谈判的是有血有肉、有感情、有自我价值观的人。人与人之间可以经由信任、了解、尊敬和友谊建立起良好的关系，从而使一项谈判活动变得顺利、有效。相反，发怒、沮丧、疑惧、仇视和抵抗心理，会将个人的人生观与现实问题结合在一起，使之产生沟通障碍，从而导致双方相互误解加深，强化成见，最后使谈判破裂。因此，将谈判个人的因素与谈判所涉及的目标分离开，是商务谈判的重要原则之一。

把人与问题分开，并不意味着可以完全不考虑有关人性的问题。事实上谈判者要避免的是把人的问题与谈判的问题混杂在一起，而不是放弃对这一问题的处理。在处理人的问题时，应该注意每一方都应设身处地地去理解对方观点的动因，并尽量弄清这种动因所包含的感情成分；谈判者应明确那些在谈判中掺杂的感情问题，并设法进行疏通；谈判双方之间必须有清晰的沟通，讲清双方的利益关系。

总之，把人与问题分开，就意味着谈判双方肩并肩地处理问题。这对于消除感情因素可能引发的不利影响，变消极因素为积极因素，有着非常重要的实践意义。

**（九）效益原则**

在谈判过程中，应当讲求效益，提高谈判的效率，降低谈判成本，这是经济发展的客观要求。如今科学技术的发展日新月异，新产品从进入市场到退出市场的周期日益缩短。因此，企业往往在产品还没有上市之前就开始进行广泛的供需洽谈，想尽早打开市场，赢得顾客，以取得较好的经济效益。这就从客观上要求商务洽谈人员要讲求谈判效益，提高谈判效率。同时，商务谈判也要重视社会效益，要综合考虑合作项目对社会的影响，重视谈判主体的社会角色和社会责任，努力实现组织自身效益和社会效益的统一。例如，某一项投资谈判进行得很顺利，但该项目投产将严重污染环境，显然这一谈判结果最终会受到社会的抵制。

**（十）合法原则**

**合法原则是指商务谈判必须遵守国家的法律、政策，以及有关的国际法和对方国家的有关法规。**商务谈判的合法原则，具体体现在以下三个方面：一是谈判主体合法，即谈判参与的各方组织及其谈判人员具有合法的资格；二是谈判议题合法，即谈判所要磋商的交易项目具有合法性，对于法律不允许的行为，如买卖毒品、贩卖人口、走私货物等，其谈判显然违法；三是谈判手段合法，即应通过公正、公平、公开的手段达到谈判目的，而不能采用某些不正当的，如行贿受贿、暴力威胁等手段来达到谈判的目的。总之，只有在商务谈判中遵守合法原则，谈判及其协议才具有法律效力，当事各方的利益才能受到法律的保护。

除了上述基本原则外，商务谈判还应遵循理智灵活的原则、时间与地位的原则、最低目标的原则、信息原则、科学性与艺术性相结合的原则等。

## 第三节
## 商务谈判的评价标准与成功模式

### 一、商务谈判的评价标准

商务谈判，以经济利益为目标，以价格谈判为核心。但是，什么样的谈判才称之为成功的谈判，如何衡量商务谈判的成功与否呢？美国著名谈判专家尼尔伦伯格认为，谈判不是一场棋赛，不要求决出胜负；也不是一场战争，要将对方消灭或置于死地。恰恰相反，谈判是一项互利的合作事业。谈判中的合作是互利互惠的前提，只有合作才能谈及互利。因此，从这一观点出发，我们认为可把商务谈判是否成功的评价标准归纳为以下三点：

**（一）谈判目标的实现程度**

商务谈判是一种行为过程，而任何行为都是指向特定目标的。谈判目标不仅把谈判者的需要具体化，通过某些量化的指标来实现；而且目标还是驱动谈判者行为的基本动力，引导着谈判者的行为，使之始终朝向预期的方向。商务谈判的目标是与经济利益直接相关的，是指谈判者预期从谈判中获得的经济利益。由于参与谈判的各方都存在一定的利益界限，谈判目标应至少包括两个层次的内容，即努力争取的最高目标以及必须确保的最低目标。

如果一味地追求最高目标，把对方逼得无利可图甚至导致谈判破裂，就不可能实现预期的谈判目标。同样，为了达成协议而未能守住最低目标，预期的谈判目标也是无法实现的。因此，成功的谈判应该是既达成了某项协议，又尽可能接近本方所追求的最佳目标。谈判的最终结果在多大程度上符合预期目标的要求，是衡量商务谈判成功与否的首要标准。

**（二）谈判是否富有效率**

**谈判效率是指谈判者通过谈判所取得的收益与所付出的成本之间的对比关系。**商务谈判是一个"给"与"取"兼而有之的过程，为了获得期望的交易利益，也需要一定的投入，这个投入就是谈判所付出的成本。谈判成本可以从以下三个部分加以衡量计算：

第一部分成本：为了达成协议所做出的所有让步之和。其数值等于该次谈判预期谈判收益与实际谈判收益之差值。

第二部分成本：为洽谈而耗费的各种资源之和。其数值等于为该次谈判所付出的人力、物力、财力和时间的经济折算值之和。

第三部分成本：机会成本。由于企业将部分资源投入到该次谈判中，即该次谈判占用和消耗人力、物力、财力和时间，于是这部分资源就失去了其他的获利机会，因而就损失了可望获得的价值。这部分成本的计算，可用企业在正常生产经营情况下，这部分资源所创的价值的大小来衡量；也可用事实上由于这些资源的被占用和耗费，某些获利机会的错过所造成损失的大小来计算。

以上三部分成本之和构成了该次谈判的总成本。通常情况下，人们往往认识到的成本只是第一部分，即对谈判桌上的得失较为敏感，而对第二种、第三种成本考虑较少。他们致力于降低谈判桌上的成本，最终却导致了谈判总成本的增加。

计算出谈判成本，就可看出谈判效率了。如果谈判所费成本很低，而收益却较大，则本次谈判是成功的、高效率的。反之，则是低效率的、不经济的。只有高效率的商务谈判，才能称之为成功的谈判。

**（三）通过谈判是否建立并改善了人际关系**

商务谈判是两个组织或企业之间经济往来活动的重要组成部分，它不仅从形式上表现为业务人员之间的关系，而且更深层地代表着两个企业或经济组织之间的关系。因此，在评价一场谈判成功与否时，不仅要看谈判各方市场份额的划分、出价的高低、资本及风险的分摊、利润的分配等经济指标，而且还要看谈判后双方人际关系如何，即通过本次谈判，双方的关系是得以维持，还是得以促进和加强，抑或遇到破坏。商务谈判实践告诉我们，一个能够使本企业业务不断扩大的精明的谈判人员，往往将眼光放得很远，而从不计较某场谈判的得失，因为他知道，良好的信誉、融洽的关系是企业得以发展的重要因素，也是商务谈判成功的重要标志。任何只盯住眼前利益，并为自己某场谈判的所得大声喝彩者，这种喝彩也许是最后一次。

根据以上三个方面的评判标准，一项成功的商务谈判应该是：谈判双方的需要都得到了最大限度的满足，双方的互惠合作关系有了进一步的发展，任何一方的谈判收益都远远大于成本，整个谈判都是高效率的。

## 二、商务谈判的基本模式

商务谈判由于谈判当事方追求的目标、谈判议题、背景条件等千差万别，所以，商务谈判很难有固定、划一的模式。然而，总结商务谈判的实践和分析影响其模式的基本因素，可以将商务谈判的模式划分为六种类型。研究商务谈判的基本模式及其特点，将有助于把握商务谈判的实务和艺术。影响商务谈判模式的基本因素是时间进行速度和条款进行顺序，由此，形成商务谈判模式矩阵（见图1－2）。

| | 快　速 | 中　速 | 慢　速 |
|---|---|---|---|
| 顺　进 | 快速顺进 | 中速顺进 | 慢速顺进 |
| 跳　跃 | 快速跳跃 | 中速跳跃 | 慢速跳跃 |

图1－2　商务谈判模式矩阵

快速，是指商务谈判进程进行的速度较快。

中速，即指谈判进程进行的速度较慢。这里，中速并无准确的度量规定，一般持续一周至两周的谈判可视为中速。

慢速，即指谈判进程耗费的时间较多、速度较慢。两周以上或需进行多轮的谈判，可视为慢速。

顺进，是指谈判开始后按照事先商定的议题和条款顺序依次逐一磋商。

跳跃，指不按条款顺序依次磋商，而是根据谈判需要跳跃式地选择条款内容逐一讨论。

### （一）快速顺进式

快速顺进式，避免了不必要的争议，节省了谈判时间，进而降低了谈判成本。采用快速顺进式谈判模式的条件是：（1）交易对象熟悉。多次合作，彼此信任。（2）交易内容重复。重复交易，能够迅速就交易条款达成一致。（3）交易背景稳定。即环境条件等无大变化。现实经常性的商务合作伙伴间进行的商务谈判，由于相互信任、交易重复、背景少变，谈判多进行得快捷、顺利，只需对以往交易合作的条款再次认定即可。

### （二）快速跳跃式

造成跳跃的原因，主要是谈判中某些条款分歧较大，不便就此耽误时间和影响整个谈判进程。而引起分歧的原因，多为交易对象、交易内容、交易背景等方面出现新的情况和变化。这里，跳跃选择又有两种方式：一是从易到难；二是从难到易。从易到难的跳跃，是指谈判先就较为容易解决的问题进行讨论，然后再集中精力磋商分歧较大的问题。从易到难跳跃的优点主要是：有利于形成良好的合作气氛和为以后难题的解决奠定基础；而把难题暂先搁置，能使谈判各方从容思考，找出最好的解决办法。从难到易的跳跃，是指谈判先就分歧较大的条款进行磋商，然后再去敲定其他易于解决的问题。这种跳跃的主要优点是“抓主要矛盾”，即开始谈判时，各方情绪高涨、精力充沛，此时进行“攻坚战”效果较好；而“主要矛盾”一经解决，其他矛盾便迎刃而解了。无论何种内容的商务谈判，若交易条款存在“难题”，跳跃当属明智之举。这种跳跃，有利于节省谈判时间、提高谈判效率和降低谈判成本，同时，也有利于处理僵局和推动合作，因而成为谈判的一种艺术。

#### （三）中速顺进式与中速跳跃式

中速谈判的原因，多由于交易内容新和较为复杂。而中速跳跃式，所要处理的交易条款往往更为复杂，遇到的“难题”更为棘手。

#### （四）慢速顺进式与慢速跳跃式

一般慢速谈判模式，属大型、大宗交易谈判，且交易条件、谈判背景均极为复杂。在慢速谈判中，谈判各方通常需商定较为严密的谈判议程，并严格依照议程和条款顺序逐一认真磋商，故顺进式居多。只有在遇到难以解决的问题或出现僵局时，跳跃才作为一种协调技巧来运用。慢速式商务谈判，谈判各方的工作量很大，谈判成本也高，一般中、小企业较少采用。

### 三、成功的谈判模式

中西方学者通过探索商务谈判的成功模式，总结出以下几个方面：

#### （一）“成功模式”的实施前提

“成功模式”的实施是有前提条件的，那就是正确的谈判意识。谈判意识的内涵主要包括以下几点：

1. 要将谈判看成各方之间的一种协商活动，而不是竞技体育项目的角逐。
2. 谈判双方之间的利益关系是一种互助合作的关系，而不是“敌对”关系。
3. 人际关系是双方实现利益关系的基础和保障。
4. 谈判人员要有战略眼光，将眼前利益和长远利益结合起来，抓住现在，放眼未来。
5. 谈判的重心应是避虚就实，要在实质问题上多下工夫，而不要在非实质性问题上大做文章，将精力集中在各自的需求上。
6. 谈判的最后协议要符合双方的利益需求。

上述谈判意识会直接影响我们在谈判中所采取的方针和政策，从而决定着我们在谈判中的所有行为。

（二）“成功模式”的构成

1. 制订谈判计划，是“成功模式”的第一步。在制订谈判计划时，首先要做到知己知彼，即先要弄清本方在该次谈判中的目标是什么，然后通过各种渠道去搞清对手的谈判目标是什么。明确了双方的谈判目标之后，要进一步仔细分析双方的目标构成，通过对比，分析出双方利益一致的地方和有可能产生分歧的地方，以便我们在进入正式谈判时采取不同的对策。通常，在正式谈判开始时，首先应把双方利益一致之处提出来，并请双方核实确认。这样做的好处是，能够提高和保持双方对谈判的兴趣，也能增强双方积极投入谈判的信心，为谈判的成功打下良好的基础。对于双方利益需求不一致的地方，则要在制订谈判计划阶段加以周密思考，想好一切对策，并在谈判过程中通过双方“交锋”，充分发挥各自的思维创造力和想象力，来谋求使双方都能满意的方案，实现各自的谈判目标。

2. 建立谈判关系，是“成功模式”的第二步。在正式谈判之前，就要与对手建立起良好的关系。这种关系不是指比较浅显的表层关系，而是一种有意识形成的、能够使双方洽谈者在洽谈过程中都能感到顺畅、融洽、自然、舒展的关系。也就是要建立一种双方都希望的、良好的洽谈环境之中所具有的关系。这种关系是使洽谈顺利进行的保障。

通常情况下，人们都愿意与自己比较了解、信任的人做生意，而不愿意同自己一无所知的人达成什么协议。如果我们同一个从未见过或听说过的人打交道、做生意，那么我们就会十分谨慎，层层设防，在谈判中肯定会小心从事，不轻易许诺。因此，当双方都已相互了解，并且建立了一定程度的信任关系时，就会减少双方的戒备心理，从而使谈判的难度大为降低。可以肯定地说，洽谈双方之间的相互信赖关系是洽谈成功的基础。

3. 达成双方都能接受的协议。在洽谈双方已经建立起良好的信赖关系之后，即可进入实质性洽谈阶段。为了达成使双方满意的协议，在进入到“成功模式”的第三步时，首先，应该核实对方的谈判目标。其次，对彼此已经一致的问题加以确认，而对彼此意见不一致的问题则要通过双方准备充分的磋商，互相交流，寻求一个有利于双方的利益需求的满足，并用双方都能够接受的方案来解决问题。

4. 履行协议。谈判人员应清醒地认识到：达成协议并不是谈判的最终目标。商务谈判的最终目标应该是：达成协议后，协议的内容能够得以圆满地贯彻和执行。因为我们都清楚，写下来的协议即使对我们再有利，如果不付诸实践，也是“白纸黑字”而已。如果对方由于某种原因而不履约，虽然我们可以依法提起诉讼，但真正解决起来要花费许多时间和精力。更重要的是我们所希望的利益需求没有得到满足。因此，签订协议书是重要的，但维持协议并确保其能够得到良好的贯彻实施更加重要。

5. 维持良好关系。谈判结束后的一项重要工作就是维持与对方的良好关系。在实际业务交往过程中，特别是亲身参与商务谈判的人员都有一个切身体验，那就是：与某业务往来对手之间的关系，如果不积极地、有意识地对其加以维护的话，就会逐渐地淡化，慢慢地双方就会疏远起来，有时甚至由于某些外因还会导致关系的恶化。而一旦疏远了或者关系恶化了，再想重新将关系恢复到原来的水平，则需花费很多精力和时间。因此，为了以后的业务发展，对于那些已通过努力并在本次谈判中建立起良好关系的业务伙伴，应想方设法与他们保持友好关系，以免事后再花费精力和时间去重新建立。要知道，重新建立比维持关系更加不经济。其实，维护与对方关系的方法也很简单，主要是保持与对方的接触和联系，特别应注意个人之间的接触，因为不管什么样的经济实体，它都是由人来构成的，没有人也就谈不上其他了。另外，还可在对方有什么重要纪念意义的日子发去贺电或信函，以表示自己的问候，这就很自然地维持了双方的关系。

## 第四节 商务谈判的阶段与谈判方式

### 一、谈判的阶段

一般来说，商务谈判必须经过五个阶段：摸底阶段、报价阶段、磋商阶段、成交阶段、认可阶段。

#### （一）摸底阶段

摸底阶段，是谈判双方在正式开始商讨合同条款之前，互相旁敲侧击、窥测对方意图、了解对方特点和谈判风格的阶段。在这个阶段，双方都力争取得各自的最大利益，它包括：（1）双方互相了解各自的期望；（2）双方要将成交的买卖做到大致心中有数；（3）双方都力图把自己的观点强加给对方；（4）搞清最终成交的大致轮廓；（5）在磋商过程中，对于将要实现的目标都要逐项地予以明确。

#### （二）报价阶段

在此阶段，一方或双方都要提出报价或报盘。这里所讲的报价不仅仅局限于一方或双方提出自己的价格，它的含义是广泛的，泛指谈判一方向对方提出自己的所有要求。

#### （三）磋商阶段

在此阶段，双方都力争自己一方的利益。磋商阶段，不是指狭义上的讨价还价，它泛指双方为己方利益而争执的各种手段的使用，这一阶段在谈判整个过程中占据较大比重。

#### （四）成交阶段

随着磋商的逐步深入，双方都在某一时刻会突然感到成功在即，于是就进入了成交阶段。在成交阶段，双方就主要问题取得了大体上一致的意见，双方同意签约。

#### （五）认可阶段

双方对达成的协议给予最终认可。对此一般要采用书面文件形式，形成具有法律效力的合同，有时甚至要给予法律上的公正认可。合同一经签订即具有法律效力。因此，谈判双方在签约时，要十分仔细、慎重。

每一次商务谈判都要经过上述五个阶段，但采取的方法各不相同。有时，双方在各个阶段之间反复；有时是对某个主题有了结论之后，再从头开始讨论第二个主题。

## 二、谈判的方式

根据谈判议题展开的方式不同，谈判可以采用横向铺开和纵向深入两种谈判方式。

### （一）横向铺开方式

商务谈判可以采用横向铺开的方法，即几个议题（谈判主题）同时讨论，同时取得进展，然后再同时向前推进谈判的方法。采用横向铺开的方法，大体有以下几个步骤：（1）先把谈论的议题统统列出来；（2）粗略地谈论每个议题的各个方面；（3）展开谈论每个议题。

举例来讲，通常一项买卖包括四个议题，即价格、交货条件、付款条件和货物质量。如果采取横向铺开的谈判方式，谈判人员在摸底阶段应该明确列出要讨论的所有议题。各方先把自己要在这四个议题上优先考虑的问题作有关的陈述。在摸底阶段，这些议题的大致轮廓就应该清晰明确，然后，双方相继就这四个议题提出报价。如果需要讨价还价，在第一轮磋商时就要对四个议题同时展开磋商，第二轮谈判也要包括所有的议题。如果有必要再进行第三轮甚至更多轮次的谈判。

采用这种形式，每轮磋商都使所有的议题有所进展。这种谈判方式的优点就是议程灵活、方法多样；多项议题可以同时讨论，有利于寻找变通的解决方法；有利于更好地发挥谈判人员的创造力、想象力，更好地运用谈判策略和技巧。不足之处在于这种谈判方式会加剧双方的讨价还价，容易使谈判人员纠缠在枝节问题上，忽略谈判的主要问题。

### （二）纵向深入方式

商务谈判也可以采用纵向深入的方法，即集中解决某一个议题，而在开始解决第二个议题以前，已对这个议题进行了全面的讨论研究。采用纵向深入的方式，可以采取以下步骤：（1）从某一个议题开始，明确议题的范围，并深入讨论这个议题；（2）开始讨论第二个议题，并深入讨论下去；（3）第三个……第四个……直至所有议题讨论完毕。

例如上例中如果采用纵向深入的谈判方式，谈判可能会集中在某个问题上，比如价格问题。双方可能在价格问题上长时间争执不下，而且非要等到对此问题达成一致意见后，才能进入交货问题的磋商；交货条件商定后，才可能讨论付款条件等。

采用纵向深入的方式，一次只能讨论一个议题。这种谈判方式的优点是程序明确；每次只谈一个问题，讨论详尽，解决彻底；可以避免多头牵挂、议而不决的弊病。这种方式的不足之处表现在议程过于死板，不利于双方沟通交流；讨论问题时难以相互通融，当某一问题陷入僵局后不利于其他问题的解决；不能充分发挥谈判人员的想象力、创造力，使其灵活变通地处理谈判中的问题。

## 案例讨论

1986年，日本一个客户与东北某省外贸公司洽谈毛皮生意，条件优惠却久拖不决。转眼过去了两个多月，原来一直兴旺的国际毛皮市场货满为患，价格暴跌，这时日商再以很低的价格收购，使我方吃了大亏。

据记载，一个美国代表被派往日本谈判。日方在接待的时候得知对方将于两个星期之后返回。日本人没有急着开始谈判，而是花了一个多星期的时间陪她在国内旅游，每天晚上还安排宴会。谈判终于在第12天开始，但每天都早早结束，为的是客人能够去打高尔夫球。终于在第14天谈到重点，但这时候美国人已经该回去了，没有时间和对方周旋，只好答应对方的条件，签订了协议。

（资料来源：http：//tieba. baidu. com/f? kz = 339391545，2008年3月15日。）

**案例思考：**

1. 在这一谈判中，双方的做法是否存在不当之处？
2. 你认为这一谈判违背了谈判的哪些原则？
3. 如果你是美方谈判人员，你该怎么做？

## 复习思考题

### 一、单项选择题

1. 你认为商务谈判是（　　）。
   A. 商业企业之间进行的谈判　　B. 与商业企业进行的谈判
   C. 为协商交易条件而进行的谈判　　D. 为实现交易目标而进行的谈判
2. 商务谈判中，若交易条款存在“难题”，明智之举是（　　）。
   A. 按条款顺序依次耐心磋商　　B. 从易到难跳跃
   C. 从难到易跳跃　　D. 视具体情况选择跳跃
3. 你认为商务谈判成功的标志是（　　）。
   A. 不惜一切代价，争取己方最大的经济利益
   B. 使对方一败涂地
   C. 以最小的谈判成本，获得最大的经济利益
   D. 既要实现最大的经济效益，也要实现良好的社会效益
4. 先集中解决某一个议题，而在开始解决其他议题时，已对这个议题进行了全面深入的研究。谈论的商谈方式是（　　）。
   A. 横向谈判法　　B. 纵向深入法　　C. 先易后难法　　D. 各个击破法
5. （　　）因谈判双方陷入立场性争执的泥潭而难以自拔，不注意尊重对方的需求和寻找双方利益的共同点，所以很难达成协议。
   A. 客场谈判　　B. 让步型谈判　　C. 立场型谈判　　D. 原则型谈判

## 技能训练

举出你在学习和生活中遇到的一个谈判的例子，分析其起因、过程和结果，并判断其是否成功，指出成功或失败的原因是什么？

# 第二章
# 商务谈判准备

**学习目标**

- □ 理解谈判背景调查的内容以及手段
- □ 了解如何做好商务谈判的组织准备工作，制订商务谈判计划
- □ 能够进行商务谈判的管理工作
- □ 灵活运用所掌握的相关准备知识，在实际谈判中主持相应的准备工作

**案例导入　　日本是如何推理出大庆油田机密的**

20 世纪 60 年代，中国大庆油田的位置、规模和加工能力是严格保密的。日本为了确定能否和中国做成炼油设备的交易，迫切需要知道大庆油田的位置、规模和加工能力。为此，日本情报机构从中国公开的刊物中搜集了大量有关的信息，对所搜集的信息进行了严格的定性及定量处理后得出了有关大庆油田的位置、规模和加工能力的准确情报。

**一、大庆油田的位置**

首先，日本情报机构从 1964 年的《人民日报》上看到了题为“大庆精神大庆人”的报道，从而判断出：中国的大庆油田确有其事。以此为线索，日本情报机构开始全面搜集中国报刊、杂志上有关大庆的报道。在 1966 年的一期《中国画报》上，日本情报机构看到了王进喜站在钻机旁的那张著名照片，他们根据照片上王进喜的服装衣着确定，只有在北纬 46 度至 48 度的区域内冬季才有可能穿这样的衣服，因此大庆油田可能在冬季为零下 30 度的齐齐哈尔与哈尔滨之间的东北北部地区。之后，来中国的日本人坐火车时发现，来往的油罐车上有很厚一层土，从土的颜色和厚度日本情报机构得出了“大庆油田在东北三省偏北”的结论。

1966 年 10 月，日本情报机构又对《人民中国》杂志上发表的王进喜事迹介绍进行了

详细分析，从中得知“最早钻井是在北安附近着手的”，并从人拉肩扛钻井设备的运输情况中判明：井场离火车站不会太远；在王进喜的事迹报道中有这样一段话“王进喜一到马家窑看到大片荒野说：‘好大的油海！我们要把石油工业落后的帽子丢到太平洋去。’”，于是日本情报机构从伪满旧地图上查到：马家窑是位于黑龙江海伦县东南的一个村子，在北安铁路上一个小车站东边十多公里处。经过对大量有关信息严格的定性与定量分析，日本情报机构终于得到了大庆油田位置的准确情报。

**二、大庆油田的规模**

为了弄清楚大庆油田的规模，日本情报机构对王进喜的事迹作了进一步的分析。报道说：王进喜是玉门油矿的工人，是1959年到北京参加国庆之后志愿去大庆的。日本情报机构由此断定：大庆油田在1959年以前就开钻了。对于大庆油田的规模，日本情报机构分析后认为：马家窑是大庆油田的北端，即北起海伦的庆安，西南穿过哈尔滨与齐齐哈尔之间的安达附近，包括公主岭西南的大赉，南北四百公里的范围。估计从东北北部到松辽油田统称为“大庆”。

**三、大庆油田的加工能力**

为了弄清楚大庆炼油厂的加工能力，日本情报机构从1966年的一期《中国画报》上找到了一张炼油厂反应塔照片，从反应塔上的扶手栏杆（一般为一米多）与塔的相对比例推知塔直径约5米，从而计算出大庆炼油厂年加工原油能力约为100万吨，而在1966年大庆已有820口井出油，年产360万吨，估计到1971年大庆年产量可增至1 200万吨。通过对大庆油田位置、规模和加工能力的情报分析后，日本决策机构推断：中国在近几年中必然会感到炼油设备不足，买日本的轻油裂解设备是完全可能的，所要买的设备规模和数量要满足每天炼油一万吨需要。

有了如此多的准确情报，日本人迅速设计出适合大庆油田开采用的石油设备。当我国政府向世界各国征求开采大庆油田的设计方案时，日本人一举中标。

**案例思考：**

1. 在本案例中日本人搜集了哪些情报？
2. 讨论：商务谈判前应做哪些准备工作？
3. 日本人进行信息搜集的方法有哪些？

## 第一节
# 商务谈判背景调查

商务谈判能否成功，不仅取决于谈判桌上唇枪舌剑的讨价还价，还有赖于谈判前充分、细致的准备工作。可以说，成功的谈判都是建立在良好准备工作基础之上的。

## 一、商务谈判背景调查的内容

### （一）对谈判环境因素的分析

谈判是在一定的法律制度和某一特定的政治、经济、文化背景下进行的，这些因素会直接、间接地影响谈判。

1. 政治状况。**政治状况是指对商务活动有重要影响的国家政局、政策等因素**。这方面需要调查的内容是：国家对企业的管理程度，涉及企业自主权的大小；经济的运行机制，如果是计划体制，要看企业之间的交易买卖有多少列入国家计划，有没有争取到计划指标。在市场经济条件下，对方政府的稳定性；政府与买卖双方之间的政治关系等，如阿拉伯国家有时往往拒绝同那些与以色列有政治经济关系的国家及其企业进行商业交易。

2. 宗教信仰。宗教信仰作为文化的重要组成部分，影响和支配着人们的生活态度、价值观念、风俗习惯和消费行为。这方面需要调查的内容是：对方所在地居民的宗教信仰情况和谈判对方的宗教信仰情况以及特定宗教的具体戒律和规定；要了解宗教对政治、经济及人们行为等的影响。在某些国家宗教影响很大，法律制度是根据宗教教义来制定的，人的行为是否被认可，要看是否符合这种宗教精神。

3. 法律制度。法律制度对商务活动有重要影响，也是企业活动的明显的控制性力量。要了解该国法律制度及其法律体系，要了解该国法律的执行程度，法院受理案件的时间长短，执行法院判决的措施，执行国外的法律仲裁判决的程序等。

4. 商业习惯。由于文化的差异，不同国家和地区往往在长期的商务活动中形成了具有不同特点的商业习惯。所以，必须了解商务活动所在国的商业习惯，才能在商务活动中采取有效的对策，保证业务活动的正常进行。

5. 社会习俗。社会习俗包括符合社会规范的称呼方式、衣着款式等为社会公众所接受的约定俗成的行为方式。对对方社会习俗的理解和尊重有助于形成轻松的谈判气氛。

6. 财政金融状况。涉外经济谈判中要调查对方的财政金融状况，主要包括以下几个方面：该国的外汇储备情况；一般来说，一国外汇储备的多少，会直接影响到对外支付能力。该国货币可自由兑换性、自由兑换的幅度及汇率变动情况；该国在国际支付方面的信誉，有无延期支付的情况；该国的还本付息的比率，与国际货币基金组织的业务往来情况；在该国取得外汇的手续；当地税法的情况，该国与本国签订避免双重征税协定的情况；该国在征收关税方面的规定；外资在当地赚取的利润汇往境外的规定等。

7. 基础设施与后勤供应资源情况。主要包括劳动力的数量、质量；该国的邮电通讯、交通运输状况；海关的通关情况，特别是在高峰时的通关能力等。

### （二）对谈判对手的调查

对谈判对手的调查是谈判准备工作中最关键的一个环节，如果同一个事先毫无任何了解的对手谈判，会造成极大的困难，甚至会冒很大的风险。谈判对手的情况是复杂多样的，**主要调查分析对方的客商身份、资信情况、资本、信用及履约能力、参加谈判人员的权限和谈判目的等情况。**

1. 客商身份调查。首先应该对谈判对手属于哪一类客商了解清楚，避免错误估计对方，使自己失误甚至受骗上当。有以下几种情况：

- 对待享有一定知名度的客商，要看到对方比较讲信誉，占领市场的心情比较迫切，技术服务和培训工作比较好，对我方在技术方面和合作生产的条件比较易于接受，是较好的贸易伙伴。
- 对待没有任何知名度的客商，只要确认其身份地位，深入了解其资产、技术、产品、服务等方面的情况，为进一步的合作做准备。因为其知名度不高，谈判条件不会太苛刻，他们也希望多与各种企业合作打出其知名度。
- 对待专门从事交易中介的客商，要认清他们所介绍客商的资信地位，防止他们打着中介的旗号行使欺骗的手段。
- 对待“借树乘凉”的客商，不要被其母公司的光环所迷惑，对其应持慎重态度。如果是子公司，要求其出示其母公司准予以母公司的名义洽谈业务并承担子公司一切风险的授权书。
- 对待各种骗子型的客商，要调查清楚其真实面目，谨防上当，尤其不要被对方虚假的招牌、优惠的条件、给个人的好处所迷惑，使自己误入圈套。

2. 谈判对手资信调查。对谈判对手进行资信状况的调查研究，是谈判前准备工作极其重要的一步。缺少必要的资信状况分析，谈判对手主体资格不合格或不具备与合同要求基本相当的履约能力，那么所签订的协议就是无效协议或者是没有履行保障的协议，将使己方蒙受巨大损失。对谈判对手资信情况的调查包括：对客商合法资格的审查、对谈判对手资本、信用及履约能力的审查、对谈判人员的权限审查、对谈判时限及其他情况的了解等。

### （三）对谈判者自身的了解

在谈判前的准备工作中，不仅要调查分析客观环境和谈判对手的情况，还应该正确了解和评估谈判者自身的状况。古人云：“欲胜人者，必先自胜；欲论人者，必先自论；欲知人者，必先自知。”没有对自身的客观评估，就不会客观地认清对方的实力。孟子曰：“知人者智，自知者明。”谈判者一定要有自知之明。但是自我评估很容易出现两种偏向：一是过高估计自身的实力，看不到自身的弱点；二是过低评估自身实力，看不到自身的优势。自我评估首先要看到自身所具备的实力和优势，同时要客观地分析自己的需要和实现需要欠缺的优势条件。

1. 谈判信心的确立。谈判信心来自对自己实力以及优势的了解，也来自谈判准备工作是否做得充分。谈判者应该了解自己是否准备好支持自己说服对方的足够的依据，是否对可能遇到的困难有充分的思想准备，一旦谈判破裂是否会找到新的途径实现自己的目标。

2. 自我需要的认定。满足需要是谈判的目的，清楚自我需要的各方面情况才能制订出切实可行的谈判目标和谈判策略。谈判者应该认定以下几个问题：

- **希望借助谈判满足己方哪些需要？**比如，作为谈判中的买方，应该仔细分析自己到底需要什么样的产品和服务，需要多少？要求达到怎样的质量标准？价格可以出多少？必须在什么时间内购买？供方必须满足买方哪些条件等等；作为谈判中的卖方，应该仔细分析自己愿意向对方出售哪些产品？是配套产品还是拆零产品？卖出商品的最低价位是多少？买方的支付方式和支付时间等等。

- **各种需要的满足程度**。己方的需要是多种多样的，各种需要重要程度并不一样。
- **需要满足的可替代性**。需要满足的可替代性大，谈判中己方回旋余地就大；如果需要满足的可替代性很小，那么谈判中己方讨价还价的余地就很小，当然很难得到预期结果。
- **满足对方需要的能力鉴定**。谈判者不仅要了解自己要从对方得到哪些需要，还必须了解自己能满足对方哪些需要，满足对方需要的能力有多大，在众多的竞争对手中，自己具有哪些优势，占据什么样的竞争地位。

满足自身的需要是参加谈判的目的，满足他人需要的能力是谈判者参与谈判、与对方合作交易的资本。谈判者应该分析自己的实力，认清自己到底能满足对方哪些需要，如出售商品的数量、期限、技术服务等等。如果谈判者具有其他企业所没有的满足需要的能力，或是谈判者能够比其他企业更好地满足某种需要，那么谈判者就拥有更多的与对方讨价还价的优势。

#### （四）对谈判组织背景分析

谈判组织背景包括组织的历史发展、行为理念、规模实力、经营管理、财务状况、资信状况、市场地位、谈判目标、主要利益、谈判时限等。组织背景直接影响着谈判议题的确立，也影响着谈判策略的选择和谈判的结果。

### 二、商务谈判背景调查的手段

商务谈判背景调查工作应该坚持长期一贯性，企业应该不间断地搜集各种信息，为制订战略目标提供可靠依据；同时，面对某一具体谈判，又要有针对性地调查具体情况。调查要寻求多种信息渠道和调查方法，使调查的结果全面、真实、准确地反映现实情况。

#### （一）背景调查的信息渠道

1. 印刷媒体。印刷媒体主要是通过报纸、杂志、内部刊物和专业书籍中登载的消息、图表、数字、照片来获取信息。谈判者可以通过这些渠道获得比较详细而准确的综合信息。

2. 电脑网络。网络是21世纪非常重要的获取资料的渠道，在网络上可以方便快捷地查阅国内外许多公司信息、产品信息、市场信息以及其他多种信息。

3. 电波媒介。电波媒介即通过广播、电视播发的有关新闻资料，如政治新闻、经济动态、市场行情、广告等。其优点是迅速、准确、现场感强；缺点是信息转瞬即逝，不易保存。

4. 统计资料。主要包括各国政府或国际组织的各类统计年鉴，也包括各银行组织、国际信息咨询公司、各大企业的统计数据和各类报表，特点是材料详尽，可提供大量原始数据。

5. 各种会议。通过参加各种商品交易会、展览会、订货会、企业界联谊会、各种经济组织专题研讨会来获取资料。特点是信息非常新鲜，要善于从中捕捉到有价值的东西。

6. 各种专门机构。包括商务部、各类银行、进出口公司、本公司在各地的办事处、分公司等。

7. 知情人士。例如，各类记者、公司的商务代理人等。

### （二）背景调查的方法

1. **访谈法**。调查者直接面对访问对象进行问答，包括个别对象采访和召集多人举行座谈。在访谈之前，应准备好一份调查提纲，有针对性地设计一些问题。访谈对象回答问题可录音或记录，以便事后整理分析。这种方法的特点是可以有针对性地抽样选择访谈对象，可以直接感受到对方的态度、心情和表述。

2. **问卷法**。调查者事先设计好问卷，发放给相关人士，填写好以后搜集上来进行分析。问卷的设计要讲究科学性和针对性，既要有封闭式问题又要有开放式问题。这种方法的特点是可以广泛搜集相关信息，利于实现调查者的主导意向，易于整理分析。难点在于如何调动被调查者填写问卷的积极性以及保证填写内容的真实性。

3. **文献法**。文献法是用于搜集第二手资料的方法。可以从公开出版的报纸、杂志、书籍中搜集，也可以从未公开的各种资料、文件、报告中搜集。文献法的特点是可以搜集到比较权威、比较准确的信息，但是要注意信息是否陈旧、过时。

4. **电子媒体搜集法**。电子媒体指电话、电脑、电视、广播等媒体。它具有传播速度快，可以及时获取最新信息的优势；它传播范围广，可以毫不费力地搜集到各个国家的重要信息；表现力生动，电脑、电视媒体，可以提供声音、图像、文件，提供真实的现场情景，尤其是电脑，储存的信息相当丰富。

5. **观察法**。是指调查者亲临调查现场搜集事物情景动态信息。这种方法可以补充以上几种方法的不足。通过亲自观察得到最为真实可靠的信息。但是这种方法也有局限性，例如受交通条件限制有些现场不能亲自去观察，受观察者自身条件限制，观察难免不全面，也难免受主观意识的影响而带有偏见。

6. **实验法**。实验法即对调研内容进行现场实验的方法。如商务活动的方式运转，商品试销、试购，谈判模拟等方法来搜集事物动态信息。这种方法比观察法又进一步，可以发现一些在静态时不易发现的新信息。

### （三）资料的加工整理

1. 要将搜集的资料进行鉴别和分析，剔除某些不真实的信息、某些不能有足够证据证明的信息、某些带有较多主观臆断色彩的信息，保存那些可靠的、有可比性的信息，避免造成错误的判断和决策。

2. 要在已经证明资料可靠性的基础上将资料进行归纳和分类。将原始资料按时间顺序、问题性质、反映问题角度等要求分门别类地排列成序，以便于更准确地反映问题的各个侧面和整体面貌。

3. 将整理好的资料做认真的研究分析，从表面的现象探求其内在本质，由此问题逻辑推理到彼问题，由感性认识上升到理性认识，然后提出有重要意义的问题。

4. 将提出的问题做出正确的判断和结论，并对谈判决策提出有指导意义的意见，供企业领导和谈判者参考。

5. 写出背景调查报告。调查报告是调查工作的最终成果，对谈判有直接的指导作用。调查报告要有充足的事实、准确的数据，还要有对谈判工作起指导作用的初步结论。

## 第二节 商务谈判组织准备

### 一、谈判人员的选择

人是谈判的行为主体，谈判人员的素质是筹备和策划谈判谋略的决定性主观因素，它直接影响整个谈判过程的发展，影响谈判的成败，最终影响谈判双方的利益分割。可以说，谈判人员的素质是事关谈判成败的关键。

#### （一）良好的政治思想素质

这是谈判人员必须具备的首要条件，也是谈判成功的必要条件。首先，谈判人员必须遵纪守法，廉洁奉公，忠于国家和组织。其次，具有强烈的事业心、进取心和责任感。在商务谈判中，有些谈判人员不能抵御谈判对手变化多端的攻击，为了个人私欲损公肥私，通过向对手透露情报资料，甚至与外商合伙谋划等方式，使己方丧失有利的谈判地位，使国家、企业蒙受巨大的经济损失。因此，谈判人员必须在谈判中以国家、企业的利益为重，始终把握“失去集团利益就是失职，赢得集团利益就是尽职、就是成功”的原则，发扬献身精神，有一种超越私利之上的使命感，使外在的压力变成内在的动力。

#### （二）健全的心理素质

从来就没有一帆风顺的谈判。谈判过程充满曲折；有时谈判会变成一场马拉松式的较量，这不仅对谈判人员的知识技能、体力等方面是一个考验，而且也是对其心理素质的考验。健全的心理素质是谈判主体素养的重要内容之一，表现为谈判主体应具备坚韧、顽强的意志力和良好的心理调适能力。谈判的艰巨性，不亚于任何其他事业，谈判桌前持久的讨价还价枯燥乏味，令人厌倦。这时，谈判者之间的持久交锋，不仅是一种智力、技能和实力的比试，更是一场意志、耐心和毅力的较量，如果谈判者没有坚韧不拔、忍耐持久的恒心和泰然自若的精神，是难以适应的。这种意志力、忍耐力还表现在一个谈判人员无论在谈判的高潮阶段还是低潮阶段，都能心平如镜，特别是当胜利在望或陷入僵局时，更要能够控制自己的情感，喜形于色或愤愤不平不仅有失风度，而且会让对方抓住弱点与疏漏，给对方以可乘之机。谈判是斗智比谋的高智能竞技活动，感情用事会影响谈判，控制自己的非理性情感的发泄，幽默大度、灵活巧妙地转化消极情绪为积极情绪，能使自己摆脱困境、战胜对方。因此，良好的心理调适能力是谈判人员必不可少的。

**（三）合理的学识结构**

谈判是人与人之间利益关系的协调磋商过程。在这个过程中，合理的学识结构是讨价还价、赢得谈判的重要条件。合理的学识结构指谈判者必须具备丰富的知识，不仅要有广博的知识面，而且要有较深的专业学问。

1. 谈判人员的横向知识结构。一名优秀的谈判人员，必须具备完善的相关学科的基础知识，要把自然科学和社会科学统一起来、普通知识和专业知识统一起来，在具备贸易、金融、营销等一些必备的专业知识的同时，还要对心理学、经济学、管理学、财务学、控制论、系统论等一些学科的知识广泛摄取，为我所用，这是谈判人员综合素质的体现。在现实的经贸往来中，谈判人员的知识技能单一化已成为一个现实的问题，技术人员不懂商务、商务人员不懂技术的现象大量存在，已给谈判工作带来了很多困难，因此，谈判人员必须具备多方面的知识，即知识必须有一定的宽度，才能适应复杂的谈判活动的要求。

2. 谈判人员的纵向知识结构。优秀的谈判人员，除了必须具备广博的知识面，还必须具有较深的专业知识，即专业知识要具有足够的深度。专业知识是谈判人员在谈判活动中必须具备的知识，没有系统而精深的专业知识功底，就无法进行成功的谈判。因此，谈判者专业知识的学习和积累是必不可少的。扩大知识视野，深化专业知识，猎取有助于谈判成功的广博而丰富的知识，能使在谈判的具体操作中，左右逢源，运用自如，最终取得谈判的成功。

**（四）谈判人员的能力素养**

**谈判者的能力是指谈判人员驾驭商务谈判这个复杂多变的“竞技场”的能力，是谈判者在谈判桌上充分发挥作用所应具备的主观条件。**商务谈判是智慧、能力的较量，谈判人员不仅要应付各种压力、诱惑，还要抓住机会，因此，谈判组织中的人员还需具有以下能力素养：

1. 观察能力。**观察能力是指谈判人员对谈判对象进行观察并善于发现和抓住其典型特征与内在实质的能力。**谈判人员如能在同谈判对手的接触中判断出其本质身份，获取我们所需要的资料，最后勾画出对方真实意图的轮廓，这对己方采取相应对策具有重要意义。谈判中己方的提议遭到拒绝时，谈判人员要善于分辨出两种不同的拒绝：一是真的拒绝；二是策略性拒绝或犹豫性拒绝。对后一种拒绝，谈判人员应该提供各种提议依据或针对性讨论，促使协议达成。

2. 表达能力。**表达能力是指谈判人员在谈判中运用口头语言和行为语言传递有关信息的能力。**商务谈判的过程实质上就是一种人际交往的过程，要达到这样的交往，必须实现信息的有效沟通。因此谈判人员的表达能力至关重要，它决定着谈判中信息沟通的有效程度。谈判人员的表达能力应具有表现力、吸引力、感染力和说服力。尤其是口头表达，更要准确和适度，防止说理无据、强词夺理、任意发挥。说错话或露出破绽，都可能导致谈判失败。

3. 自制能力。**自制能力是指谈判人员在环境发生激烈变化时自我克服心理障碍的能力。**商务谈判是一项复杂的活动，有时甚至非常激烈。这就要求谈判人员要坚持外松内紧的原则，善于在冲突或激变中控制自己的意志和行为，排除一切违反既定方针、意见的各种杂念。激烈的谈判表现在说理上，不是表现在声音高低上。辩论时，谈判人员应以宁静的态度和平和的举止来影响对方，发生争执，须待之以礼，不可怒形于色；得到意外收获，也不可骄傲自大，喜形于色。

4. 推理能力。**推理能力是指谈判人员必须在谈判中由一个或几个已知的前提推出未知事物的能力**。从某种意义上讲，商务谈判的过程是复杂推理的过程。谈判的对手绝非等闲之辈，双方心理上处于对立状态，利益上又存在依存关系，如何发现对手的真实意图，如何摸清对手的情况，就需要进行周密的推理。

5. 控制能力。**控制能力是指谈判人员有目的地运用各种谈判策略和技巧，使谈判的发展变化保持在既定的目标内的能力**。谈判趋势变幻莫测，随机性很强，稍有不慎就可能处于被动的境地，谈判人员应具有良好的应变能力，能运用各种有效的方法和手段把握住谈判的局势，善于捕捉一瞬即逝的机会，以变应变，让谈判按预定轨道前进。

6. 协调能力。**协调能力是指谈判人员在商务谈判过程中解决各种矛盾冲突，使谈判班子成员为实现谈判目标而密切配合、统一行动的能力**。协调能力包括解决冲突的能力、善于沟通情况的能力、善于鼓动和说服的能力。协调能力是成功谈判的根本保障。

### （五）健康的身体素质

谈判的复杂性、艰巨性也要求谈判者必须有一个良好的身体素质。谈判者只有精力充沛、体魄健康才能适应谈判超负荷的工作需要。

**阅读资料**

**谈判者风格类型**

在商务谈判中谈判者的风格类型很多。纵观中外有关谈判的书籍或文章，专家们谈得较多的谈判者风格有以下六种：

1. 领导型风格。也叫主宰型或权力型风格。谈判者在谈判中习惯处在主动操纵地位。典型的谈判语有“我看就这么定了吧”。

2. 跟随型风格。也叫被动型谈判风格。谈判者在谈判中习惯处在被动的谈判位置。典型的谈判语有“贵方看，日程怎么安排呢?”

3. 进攻型风格。也叫挑剔型风格。谈判者在谈判中习惯于主动向对方发起攻击，以求谈判成果。典型的谈判语有“贵方两天前所言与今天所说能自圆其说吗?”

4. 防守型风格。也叫顽强型风格。谈判者在谈判中习惯处于以守为攻的位置。典型的谈判语有“贵方所言，我需要研究研究。”

5. 闪电型风格。也叫快速型风格。谈判者在谈判中惯于采用快速进攻或结束谈判的手法。典型的谈判语有“请贵方不要吞吞吐吐、躲躲闪闪地回避矛盾，不解决它，其他问题没法谈。”

6. 太极型风格。谈判者在谈判中软硬兼施、刚柔结合。典型的谈判语有“我不怕有分歧，就怕贵我双方没有相互理解。”

（资料来源：丁建忠编著：《商务谈判》，中国人民大学出版社 2003 年版。）

## 二、谈判组织的构成

**谈判队伍，**也称谈判班子，**是指参加一场商务谈判的全体人员组成的群体。**组建好一支谈判队伍，是谈判成功的根本保证。做好谈判队伍的组建工作，要注意解决以下几个问题：

### （一）谈判人员的配备

商务谈判应配备多少人才合适，应根据谈判内容的繁简、技术性的强弱、时间的长短、我方人员谈判能力的高低以及对方谈判人员的多少来具体确定。

一个谈判小组必须配备一名主谈人，再根据需要配备陪谈人员和翻译。一般而言，对于较小型的商务谈判，谈判人员一般由2～3人组成，有时甚至只由一个人全权负责，这种小型的谈判对人的政治和业务素质及临场经验要求都比较高。

对于内容比较复杂、较大型的商务谈判，由于涉及的内容广泛，专业性强，资料繁多，组织协调工作量大，所以配备的谈判人员要比小型谈判多一些，有时甚至可达十几至几十人。还可根据实际工作需要，把商务谈判组分成几个小组，如商务小组、技术小组、法律小组等，负责不同方面的谈判；也可以组织台前和幕后两套班子，“台前班子”主要对付谈判；“幕后班子”负责搜集、整理有关方面的资料，为台前班子提供技术和价格对比的依据。

**谈判班子要有一个合理的结构：**

1. 知识结构。一般说来，谈判班子里应配备商务、技术、法律、运筹策划、金融方面的人员和翻译人员。各类人员不仅应精通自己方面的知识，而且要对其他方面的知识有所了解，比如技术人员应懂得一些商务方面的知识，商务人员应懂得一些金融、法律方面的知识，否则，很难做好各方面人员之间的沟通和协作。

2. 性格结构。即讲究性格协调。通过“性格的补偿作用”，达到人才的相互补充。例如急躁和温和就是一个补充，活跃和沉静是一对补充。分配任务时，对不同性格的人分配不同的工作，比如，内向型的人可安排内务工作，如资料、信息的整理和陪谈工作，外向型的人则宜于作为主谈人，以及了解情况或搜集信息等交际性工作。切忌把那些具有典型性格特征的人安排到与本人性格完全相反的工作中去。

### （二）谈判成员的分工与协作

谈判小组的成员在进行谈判过程中并不是各行其是，而应该是在主谈人员的指挥下，互相密切配合。既要根据谈判内容和各人专长进行适当的分工，明确各人的职责，又要在谈判中按照既定的方案相机而动，彼此呼应，形成目标一致的谈判统一体。

一项较复杂的谈判，不可能由一种专业人才来完成，必须是多种人才的高度紧密的合作。一般来讲，主要包括技术人才、法律人才、商务人才、金融人才、语言人才等。

1. 技术人才。商务谈判班子的技术人员，应是熟悉本组织的专业技术特点并能决定技术问题的工程师或技术指导。在谈判中，技术人员要对有关商品的技术性能、技术资料、验收办法等条款的完整性和准确性负责，并配合商务人员对同类产品或技术服务的价格进行对比分析。

2. 商务人才。商务人员一般指从事流通领域的专职经营人员及经营管理人员，他是搜集经济信息、确定谈判的经济目标、进行可行性研究的组织者。所以，商务人员要熟悉市场行情，能把握潜在的机会和风险，熟悉合同条款、交货方式、支付方式、支付条件、信用保险等业务。尤其在遇到谈判价格和经济条款等难点问题时，要能担当“主谈人”的角色。在唇枪舌剑中，保持头脑清醒，反应敏捷，随时抓住问题本质，并能立即拿出有力的辩护理由，准确地表达出来。商务人员还要与技术人员一起对全部谈判议题进行技术经济论证，确保谈判协议的经济合理性。在谈判中，当技术人员受到刁难时，还能相机从经济角度反击对方，促进谈判在公正、坦诚的气氛中进行。

3. 法律人才。谈判班子的法律人员，要求是熟悉各种经济法规，并有一定签约及辩护经历的专业人员。凡大型商务谈判，特别是国际商务谈判必须配备法律专业人员。法律人员能够熟悉和解释合同中各种条款的法律规定与要求，负责合同法律条款的谈判及文稿的草拟，负责审核合同文本在法律上、经济上、技术条款上是否相互矛盾或有混淆不清的地方，对合同条款的合法性、完整性、公正性负责。

4. 金融人才。此类人员要求是熟悉财会业务的专业人员，负责合同中支付条款、支付方式、结算货币选择的谈判与审核，为商务人员提供建议，拟定相应的文件或合同条款。

5. 翻译人才。如是涉外谈判，谈判班子还应配备自己的译员。翻译人员负责口头和笔头的翻译工作，沟通双方的意图，并根据需要配合己方策略的运用。例如：当己方商务人员发觉刚才的发言不妥时，他可说：“××译员，我刚才所说的原意是……，不知您是否翻译准确。”在这种场合，译员应该立即意识到这是己方所采取的补救措施，即使刚才的翻译没错，也应主动承担责任，比如说：“对不起，我刚才的翻译不太准确，应该是……才对，请原谅。”在谈判中，译员应积极主动、遵纪守法，切不可任意发挥、歪曲本意。

以上各类人员虽然在职责上各有分工，各负其责，但在谈判中绝不能“各人自扫门前雪”，而应该相互配合，彼此呼应，形成整体作战的能力。各自根据所掌握的材料和知识、经验，对谈判全局提出参考意见，共同制订谈判方案，并经上级批准，分头实施，在谈判桌上根据既定方案相机而动，服从主谈人员的指挥，彼此呼应，形成目标一致的谈判统一体。

要做好谈判组成员之间的相互配合，关键是要注意处理好主谈人和辅谈人之间的关系。当主谈人进行发言，阐述己方的立场时，辅谈人一为“参谋”，即凭借自己掌握的材料和经验，提出参考性意见；二为“卫士”，即在对方刁难主谈人时，相机从不同的角度支持主谈人，反击对方的无理要求。谈判小组成员之间的相互配合，不仅在谈判桌上需要，在其他场合也一样需要，这一点我国以往是不太注意的。例如，有位领导同志在与外商谈判前，把谈判组的成员介绍给对方时说：“这是小张，刚上任的财务科长，大学毕业没几年，没什么谈判经验，这次带他来长长见识。”这样一来，对方在谈判中对小张的意见就不重视了。如果换一种讲法：“这是张××先生，本厂的财务科长，负责本厂的资金调度，是一个精力充沛、聪明能干的小伙子。”效果就会大不一样。

第三节

# 商务谈判计划制订

谈判计划是谈判人员在谈判前事先对谈判目标、具体内容和谈判步骤所作的安排。

在可行性研究的基础上，对已经形成或选择的谈判方案，应予以工作上的确定。对执行谈判方案的要求、方法和步骤进行计划编制，目的在于确保谈判方案的贯彻与实施。

## 一、确定谈判目标

**谈判目标是指谈判要达到的具体目标，它指明谈判的方向和达到的目的、公司对这次谈判的期望水平**。谈判者事先对这些目标都要十分清楚。并且对于谈判目标底数要严格保密，除参加谈判的己方人员外，绝不能透露给其他人。没有授权的谈判者要向有关领导请示，即使是有决定权的谈判者，也应与参加谈判的人员协商，取得一致意见后再加以改动。

### （一）谈判目标的内容

谈判者要注意，在谈判正式开始后，随着谈判的进行，谈判者需要不断地评估和调整目标。商务谈判目标主要应包括以下内容：

- **价格目标**：这一价格应当是为获得所要的东西，能合理付给的价格。
- **让步目标**：确定为获得对方的让步，自己可以放弃哪些东西，并尽量按重要程度把可让步的条件排列起来。
- **可接受的谈判极限**：确定出己方可以接受的、对方利益最小的报盘，并对所获得的最佳报盘做到心中有数。
- **来自外界的影响因素**：确定足以决定谈判成败的来自外界的影响因素。

### （二）设定谈判目标的层次

- **最低限度目标**。它是指在谈判中己方毫无退让余地，必须达到的最基本的目标。宁愿谈判破裂，放弃合作项目，也不愿意接受比最低限度目标更低的条件。最低目标显然是一个不理想的谈判结果，只有顶住压力全力争取预期目标，才能避免背水一战的局面。
- **预期目标**。它是指谈判人员根据各种主、客观因素，经过对谈判对手的全面估价，对公司利益的全面考虑，科学论证后所确定的目标。因为涉及实际需求，谈判代表会竭尽全力，运用各种策略力争实现。预期目标要求具备量化指标，并且细分到各项议题，遇到意见分歧时要坚持自己的观点，绝不可轻易让步。谈判中讨价还价就是在争取实现预期目标，所以预期目标的实现，往往意味着谈判取得成功。

• **最高期望目标。**它是对谈判者最有利的一种理想目标，是指通过谈判达到了预期的目标，除此之外还得到了额外的利益。当然，最优目标很少有机会达到，没有人会将所有的利益全部让出，这种目标设定很多时候是一种策略上的选择，它可以增大让步的幅度，作为谈判的筹码，可以尽可能多地换取对方的利益，它还可以起到迷惑谈判对手的作用，亦真亦假，对方无法准确地判断出你所要达到的目标，对本方的其他目标起到了保护作用。

上述三种目标并不是孤立存在的，而是存在一定的内部关联性，是密不可分的谈判整体，需要通过计划有机地结合起来。制订各项目标时应进行严谨的分析，做到合情合理，不能偏离实际情况。另外还要判断对方的三种目标，尤其是最低限度目标，如果设定准确，你完全可以得到更多的利益，还有可能达到你的最高期望目标。

### （三）确定谈判目标的注意事项

注意事项包括：一是谈判目标要尽可能地量化，只有量化的目标才能把握和核查，当然，并不是所有的目标都能量化，一些目标只能定性描述。二是谈判目标要严格保密，尤其是底线目标要格外注意保密，除了己方谈判的相关重要人员外，绝不能将底线目标透露给其他人员。三是谈判目标要合理。不要制订一些难以实现的、不切合实际的目标。

## 二、拟定谈判议程

谈判议程即谈判的程序，包括所谈事项的次序和主要方法。一般来说，典型的谈判议程包括以下内容：

### （一）时间安排

时间安排即确定谈判在什么时间举行、时间的长短。如果谈判需要分阶段，还要确定分成几个阶段、每个阶段所花费的时间等。在谈判准备过程中，有无时间限制，对参加谈判的人员造成的心理影响是不同的。如果谈判有严格的时间限制，就会给谈判人员造成很大的心理压力，那么他们就要针对紧张的谈判时间限制来安排谈判人员，选择谈判策略；如果时间安排得很紧，准备不充分，仓促上阵，会使己方心浮气躁，不能沉着冷静地实施各种策略；如果时间安排得很长，不仅会耗费时间和精力，还会增加谈判成本，而且随着时间的推移，市场和环境因素都会发生变化，会错过一些重要的机遇。谈判中的时间因素还有一个重要的含义：即谈判者对时机的把握与选择。时机选得好，有利于在谈判中把握主动权；相反，时机选择不当，则会丧失原有的优势，甚至会在有利的情况下最后落得败局。

### （二）确定谈判议题

谈判议题是双方提出和讨论的各种问题。确定谈判议题首先要明确己方要提出哪些问题，要把所有问题全盘进行比较和分析；还要预测对方可能提出哪些问题，哪些问题是需要认真对待、全力以赴去解决的，哪些问题是可以根据情况做出让步的，哪些问题是不予讨论的。

### （三）确定议程

议程分通则议程与细则议程：**通则议程是谈判双方共同遵守的日程安排，可由一方准备，也可由双方协商确定，一般要经过双方协商同意后才能正式生效。**它包括双方所谈事项的次序和主要方式。在通则议程中，通常应确定以下一些内容：双方谈判讨论的中心议题，尤其是第一阶段谈判的安排；列入谈判范围的各种问题以及问题讨论的先后顺序；谈判总体时间及各阶段时间的安排；谈判中各种人员的细节安排、谈判地点及招待事宜。细则议程是谈判主方根据通则议程拟订对谈判事项涉及的细节安排，供己方使用，是己方谈判方案的具体体现，具有保密性。其内容一般包括以下几个方面：对外谈判中口径的统一，如文件资料说明、发言观点、证明材料、提供的证据等；对谈判过程中可能出现的各种情况的对策安排；己方发言的策略，何时提出问题、提什么问题、谁来提问、谁来补充、谁来回答等；谈判人员更换的预先安排，己方谈判时间的策略安排、谈判时间期限等。

### （四）选择谈判地点

谈判地点的选择是一个涉及谈判的环境心理因素的问题，它对于谈判效果具有一定的影响，谈判者应当很好地利用。有利的谈判地点、场所能够增强己方的谈判地位和谈判力量。商务谈判的地点选择一般有主场谈判、客场谈判、主客场轮流谈判、中立地谈判。

**阅读资料**

**商务谈判策划书范文**

一、谈判主题

解决汽轮机转子毛坯延迟交货索赔问题，维护双方长期合作关系。

二、谈判团队人员组成

主谈：胡达，公司谈判全权代表；

决策人：贺宇翔，负责重大问题的决策；

技术顾问：陶佳，负责技术问题；

法律顾问：张伟燕，负责法律问题。

三、双方利益及优劣势分析

我方核心利益：

1. 要求对方尽早交货；

2. 维护双方长期合作关系；

3. 要求对方赔偿，弥补我方损失。

对方利益：解决赔偿问题，维持双方长期合作关系。

我方优势：我公司占有国内电力市场1/3的份额，对方与我方无法达成合作将对其造成巨大损失。

我方劣势：

1. 在法律上有关罢工属于不可抗力范围，这点对对方极为有利，对方将据此拒绝赔偿；

2. 对方延迟交货对我公司已带来的利润、名誉上的损失；

3. 我公司毛坯供应短缺，影响恶劣，迫切要求与对方合作，否则将可能造成更大损失。

对方优势：

1. 法律优势：有关罢工属于不可抗力的规定；

2. 对方根据合同，由不可抗力产生的延迟交货不适用处罚条例。

对方劣势：属于违约方，面临与众多签约公司的相关谈判，达不成协议将可能陷入困境。

四、谈判目标

1. 战略目标：体面、务实地解决此次索赔问题，重在减小损失，并维护双方长期合作关系。

原因分析：让对方尽快交货远比要求对方赔款更重要，迫切要求维护与对方的长期合作关系。

2. 索赔目标：

报价：

(1) 赔款：450 万美元；

(2) 交货期：两月后，即 11 月；

(3) 技术支持：要求对方派一个技术顾问小组到我公司提供技术指导；

(4) 优惠待遇：在同等条件下优先供货；

(5) 价格目标：为弥补我方损失，向对方提出单价降 5% 的要求。

底线：

(1) 获得对方象征性赔款，使对方承认错误，挽回我公司的名誉损失；

(2) 尽快交货以减小我方损失；

(3) 对方与我方长期合作。

五、程序及具体策略

1. 开局：

方案一：感情交流式开局策略：通过谈及双方合作情况形成感情上的共鸣，把对方引入较融洽的谈判气氛中。

方案二：采取进攻式开局策略，营造低调谈判气氛，强硬地指出对方因延迟交货给我方带来的巨大损失，开出 450 万美元的罚款，以制造心理优势，使我方处于主动地位。

对方提出有关罢工属于不可抗力的规定拒绝赔偿的对策：

(1) 借题发挥的策略：认真听取对方陈述，抓住对方问题点，进行攻击、突破。

(2) 法律与事实相结合原则：提出我方法律依据，对罢工事件进行剖析并对其进行反驳。

2. 中期阶段：

（1）红脸白脸策略：由两名谈判成员其中一名充当红脸，一名充当白脸辅助协议的谈成，适时将谈判话题从罢工事件的定位上转移到交货期及长远利益上来，把握住谈判的节奏和进程，从而占据主动。

（2）层层推进、步步为营的策略：有技巧地提出我方预期利益，先易后难，步步为营地争取利益。

（3）把握让步原则：明确我方核心利益所在，实行以退为进的策略，退一步进两步，做到迂回补偿，充分利用手中筹码，适当时可以退让赔款金额来换取其他更大利益。

（4）突出优势：以资料作支撑，以理服人，强调与我方协议成功给对方带来的利益，同时软硬兼施，暗示对方若与我方协议失败将会有巨大损失。

（5）打破僵局：合理利用暂停，首先冷静分析僵局原因，再运用肯定对方形式，否定对方实质的方法解除僵局，适时用声东击西策略，打破僵局。

3. 休局阶段：如有必要，根据实际情况对原有方案进行调整。

4. 最后谈判阶段：

（1）把握底线：适时运用折中调和策略，严格把握最后让步的幅度，在适宜的时机提出最终报价，使用最后通牒策略。

（2）埋下契机：在谈判中形成一体化谈判，以期建立长期合作关系。

（3）达成协议：明确最终谈判结果，出示会议记录和合同范本，请对方确认，并确定正式签订合同时间。

六、准备谈判资料

相关法律资料：

《中华人民共和国合同法》、《国际合同法》、《国际货物买卖合同公约》、《经济合同法》

七、制订应急预案

双方是第一次进行商务谈判，彼此不太了解。为了使谈判顺利进行，有必要制订应急预案。

1. 对方承认违约，愿意支付赔偿金，但对450万美元表示异议。

应对方案：就赔款金额进行价格谈判，运用妥协策略，换取在交货期、技术支持、优惠待遇等利益。

2. 对方使用权力有限策略，声称金额的限制，拒绝我方的提议。

应对：了解对方权限情况，“白脸”据理力争，适当运用制造僵局策略，“红脸”再以暗示的方式揭露对方的权限策略，并运用迂回补偿的技巧，来打破僵局；抑或用声东击西的策略。

3. 对方使用借题发挥策略，对我方某一次要问题抓住不放。

应对：避免没必要的纠缠，可转移话题，必要时可指出对方的策略本质，并声明，对方的策略影响谈判进程。

4. 对方依据法律上有关罢工属于不可抗力从而按照合同坚决拒绝赔偿。

应对：应考虑到我方战略目标是减小损失，并维护双方长期合作关系，采取放弃赔偿要求，换取其他长远利益。

5. 若对方坚持在“按照合同坚决拒绝赔偿”一点上，不作出任何让步，且在交货期上也不作出积极回应。则我方先突出对方与我方长期合作的重要性及暗示与我方未达成协议对其产生的恶劣影响，然后发出最后通牒。

（资料来源：http：//blog. sina. com. cn，2008 年 10 月 13 日。）

## 第四节 商务谈判管理

### 一、谈判现场的布置与安排

适宜的谈判场所，对谈判效果有着直接的影响。谈判现场的环境布置与座次的安排，都应体现礼仪的规范和对客人的尊重。座次安排更是敏感问题，应小心谨慎处理。

#### （一）谈判现场的选择与安排

谈判室可选择公司（或租用商厦）的洽谈室、会议室，小规模谈判也可以在会客室，有条件最好安排两三个房间，选择一个房间作为主要谈判室，另一间作为双方都可以单独进行内部协商的密谈室，可能的话再配一间休息室。

谈判室布置以高雅、宁静、和谐为宜，环境安静，没有外人和电话干扰，光线充足，室温适宜，装饰陈设简洁、实用、美观。

#### （二）谈判桌的摆放及座次安排

适当的座次安排，能够使谈判人员的表述得到最佳的传播，使双方的言语交流与非语言沟通达到最佳的效果。

1. 长方形或椭圆形的谈判桌。双边谈判一般采用长方形或椭圆形谈判桌，显得比较正规，通常主、客各坐一边，若谈判桌横放（见图 2－1），则正面对门为上座，应属于客方，背面对门为下座，属于主方。

若谈判桌竖放（见图 2－2），则应以进门方向为准，右侧为上，属于客方，左侧为下，属于主方。双方主谈人（首席代表）各在己方一边的中间就坐，翻译安排在主谈人右侧，其余人员则遵循右高左低的原则，依照职位高低自近而远地分别在主谈人两侧就坐。具体操作时，可摆放写有人名牌子的方法表明座位，会更加简明方便。

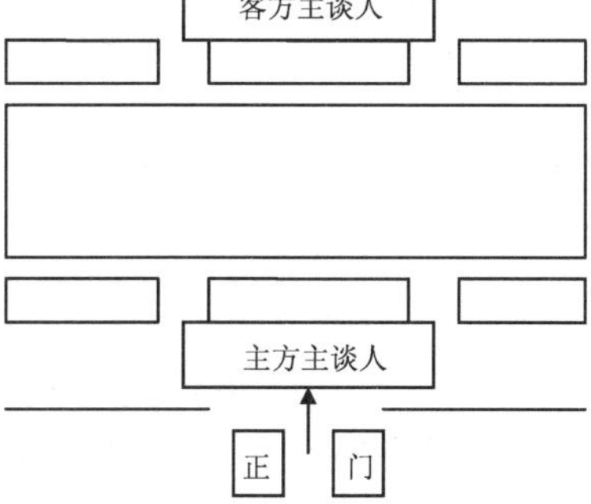


图 2－1　横放

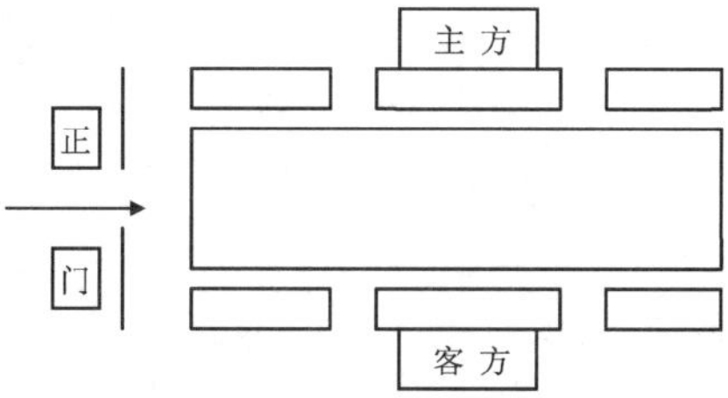


图 2－2　竖放

2. 圆形谈判桌。多边谈判一般采用圆形谈判桌（见图 2－3），国际惯例上称为“圆桌会议”。采用圆桌谈判，谈判各方围桌交叉而坐，尊卑界限被淡化了，彼此感到气氛较为和谐、融洽，容易达成共识。

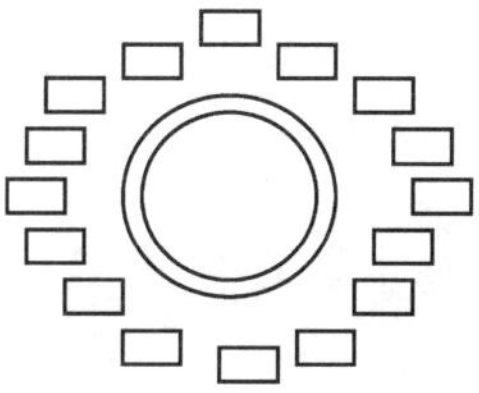

图 2－3　圆形

3. 马蹄形座位。小型的谈判，也可不设谈判桌，直接在会客室沙发上进行，双方主谈人在中间长沙发就坐，主左客右，翻译在主谈人后面，双方其余人员分坐两边（见图 2－4），呈马蹄形，这样双方交谈比较随和友好。但比较正规的谈判，不宜采用这种方式。

谈判时的座次安排，是一个比较敏感的界域问题。谈判中的座次要注意两点：一是谈判双方的座次；二是谈判一方内部的座次。一个敏锐的谈判行家，会有意识地安排谈判人员的座次，并借以进行对己方最有利的谈判。

图 2－4　马蹄形

## 二、谈判活动的管理

### （一）谈判班子的构成原则

1. 实力原则。组建的班子必须能承担谈判任务，具有与对方的阵容相抗衡的实力。谈判班子实力雄厚与否体现在业务能力、社会地位、工作效率等方面。社会地位是指谈判班子成员的职位高低，应遵循“对等原则”。工作效率是指班子成员适应谈判进度要求的能力。一个人才齐备、又能连续作战的班子才是一个有实力的班子。

2. 进度原则。任何谈判都有时限，不管这个时间是由己方、对方或第三方制定的，还是由交易本身性质决定的，它给谈判班子提出了完成任务即结束谈判的时限。要达到时限的要求，组建谈判班子时就必须考虑完成任务的保证——人力，以及快速解决可能出现问题的能力——决策能力。

**（二）谈判组织负责人对谈判组织的管理**

1. 谈判组织负责人的挑选。具备较全面的知识、果断的决策能力、较强的管理能力，具备一定的权威地位。

2. 谈判组织负责人的管理职责。负责挑选谈判人员，组建谈判班子；管理谈判队伍，协调谈判队伍各成员的心理状态和精神状态，处理好成员间的人际关系；领导制订谈判执行计划；主管己方谈判策略的实施，对具体的让步时间、幅度、谈判节奏合理掌握；负责向上级或者有关的利益各方汇报谈判进展情况。

3. 加强谈判组织的内部沟通与交流。加强谈判组织内部成员间的沟通与交流，以使谈判人员对谈判议题、谈判议程达成共识，对实现谈判目标具有非常积极的作用。

**（三）高层宏观管理与谈判组织内部的沟通与交流**

高层领导对谈判过程的宏观管理很重要，要确定谈判的基本方针和要求，在谈判过程中对谈判人员进行指导和调控，关键时刻适当干预谈判。

## 复习思考题

1. 谈判人员应该有目的地运用各种谈判策略和技巧，使谈判发展变化保持在既定的目标内，这种能力是谈判人员的(　　)。

A. 推理能力　　B. 协调能力

C. 控制能力　　D. 自制能力

2. 谈判目标可以分为以下几个层次：(　　)。

A. 底线目标　　B. 预期目标

C. 最高目标　　D. 隐性目标

3. 一场商务谈判应配备多少人员才合适？(　　　)。

A. 人员多了好，人多智谋广　　B. 最少四个人，分工要明确

C. 一个人就行，可以节省费用　　D. 根据具体情况来确定人员的多少

## 案例讨论

**案例一**

**中国某公司与法国某公司谈判技术转让费**

**法方**：我公司的这项技术经过5年的研制才完成，现在要转让给中方，中方应付费。

**中方**：有道理，但该费用应如何计算呢？

**法方**：我方每年投入的科研费为200万美元，5年为1 000万美元，考虑到仅转让使用权，我方计提成费，以20%的提成率计，即200万美元，仅收贵方1/5的投资费，该数不贵，对贵方是优惠的。

中方听后，表示研究后再谈。中方内部进行了讨论，达成如下共识：分头去搜集该公

司的产品目录，调查该公司近几年来新产品的推出速度如何，如推出的新产品多，说明他们每年的科研投入不仅为一个产品，可能是多个产品；搜集该公司近几年的年报，调查其资产负债状况和损益状况，若利润率高，说明有资金投入科研开发；若利润率低，大量资金投入科研就没有能力，否则，就为借钱搞开发；若负债率不高，说明没有借钱，负债高才有可能借钱。此外，请海外机构的代表查询该公司每年缴纳企业所得税的情况，纳税多，说明利润高，纳税少，说明利润率低。

各路人员调查了这几方面的信息，经过分析发现：

1. 该公司每年都有 5 种新产品推向市场。
2. 该公司资产负债率很低，负债不多。
3. 该公司利润率不高，每年的利润不足以支持开发费用。

最后得出的结论是法方每年的投入量是虚的。若投入量为真，该企业只有逃税漏税才有钱。

在接下来的谈判中，中方根据上述的资料和推断，请法方表态。法方还坚持其数为真实数据。中方问对方，怎么解释低负债，怎么解释低利润呢？法方无法解释低负债、低利润和高投资的关系，又不能在中方面前承认有逃税，只好放弃原价的要求，考虑改善的问题。

（资料来源：http：//www.gotoread.com/vo/4983/page521799.html，2007 年 3 月 11 日。）

**案例思考：**

1. 中方如何搜集谈判信息？
2. 中方如何加工谈判信息？
3. 中方如何利用谈判信息？

**案例二**

**日本人为什么没有发现大庆油田？**

中国的大庆油田是在 1959 年发现的。当周恩来总理向全世界公开宣布“中国发现了大庆油田”的消息后，全世界为之震惊。最震惊的是日本人，因为日本人当年占领中国东北三省时，就曾拼命打井寻找石油，愣是没有找到。所以，当日本人看到《人民日报》上发表的这一消息后，动用了所有的情报机构来寻找这一个叫“大庆油田”的地方，结果始终没有找到，因为在中国地图上面，没有一个叫“大庆”的地方。

1966 年的一期《中国画报》上，日本情报机构看到了王进喜站在钻机旁的那张著名的照片，他们根据照片上王进喜的服装衣着确定，只有在北纬 46 度至 48 度的区域内冬季才有可能穿这样的衣服，因此大庆油田可能在冬季为零下 30 度的齐齐哈尔与哈尔滨之间的东北北部地区。之后，来中国的日本人坐火车时发现，来往的油罐车上有很厚一层土，从土的颜色和厚度日本情报机构得出了“大庆油田在东北三省偏北”的结论。

日本人很纳闷：为什么当年忙乎了30多年愣是发现不了大庆油田，而中国的石油工人就在他们离开后不久，轻而易举地找到了中国最大的油田。过去半个多世纪，我来到大庆，栾莹副市长告诉了我一个答案：其实日本人当年打的井，地点没有错，因为中国石油工人钻井队打出的大庆油田第1号井，就在日本人当年打井的附近，两口井相距仅2公里。关键是，我们打了1 300米，喷出了石油。而日本人当年只打到1 000米，就没有往下打下去。仅仅300米的距离，改变了一个世界，改变了一个世纪。

（资料来源：徐静波："日本人当年为啥没发现大庆油田"，日本新华侨报网，2010年12月23日。）

**案例思考：**

信息搜集和执行之间的区别与联系。

## 技能训练

1. 学校准备和一公司就购买300台计算机的事宜进行谈判，假如让你负责这项工作，你将做好哪些准备工作？

2. 如何构思一个详细且切实可行的商务谈判方案？

# 第三章
# 商务谈判策略

**学习目标**

- □ 了解谈判开局、磋商及结束三阶段的必要性
- □ 熟悉谈判开局的具体事宜
- □ 掌握并且灵活处理磋商过程中的冲突、合作及让步的方法
- □ 掌握谈判开局、磋商及结束三阶段的策略

**案例导入**

**迎宾馆内的温度**

日本首相田中角荣在20世纪70年代为恢复中日邦交来到北京，他怀着等待中日间最高首脑会谈的紧张心情，在迎宾馆休息。迎宾馆内气温舒适，田中角荣的心情也十分舒畅，与随从的陪同人员谈笑风生。他的秘书仔细看了一下房间的温度计，是17.8℃。这舒适的温度使得田中角荣的心情舒畅，也为以后谈判的顺利进行创造了良好的条件。

（资料来源：孙绍年：《商务谈判理论与实务》，清华大学出版社2007年版。）

**案例思考**：迎宾馆里合适的温度运用了怎样的谈判策略？

## 第一节
## 开局阶段的谈判策略

所谓开局，是指一场谈判开始时，谈判各方之间的寒暄和表态以及就谈判具体内容以

外的话题进行交谈的阶段。其目的是进行探测、摸清底细，为影响、控制谈判的进程奠定基础。对整个谈判而言，开局阶段是人们精力最为充沛、注意力最为集中的阶段，所有的人都在专心倾听别人的发言，全神贯注地理解讲话的内容。同时，这是双方阐明各自立场的阶段，是各自重要观点的第一次亮相。在开局阶段，谈判双方阵容中的个人地位及所承担的角色完全显露出来，他们在明确的目标指引下，纷纷进入谈判，同时在评价着对方谈判人员的个人作用。因此，开局是左右整个谈判格局和前景的重要阶段，不仅决定着双方在谈判中的力量对比，决定着双方在谈判中采取的态度和方式；同时也决定着双方对谈判局面的控制，进而决定着谈判的结果，决定着整个谈判的前途。

## 一、营造洽谈气氛

“良好的开端是成功的一半”。营造良好的谈判气氛是接触阶段的第一项工作，就像人们初次见面，第一印象往往是根深蒂固的一样，谈判初期所建立的气氛是非常关键的，这种气氛会影响整个谈判进程。

一般来说，理论上根据出现于谈判开局阶段的谈判气氛的表现状态和趋势的高低将谈判开局气氛分为三种情形，即高调气氛、低调气氛与自然气氛。

### （一）营造高调气氛

1. 高调气氛的表现。高调气氛主要表现为热烈、积极、友好的谈判气氛状态。谈判双方态度诚恳、真挚，彼此主动适应对方的需要；见面时话题活跃，口气轻松，感情愉悦，常有幽默感；双方显得精力充沛，兴致勃勃；谈判人员举止大方，目光和善；见面热情友好、互致问候等。双方对谈判的成功充满信心，把谈判成功看成友谊的象征。

2. 营造高调气氛的方法。

（1）感情攻击法。**感情攻击法是指通过某一特殊事件来引发普遍存在于人们心中的感情因素，并使这种感情迸发出来，从而达到营造热烈、积极的谈判气氛的目的。**

**案例**

**喜讯助谈判**

中国一家彩电生产企业准备从日本引进一条生产线，于是与日本一家公司进行了接触。双方分别派出了一个谈判小组就此问题进行谈判。谈判那天，当双方谈判代表刚刚就坐，中方的首席代表（副总经理）就站了起来，他对大家说：“在谈判开始之前，我有一个好消息要与大家分享。我的太太在昨天夜里为我生了一个大胖儿子！”此话一出，中方职员纷纷站起来向他道贺。日方代表于是也纷纷站起来向他道贺。整个谈判会场的气氛顿时高涨起来，谈判进行得非常顺利。中方企业以合理的价格顺利地引进了一条生产线。

（资料来源：马克态：《商务谈判理论与实务》，中国国际广播出版社 2004 年版。）

这位副总经理在与日本企业的以往接触中发现，日本人很愿意板起面孔谈判，制造一种冰冷的谈判气氛，给对方造成一种心理压力，从而控制整个谈判，趁机抬高价码或提高条件。于是，他便想出了用自己的喜事来打破日本人的冰冷面孔的好主意，营造一种有利于己方的高调气氛。

（2）称赞法。**称赞法是指通过称赞对方来削弱对方的心理防线，拉近与对方的距离，从而激发出对方的谈判热情，调动对方的情绪，营造高调气氛。**

**提示**

采用称赞法时应该注意以下几点：

● 选择恰当的称赞目标。选择称赞目标的基本原则是：投其所好。即选择那些对方最引以为自豪的，并希望己方注意的目标。通过事先观察对方的言谈举止，努力发现别人没有发现的优点，进行赞美，能收到事半功倍的效果。

喜欢听好话，是人类的天性。用这种方法往往能削弱对方的心理防线，营造对己方有利的气氛。

● 选择恰当的称赞时机。时机选择得好，可使双方一扫沉闷气氛。如果时机选择得不好，称赞法往往适得其反。

● 选择恰当的称赞方式。称赞方式一定要自然，不要让对方认为你是在刻意奉承他，否则会引起其反感。比如，赞美一个人说“我像佩服别人一样佩服你”，就不如采用从否定到肯定的评价“我很少佩服别人，但你是例外”效果更好。

我们也可以借用第三者口吻赞美对方。比如：“你看来还那么年轻漂亮。”“你真漂亮，难怪小李一直说你看上去还那么年轻！”显然，后一种说法中第三者“小李”的话会使对方感到更公允实在，不露一丝阿谀。

● 赞扬的态度要真诚 。赞美必须真诚。每个人都珍视真心诚意，它是人际沟通中最重要的尺度。所以在赞美时，你必须确认你赞美的人的确有此优点，并且要有充分的理由去赞美他。

（3）幽默法。**幽默法是指通过幽默、风趣的语言来消除对方的戒备心理，使其积极地参与到谈判中来，从而营造高调谈判开局气氛的方法。**

在谈判中，说些幽默的话可以使人放松，使谈判气氛更加亲切，这有助于相互建立友好的关系，从而使一些难题变得容易解决。

采用幽默法时要注意：一要选择恰当的时机；二要采取适当的方式；三要收发有度。

（4）问题挑逗法。**问题挑逗法是指提出一些尖锐问题诱使对方与自己争议，通过争议使对方逐渐进入谈判角色。**这种方法通常是在对方谈判热情不高时采用，有些类似于“激将法”。但是，这种方法很难把握好火候，在使用时应慎重一些，要选择好退路。

### （二）营造低调气氛

**低调气氛是指谈判的一方情绪消极、态度冷淡，低沉、严肃的气氛构成谈判情势的主导因素。**通常在下面这种情况下谈判一方应该努力营造低调的谈判开局气氛：本方有讨价还价的砝码，但是并不占有绝对优势，合同中某些条款并未达到本方的要求，如果本方施加压力，对方会在某些问题上做出让步。低调气氛会给谈判双方都造成较大的心理压力，哪一方心理承受力弱，哪一方往往会妥协让步。因此，在营造低调气氛时，本方一定要做好充分的心理准备。

营造低调气氛通常有以下几种方法：

1. 运用情感的力量。这里的感情攻击法与营造高调气氛的感情攻击法性质相同，即都是以情感诱发作为营造气氛的手段，但两者的作用方向相反。在营造高调气氛的感情攻击中，是激起对方产生积极的情感，使得谈判开局充满热烈的气氛；而在营造低调气氛时，是要诱发对方产生消极情感，致使一种低沉、严肃的气氛笼罩在谈判开始阶段。

2. 沉默法。**沉默法是以沉默的方式来使谈判气氛降温，从而达到向对方施加心理压力的目的。**当然这里所讲的沉默并非是一言不发，而是指本方尽量避免对谈判的实质问题发表议论。沉默的同时要注意倾听。悉心倾听对方吐露的每一个字，注意他的措辞和他选择的表达方式，以及他的语气和声调。这些都能为你提供线索，去发现对方的一言一行背后隐含的真实动机、目的和需要，并感受到对方的情绪。

沉默倾听不但可以使你听得更明白，而且也可以使对方说得更准确。如果你听得很认真并偶尔插话说："对不起，你的意思是不是……？"对方会感觉他不是在无聊的闲谈或是进行例行公事式的谈话，他会从被听和被了解中得到满足感。因为人们一般都希望被人了解，希望表现自己，而你的认真倾听，正是满足了对方的这种心理，会使对方对你产生好感。所以，有人说，最廉价的让步就是让对方知道你在洗耳恭听。倾听是了解对方需求和发现事实真相的最简捷的途径，这就是沉默的力量。

**提示**

采用沉默法要注意以下两点：

- 要有恰当的沉默理由。通常人们采用的理由有：假装对某项技术问题不理解；假装不理解对方对某个问题的陈述；假装对对方的某个礼仪失误表示十分不满。
- 要沉默有度，适时进行反击，迫使对方让步。

3. 疲劳战术。**疲劳战术是指使对方对某一个问题或某几个问题反复进行陈述，从生理和心理上疲劳对手，降低对手的热情，从而达到控制对手并迫使其让步的目的。**一般来讲，人在疲劳的状态下，思维的敏捷程度下降，容易出现错误，热情降低，工作情绪不高，比较容易屈从于别人的看法。

**提示**

采用疲劳战术应注意以下两点：

- 多准备一些问题，而且问题要合理，每个问题都能起到疲劳对手的作用。
- 认真倾听对手的每一句话，抓住错误，记录下来，作为迫使对方让步的砝码。

4. 指责法。**指责法是指对谈判对手的某个错误或某种失礼严加指责，使其感到内疚，从而达到营造低调气氛，迫使谈判对手让步的目的。**

**案例**

**巴西在美国的采购**

巴西一家公司到美国去采购成套设备。巴西谈判小组的成员因上街购物，耽误了时间，当他们到达谈判地点时，比预定时间晚了45分钟。美方代表对此极为不满，花了很长时间来指责巴西代表不遵守时间，没有信用，如果老是这样的话，以后很多工作难以合作，浪费时间就是浪费资源、浪费金钱。对此巴西代表感到理亏，只好不停地向美方代表道歉。谈判开始以后，美方代表似乎还对巴西代表迟到一事耿耿于怀，一时间弄得巴西代表手足无措、说话处处被动，无心与美方代表讨价还价，对美方提出的诸多要求也没有静下心来认真考虑，匆匆忙忙就签订了合同。等到合同签订以后，巴西代表平静下来，头脑不再发热时才发现自己吃了大亏，上了美方的当，但已经晚了。

（资料来源：马克态：《商务谈判理论与实务》，中国国际广播出版社2004年版。）

**（三）营造自然气氛**

**自然气氛是指谈判双方情绪平稳，谈判气氛既不热烈，也不消沉。**自然气氛无需刻意地去营造，许多谈判都是在这种气氛中开始的。谈判双方在自然气氛中传达的信息要更加准确真实。当谈判一方对谈判对手的情况了解甚少，对手的谈判态度不甚明朗时，在这种平缓的气氛中开始对话是比较有利的。

营造自然气氛要做到以下几点：

1. 注意自己的行为、礼仪。

2. 要多听、多记，不要与谈判对手就某一问题过早发生争议。

3. 要准备几个问题，询问方式要自然。

4. 对对方的提问，能做正面回答的一定要正面回答；不能回答的，要采用恰当方式进行回避。

谈判气氛并非是一成不变的，客观条件如节假日、天气、突发事件等也会对谈判气氛产生重要的影响。在谈判中，谈判人员可以根据需要来营造适于自己的谈判气氛。

## 二、开局策略与技巧

**谈判开局策略是谈判者谋求谈判开局中有利地位和实现对谈判开局的控制而采取的行动方式或手段。**在正常情况下，谈判双方都是抱着合作的目的而与对方坐在谈判桌前的，因而双方都希望能在一个轻松、愉快的气氛中进行谈判。

谈判开局策略的实施要在特定的谈判气氛中进行，同时，谈判的开局策略也会反作用于谈判气氛，成为影响或改变谈判气氛的手段。所以，当对方营造了一个不利于己方的谈判开局气氛时，谈判者可以采用适当的开局策略来改变这种气氛。谈判人员为了促使谈判成功，形成一个良好的谈判气氛，在开局阶段应该做到：态度友好，不纠缠枝节问题，努力适应双方的利益需要。下面结合谈判实例，分析介绍几种典型的、基本的谈判开局策略。

**（一）协商式开局策略**

**协商式开局策略是指以协商、肯定的语言进行陈述，创造或建立起对谈判的想法“一致”的感觉，从而使谈判双方在愉快、友好的气氛中不断将谈判引向深入的一种开局策略。**

现代心理学研究表明，人们通常会对那些与其想法一致的人产生好感，并愿意将自己的想法按照那些人的观点进行调整。

**案例**

**尼克松访华**

1972 年 2 月，美国总统尼克松应邀访问中国。中美两国紧闭了二十多年的大门终于打开了。但由于历史的原因和意识形态的对立，双方还存在很强的戒备心理和彼此的不信任。为了创造一种融洽和谐的会谈气氛，中国方面在周恩来总理的亲自领导下，对接待的全过程做了精心而又周密的准备和安排，其中的一件轶事曾在外交界传为佳话：在欢迎尼克松一行的国宴上，尼克松竟然听到了他十分喜爱的一支乐曲《美丽的亚美利加》，这是一支赞美他的家乡的非常抒情的曲子，尼克松总统绝对没有想到能在中国的北京听到他最喜欢的乐曲。敬酒时，他特地到乐队前表示感谢。而这种融洽、热烈的气氛也感染了在场的每一位美国人，他们不禁为中国方面的热情友好所感动。中美的外交谈判也由此更增添了几分良好的气氛。

（资料来源：王爱国、高中玖：《商务谈判与沟通》，中国经济出版社 2008 年版。）

协商式开局策略适用于谈判双方实力比较接近、双方过去没有商务往来的经历的情况。第一次接触，都希望有一个良好的开端。要多用外交礼节性语言、中性话题，使双方在平等、合作的气氛中开局。

协商式开局策略的运用还有一种重要途径，就是在谈判开始时以询问方式或补充方式诱使谈判对手走入我方的既定安排，从而在双方间达成一种共识。所谓**问询方式，是指将我方想要的结果设计成问题来询问对方**，例如，“你看我们把价格及付款方式问题放到后面讨论怎么样？”所谓**补充方式，是指借以对对方意见的补充，使自己的意见变成对方的意见**。采用问询方式或补充方式使谈判逐步进入开局。

协商式开局策略可以在高调气氛和自然气氛中运用，但尽量不要在低调气氛中使用。因为在低调气氛中使用这种策略容易使自己被动。协商式开局策略如果运用得好，可以将自然气氛转变为高调气氛。

**（二）坦诚式开局策略**

**坦诚式开局策略是指以开诚布公的方式向谈判对手陈述自己的观点或意愿，以取得对方的理解与信任，从而为谈判打开局面。**采用这种开局策略要考虑自己的身份、与对方的关系、当时的谈判形势等多种因素。

**案例**

**坦诚的回答**

北京门头沟一位党委书记在同外商谈判时，发现对方对自己的身份持有强烈的戒备心理。这种状态妨碍了谈判的进行。于是，这位党委书记当机立断，站起来向对方说道："我是党委书记，但也懂经济、搞经济，并且拥有决策权。我们摊子小，实力不大，但人实在，愿真诚与贵方合作。咱们谈得成也好、谈不成也好，至少您这个外来的'洋'先生可以交一个我这样的中国的'土'朋友。"寥寥几句肺腑之言，一下子就打消了对方的疑虑，使谈判顺利地向纵深发展。

（资料来源：徐春林：《商务谈判》，重庆大学出版社 2007 年版。）

一般来讲，坦诚式开局策略比较适合曾有过长期的良好的业务合作关系的双方，由于彼此比较了解，直接坦率地提出自己的观点要求，更能使对方对己方产生信任感。坦诚式开局策略有时也可用于本方的谈判实力明显不如谈判对方的谈判者，通过坦率地表明己方的弱点，反而显示出对谈判的真诚与信心。坦诚式开局策略可以在各种谈判气氛中应用。这种开局方式通常可以把低调气氛和自然气氛引向高调气氛。

**（三）慎重式开局策略**

**慎重式开局策略是指以严谨、凝重的语言进行陈述，表达出对谈判的高度重视和鲜明态度，目的在于使对方放弃某些不适当的意图，以达到把握谈判的目的。**

慎重式开局策略适用于过去有过商务往来，但对方曾有过不太令人满意的表现，己方要通过严谨、慎重的态度，引起对方对某些问题重视的谈判双方。例如，可以对过去双方业务关系中对方的不妥之处表示遗憾，并希望通过本次合作改变这种状况。可以用一些礼貌性的提问来考察对方的态度、想法，不急于拉近关系，注意与对方保持一定的距离。这种策略也适用于己方对谈判对象的某些情况存在疑问，需要经过简短的接触摸底。当然慎重并不等于没有谈判诚意，也不等于冷漠和猜疑，这种策略正是为了寻求更有效的谈判成果而使用的。

慎重式开局策略适用于低调气氛和自然气氛，而不适用于高调气氛。慎重式开局策略还可以将其他的谈判气氛转为低调气氛。

**（四）进攻式开局策略**

**进攻式开局策略是指通过语言或行为来表达己方强硬的姿态，从而获得谈判对手必要的尊重，并借以制造心理优势，使得谈判顺利地进行下去。**采用进攻式开局策略一定要谨慎，因为在谈判开局阶段就设法显示自己的实力，使谈判在开局就处于剑拔弩张的气氛中，对谈判进一步发展极为不利。

进攻式开局策略通常只在这种情况下使用，即发现谈判对手在刻意制造低调气氛，这种气氛对本方的讨价还价十分不利，如果不把这种气氛扭转过来，将损害本方的切实利益。

进攻式开局策略可以扭转不利于己方的低调气氛，使之走向自然气氛或高调气氛。也可在一开始就给对方巨大的压力，但是，进攻式开局策略也可能使谈判陷入僵局。谈判中要切中问题要害，对事不对人，既表现出己方的自尊、自信和认真的态度，又不能咄咄逼人，使谈判气氛过于紧张。

### 三、开局行为

#### （一）形成良好的第一印象

第一印象是一种“顽固”的心理倾向，一旦形成，想改变就比较困难。双方所形成的第一印象会直接影响到能否顺利地完成谈判任务。良好的第一印象需要谈判者注意自己的一言一行，精心设计自己的谈吐与服饰、气质与修养。

1. 恰当的服饰。谈判人员的服饰是决定其形象的重要因素之一。谈判者的自我形象首先是通过服饰表现出来的，特别是在现代社会，服装的式样、质地以及其附属的装饰都具有多种功能和含义，从一个侧面反映着谈判人员的心理特征，传达出文化修养、审美观点、品味、风度、气质和社会地位等信息，并给人以某种暗示，影响到人们的判断。

**阅读资料**

**有趣的实验**

有位谈判家曾做过一个有趣的实验，他本人以不同的打扮出现在同一地点，静观路人的反应。当他身着西服以绅士模样出现时，无论是向他问路或问事的人，大都彬彬有礼，且基本上多是绅士阶层的人；当他打扮成无业游民时，接近他的多半是流浪汉，或者是借火找烟的。人们之所以有这样的“群分”结果，正是凭借着衣着传递的信息来区分的。

（资料来源：王国梁：《推销与谈判技巧》，机械工业出版社 2002 年版。）

谈判者通过服饰塑造形象时需要注意的是：

（1）服饰应与谈判者的身份相一致。谈判时，谈判者要根据自己的身份来选择衣着。比如，作为总裁，在出席谈判时就不应穿着过于随便，最好是西服革履，这样才与身份相符。而作为谈判助手，如果其衣着比首席谈判代表还华贵，则有喧宾夺主之嫌。

（2）服饰应与谈判的性质相一致。若是正式谈判，谈判者的衣着就应当“正式”一点，以表示对谈判的重视和对对方的尊重；若是非正式谈判，谈判者的衣着则可随便、轻松一些。

（3）服饰应与谈判的环境相一致。超越环境氛围的打扮会让对方感到做作；而低于环境的打扮，则会使自己感到局促不安，甚至丧失信心，也会使对手对你的实力产生怀疑。

2. 良好的气质。气质是指人们相对稳定的个性特征。良好的气质是以人的文化修养、文明程度、思想品质和生活态度为基础的。良好的气质首先体现出一个人丰富的内心世界和良好的品德修养，其次还体现出为人诚恳、心地善良等良好作风。作为谈判者具备良好的气质，可以增强对对手的吸引力和信任感，有利于良好的开局局面的形成。

3. 风度。风度是指人的言谈、举止、神情、姿态、仪表等方面总的表现和风貌，即人的思想、文化、修养、性格、气质等的外在表现。风度美主要包括以下几个方面：

（1）饱满的精神状态。一入场就神采奕奕、精力充沛、自信而富有活力，这样才能激发对方的兴致，活跃会场的气氛。

（2）诚恳的待人态度。能对所有对手表现出诚恳而坦率的态度，端庄而不矜持冷漠，谦逊而不娇柔做作，热情而不轻慢。

（3）受欢迎的性格特征。性格是通过行为表现出来的，与风度密切相关，要使自己的风度得到别人的赞赏，就应加强性格修养。要大方、自重、认真、活泼和直爽，尽量克服性格中的弱点，如轻佻、傲慢、幼稚等。

（4）幽默文雅的谈吐。风度美体现在谈吐上，豪放的人，语多激荡而不粗俗；潇洒的人，言谈文雅而不随便；谦虚的人，含蓄蕴藉而不猥琐；博学的人，旁征博引而不芜杂；脚踏实地的人，声调沉稳；只图虚名的人，喜好浮词；好嫉妒的人，语言带刺……语言是风度的重要体现，如果出言不逊，满嘴粗词俗语，则风度全无。

（5）洒脱的仪表。一个人仪表整洁，俊逸潇洒，就能使人乐于接近。这种魅力不仅在于长相和衣着，更在于气质和仪态，它是人的内在品格的自然流露。

（6）适当的表情动作。神态和表情是沟通思想感情的非语言交往工具，也是风度的表现方式。所以，一定不可忽视自己的表情动作，细节的表情和动作也不例外。

**案例**

**尼克松竞选总统**

1961 年尼克松参加竞选总统，在那时他是艾森豪威尔的副总统，已是大多数美国人熟识的政治家。他反应敏捷，善于表达，富有政治经验又具有坚强毅力。在竞选前夕的民意测验中，尼克松以 50% 比 44% 的多数票领先于肯尼迪。但竞选过程中，尼克松与肯尼迪要面对美国 7 000 万电视观众展开辩论。这次电视辩论是第一次向全国选民直播，尼克松的公共顾问忽略了这个问题，尼克松恰好在前不久发生车祸被撞伤膝盖，致使身体消瘦，屏幕上的尼克松服装显得过于宽大松垮，灯影又使他看上去眼窝下陷，疲惫憔悴，萎靡不振。可此时的肯尼迪正好相反，他高大魁梧，衣着大方，精神饱满，气宇轩昂。结果，肯尼迪以美国历史上最微弱的总统竞选差额 49.9% 比 49.6% 取得了胜利。

（资料来源：何伟祥：《公关礼仪》，东北财经大学出版社 2005 年版。）

**（二）开局行为禁忌**

1. **切忌保守**。人们在陌生的环境中与他人发生联系时，处事往往是较为谨慎小心的。所以，在谈判的开局阶段，谈判者通常是合作有余，竞争不足，更易保守，唯恐失去一个合作的伙伴或一个谈判的机会。如果因此一味迁就对方，不敢大胆坚持己方的主张，结果必然会被对方牵着鼻子走。开局阶段的保守，将会导致两种局面：一是一拍即合，轻易落于对方大有伸缩的利益范围，失去己方原本应该得到的利益；二是谈判一方开局就忍让，迁就对方，使对方以为你的利益要求仍有水分，而把你的低水平的谈判价值保守点作为讨价还价的基础，迫使你作出更多的让步。

为了防止谈判开局中的保守所导致的上述两个局面，就必须坚持谈判的高目标。谈判目标定的高低，将直接影响谈判的成果，没有远大的目标，就没有伟大的创举。只有将谈判目标定在一个努力弹跳能摸到的位置，才是恰当的。

2. **反对激进**。我们强调谈判的开局要有一个高目标，但高目标不是无限度的高，更不能把己方的高目标建立在损害对方利益的基础上。

如果谈判一方仅仅考虑自己的利益，而忘记了谈判是双方或多方的合作。由于自己的要求过高而损害对方利益，会出现两种不利局面：一是对方会认为你缺乏诚意以致破坏了谈判的必要性。二是对方为了抵制过高的要求，也会漫天要价，使谈判在脱离现实的空中楼阁中进行，只能导致徒劳无功、浪费时间。

因此，谈判者在开局阶段，不仅要力戒保守，也要防止因提出过分的要求而破坏谈判的气氛，谈判者既要有一个高目标，又要避免不切实际的漫天要价。

**案例**

**合资碳化硅项目**

我国北方的一个城市曾与美籍华侨洽谈一个合资碳化硅的项目。开始时，这位华侨对项目兴趣不大，只是在国内亲友的一再劝说下，才勉强同意与有关方面进行接触。这个城市的洽谈小组由副市长挂帅，在会谈的过程中，他们对这位华侨的态度十分友好，而且十分坦率。他们把自己的实际情况，包括搞这个项目的目的，项目对当地冶金工业发展的重要性，独资兴办这个项目存在的困难，以及他们对国外华侨的期望等和盘托出。这位华侨觉得对方非常有诚意，深受感动，就提出了许多有价值的建议。最后，双方经过坦诚的会谈很快签订了合作意向书。

（资料来源：王爱国、高中玖：《商务谈判与沟通》，中国经济出版社 2008 年版。）

3. **不急于进入正题**。谈判者初见面时不急于切入正题，而应首先沟通感情、增进了解。俗话说“欲速则不达”，我们办任何事情都要循序渐进，不可心急，谈判也是如此。

4. **不要举止轻狂**。谈判是文明竞争的方式。在谈判时，举止的第一印象是影响对方对你所持态度的关键因素。谈判者在谈判的一开始就举止轻狂，甚至锋芒毕露地炫耀自己，至少是不成熟的表现。

## 第二节
## 磋商阶段的谈判策略

### 一、商务谈判报价策略

**商务谈判的主要内容是价格、交货期、付款方式及保证条件**这四大项，而价格因素是谈判中的焦点。谈判磋商阶段，报价是必不可少的中心环节。

**报价，是指谈判过程中一方或双方提出自己的交易价格和其他交易条件**。这里所说的报价，不只是指产品在价格方面的要价，而是泛指谈判一方向对方提出自己的所有要求，或是谈判双方互相提出各自的要求，包括商品的质量、数量、包装、价格、装运、保险、支付、商检、索赔、仲裁交易等条件。其中价格条件具有重要的位置。可以说，无论商品交易、劳务交易或工程项目的承包，谈判的重点都围绕价格问题。报价直接影响谈判的开局、走势和结果，事关谈判者最终获利的大小，是关系到商务谈判能否成功的关键问题之一。要取得谈判的成功，必须讲究报价的方式和技巧。作为商务谈判人员，必须掌握报价阶段的策略与技巧。

价格应该报多高、如何报是谈判磋商阶段主要考虑的问题。价格报得过高，会吓退谈判对手或被对方指责为没有诚意。价格报得过低，会损害企业的利益，也使己方处于相对被动的地位。事实上，报价为谈判划定了一个框架，双方的谈判就是在这个框架内进行，因此这个框架的构造非常重要。

在商务谈判中，报价策略主要由以下内容构成：

### （一）报价时机策略

价格谈判中，报价时机是一个策略性很强的问题。有时，卖方的报价比较合理，但并没有使买方产生交易欲望，原因是此时买方更关注商品的使用价值。所以，在商务谈判中，应当首先让对方充分了解商品的使用价值和为对方带来的实际利益，待对方对此发生兴趣后再来谈价格问题。经验表明，提出报价的最佳时机，一般是对方询问价格时，因为这说明对方已对商品产生了交易欲望，此时报价往往水到渠成。

如果在谈判开始的时候对方就询问价格，这时最好的策略应当是充耳不闻。因为此时对方对商品或项目尚缺乏真正的兴趣，过早报价会增加谈判的阻力。当然，如果对方坚持即时报价，也不能故意拖延，否则会使对方感到不受尊重而产生反感情绪，这时应善于采取建设性的态度，把价格同对方可获得的好处和利益联系起来。

**案例**

爱迪生在做某公司电气技师时，他的一项发明获得了专利。一天，公司经理派人把爱迪生叫到办公室，表示愿意购买爱迪生的专利，并让爱迪生出个价。爱迪生想了想，回答道："我的发明对公司有怎样的价值我不知道，请您先开个价吧。""那好吧，我出40 万美元。怎么样？"经理爽快地先报出了价。事后爱迪生这样评价这次谈判："我原来只想把专利卖500 美元，因为以后的实验室要用很多的钱，所以再便宜些我也是肯卖的。"

让对方先报价使爱迪生多获得了40 万美元的收益。经理的开价与他的预想简直是天壤之别。在这次谈判中，事先没有任何准备，对其发明的价值一无所知的爱迪生如果先报价，肯定会遭受巨大损失。在这种情况下，最佳的选择就是把报价的主动权让给对方，通过对方报价传递的信息，来探测对方的目的和动机，摸清对方的虚实，然后及时调整自己的谈判计划。

（资料来源：王国梁：《推销与谈判技巧》，机械工业出版社 2002 年版。）

**（二）报价起点策略**

在商务谈判中，报价起点策略惯例为：卖方报价起点要高，即以卖方确定的最高期望价格报价；买方报价起点要低，即“出最低的价”。实践证明，若卖方开价高则可能以较高的价格成交，卖方开价低则往往以较低的价格成交，甚至开价高得离谱的卖主，只要谈判不致破裂，买主不被吓跑，往往会有理想的结果。例如，一件上衣卖家开价 200 元，买家还价 150 元，那么最后可能会在 170 元左右的价格上成交。所以，有经验的谈判者，在不导致谈判破裂的前提下，尽可能地高起点报价，从而争取更大的收益。

无论买方还是卖方，在报价时不能信口开河，漫天要价，盲目杀价。任何一个报价都要能讲出道理，否则会阻碍谈判的顺利进行。

**（三）报价表达策略**

报价无论采取口头或书面方式，表达都必须十分肯定、干脆，让对方感到没有任何可以商量的余地。在报价时，不能使用“大概”、“大约”、“估计”等含糊其辞的语言，因为这会使对方感到报价不实。另外，如果买方以第三方的出价低为由胁迫时，你应明确告诉他“一分价钱一分货”，并对第三方的低价毫不介意。只有在对方表现出真实的交易意图，为表明我方的诚意，才可以在价格上开始让步。

报价时，可采用现成的报价单，或在口头报价时，除了口头上要准确无误外，还可以将要点写在纸上，递给对方，以避免在数字上出现差错。此外，由于报价是最终协议的基调，所以谈判者在确定报价水平后，报价的态度一定要坚决果断，毫不犹豫，不能流露出信心不足，以免被对方视为不自信或让对方从中找出破绽与突破口。不能有歉意的表示，对所报价格也不要主动解释和评论。对方若有不清楚之处，会主动提问，如果自己急于解释，则有可能暴露己方的意图，对方会观察到你所关心或有所顾忌之问题。

**（四）报价差别策略**

同一商品，因客户性质、购买数量、需求急缓、交易时间、交货地点、支付方式等方面的不同，会形成不同的购销价格。这种价格差别，体现了商品交易中的市场需求导向，在报价策略中应加以运用。一般来说，对于老客户或大批量需求的客户，为巩固良好的客户关系或建立起稳定的交易联系，可适当实行价格折扣；对于新客户为了开拓市场，也可以适当给予折让；对于某些需求弹性小的商品，可适当实行高价策略；总之就是针对不同类型的客户，报不同的价格。

**（五）报价分割策略**

这种报价策略，主要是为了迎合买方的求廉心理，将商品的计量单位细分化，然后按照最小的计量单位报价。采用这种报价策略，能使买方对商品价格产生心理上的便宜感，容易为买方所接受。例如，将大包装改小包装，将吨按斤、斤按两报价等。

## 二、商务谈判讨价及还价策略

讨价还价阶段是谈判的关键阶段，也是最困难最紧张的阶段。一般情况下，当谈判一方报价之后，另一方不会无条件地接受对方的报价，这样，谈判会自然而然地进入讨价还价阶段。当人们讲到讨价还价时，实际上是包含了“讨价”与“还价”的多次重复的概念和价格谈判的阶段性。

### （一）讨价策略

所谓“讨价”，是在买方对卖方的价格解释，予以评价之后，提出“重新报价”或“改善报价”的要求，也可称之为“再询盘”。

讨价策略的运用包括讨价方式和讨价技巧等内容。

1. **讨价方式**。讨价方式分为全面讨价、分类讨价和针对性讨价三种。通常首次讨价是全面讨价，不限一次，视情况也可两次、三次后才转入分类讨价及针对性讨价。而针对性讨价，也不是一点，可针对好几项，也可逐项讨价，依谈判者总体谈判策略而定。最后的总体讨价，往往并不是一次就能定价，有反复还价的可能性。

2. **讨价技巧**。讨一次价，若能得到一次再报来的改善价，对买方有利。不过，无论哪家商人，都会固守自己的价格立场，若不如此，倒不正常了。对于买方，讨几次价为妥，这应根据价格分析的情况与卖方的价格解释和价格改善的状况而定，只要卖方没有大幅度的明显让步，就说明他留有很大余地。而为了保护自己的利润目标，卖方一般在做了二次价格改善以后就“封门”了，他们会说“这是我最后的立场”“我已无法接受降价，你们说要多少”。语言诚恳，态度时而低下，时而强硬，表情十分感人，请求买方接受他的第二次或第三次改善价，或者要求买方还价。此时，买方应不为所动，只要卖方没有实质性改善，买方就应依据报价计算的谬误、虚头埋没的大小、来人的权限、卖方成交的决心、双方关系的好坏，尽力向前推进。

### （二）还价策略

当卖方听了买方的评论后，修改了报价或未修改报价后，过来向买方提出“请告诉我你希望成交的价格”，如买方以数字或文字描述回答了卖方的要求，即视为“还价”，或“还盘”。

1. **还价方式**。还价中，谈判者要确保自己的利益和主动地位，首先应善于根据交易内容、所报价格以及讨价还价方式，采用不同且对应的还价方式。

（1）按可比价还价。己方无法准确掌握所谈商品本身的价值，而只能以相近的同类商品的价格或竞争者商品的价格作参照进行还价。用以参照的商品要具有可比性。

（2）按成本还价。以己方能计算出的商品成本再加上一定比率的利润作为依据进行还价。成本计算得越准确，还价的说服力就越强。

按照谈判中还价的项目，还价方式又有总体还价、分组还价和单项还价三种。

（1）总体还价。总体还价即一揽子还价，它是与全面讨价对应的还价方式。

（2）分组还价。根据价格分析时，划出的价格差距档次，分别还价，如对贵得多的，还价时就要压得多，以区别对待，实事求是。

（3）单项还价。单项还价是指按所报价格的最小单位还价，或者对个别项目进行还价。

**2. 还价技巧。**

（1）暂缓还价法。暂缓还价法是针对对方报价与我方看法过于悬殊的一种还价方法。在分析的基础上，找出对方报价条款中的不合理处，逐条与对方磋商，目的在于使对方撤回原报价，重新考虑比较实际的报价。有时也可采用先拟定提问顺序表，把握好提问顺序，在逐渐取得一致意见后，才抛出还价的价格条款。

（2）低还价法。低还价法是与高报价完全针锋相对的一种策略。只要有充分理由，还价尽可能低，这可起着限制对方期望值、纠正讨价还价起点的作用。有时也可不考虑对方的报价，而由我方采用口头或书面重新报价，探测对方的反应。

（3）列表还价法。列表还价法是指就还价问题列成两张表：一张是我方不能让步的问题和交易条件，常可写成合同条款形式；一张是我方可以考虑让步或给予优惠的具体项目，附上数字，表明让步的幅度和范围。列表还价法多用于双方已有长期合作关系的谈判，由于彼此信任度较高，采用列表还价法可加快谈判进程。

（4）条件还价法。条件还价法是指以让步换取让步的还价方法。在大型商务谈判中，讨价还价阶段往往需要许多回合。如果双方想法和要求差距很大，大家都不妥协、都坚持不让步时，谈判就会陷入僵局。这种局面是双方都不愿看到的。为打破僵局，争取谈判成功，常采用此法。

### 三、磋商过程中的冲突与合作

磋商阶段是谈判中的核心阶段，也是谈判各方为争取自身利益的满足，进行短兵相接、针锋相对的阶段。实质性磋商是一个信息逐渐公开、双方条件不断调整的过程，是从对立、差距到协调一致，最终统一认识的过程。这个阶段的核心问题就是解决分歧。从商务谈判的实际考察，在此阶段会出现三种情况：第一种情况，双方分歧很小，这是商务谈判中最简单、最理想的状况；第二种情况，存在较多的分歧，这是商务谈判中较普遍的现象，需要反复进行磋商，协调分歧，争取谈判成功。在这种情况下，己方应对存在的分歧和对经济效益的影响进行全面分析，作出坚持还是让步的对策。第三种情况，是分歧很大，无法按最低目标实现交易。在这种情况下，可以采取三种策略：一是中止谈判。采取这种对策的条件，是市场局势对我方有利，退出能刺激对方重新考虑，改变原来条件。采用这种以退为进的策略必须慎重，应全面分析权衡，非万不得已，不宜运用。二是继续谈判。采用迂回对策，将冲突焦点放下，转谈次要的其他条款，争取局部突破。同时，与企业最高决策层联系，请求从全局衡量，调整最低谈判目标，以争取最大的合作可能性。三是暂时休会。以其他沟通方式，争取对方最大限度理解我方的诚意，从而缩小分歧，寻求更多的合作点，去促使谈判成功。

案例

## 美 德 分 歧

美国约翰逊公司的研究开发部经理，从德国一家有名的A公司购买了一台分析仪器，使用几个月后，一个价值2.95美元的零件坏了，约翰逊公司希望A公司免费调换一只。A公司却不同意，认为零件是因为约翰逊公司使用不当造成的，并特别召集了几名高级工程师来研究，寻找证据。双方为这件事争执了很长一段时间，几位高级工程师费了九牛二虎之力终于证明了责任在约翰逊公司一方，取得了谈判的胜利。但此后整整20年时间，约翰逊公司再未从A公司买过一只零件，并且告诫公司的职员，今后无论采购什么物品，宁愿多花一点钱，多跑一些路，也不与A公司发生业务交往。A公司的这一次磋商谈判究竟是胜利还是失败？

（资料来源：陈文汉：《商务谈判实务》，电子工业出版社2005年版。）

### 四、谈判僵局处理的策略

通常出现僵局对谈判双方都会造成不利影响，因而双方都应设法避免陷入这种局面。

#### （一）打破僵局的技巧

面对已经出现的僵局，谈判者既要沉着冷静，坦然相对，又要审时度势，积极寻找破解的办法。打破僵局的办法很多，谈判者应视具体情况而灵活选用。

1. 找出双方战争的利益需求。谈判陷入僵局并不意味着各自的利益需求无法调和，而有可能是没有找准真正的利益所在。因此，双方应该重新审视各自对利益需求的理解，努力挖掘双方的共同利益，从而走出僵局。

例如，两个乘客在火车上发生了一场争吵。其中一人想把窗子打开，而另一个则坚持不能打开，两人吵了半天也没有结果。这时列车员走了过来，问其中一个人为什么要开窗子。他回答说："我想呼吸新鲜空气。"接着，又问另一个为什么要关紧窗户，对方说："我不想吹风！"列车员思索了片刻，便去打开了通道上面的窗户。结果风没有直接吹进来，车厢内也有了新鲜空气，争吵双方彼此都得到了满足。

在上面这个案例中我们看到，争吵的双方之所以陷入僵局，是因为双方把争执的焦点都放在了各自的利益上，而两人立场又是对立的。双方顽固地坚持自己的立场而没有考虑各自的利益到底是什么，这就是症结所在。而列车员由于注意到了"要呼吸新鲜空气"和"不想吹风"两种利益，从而想出了解决分歧的办法，使双方的需求都得到了满足。

2. 提供多种选择方案。提出多种选择方案，是使陷入僵局的谈判得以起死回生的重要途径。即使方案不被对方接受，也会使行将破裂的谈判气氛缓和下来。

3. 撤换谈判代表。在谈判出现僵局时，撤换谈判代表是一种简单快捷的解决办法。将态度强硬、具有进攻性、易于激动的"黑脸"撤下来，换上态度温和、善于调解矛盾的"白脸"。撤换代表之后，不用作任何解释对方就明白了己方的态度。

4. 制造竞争。所谓制造竞争，就是让对方知晓，除了达成协议以外，己方还有其他完成谈判目标的途径和手段。这种策略是一种既可避免受制于对方，又能给对方施压，迫使对方让步，使谈判走出僵局的有效方法。制造竞争是买方谈判者惯常使用的一种策略。即便这个制造的竞争是虚拟的，也能起到一定的作用。如果对方真怕有“第三者”挤进来抢了自己的生意，就会马上改变以前的强硬态度。如我国一汽车生产厂家曾想与日本某汽车公司洽谈合作事宜，日本方面虽然想合作，但在技术合作方面要价太高，条件极为苛刻。于是，我方又与美国通用汽车公司接洽，双方很快就许多重要的技术合作达成了意向。这时，日方一改以往的强硬立场，请求我方取消与美方的合作，他们愿意提供比美方更优惠的合作条件。这就是制造竞争的作用。

5. 揭示僵局的结果。如果谈判者清楚谈判破裂会给对方造成什么样的严重后果，那么在谈判陷入僵局时，将这种后果揭示出来让对方自己去权衡其中的利弊，也是一种促使对方让步、打破僵局的办法。

**案例**

**艾科卡拯救克莱斯勒**

美国克莱斯勒公司总经理艾科卡 1979 年在克莱斯勒公司濒临倒闭时临危受命，上任后做的第一件大事就是请求美国政府同意给公司 15 亿美元的紧急贷款提供担保，以维持公司最低限度的生产活动。但是，此建议一出，立即在美国社会引起了一场轩然大波。在崇尚自由竞争的美国，公众几乎是同一个反应：让克莱斯勒赶紧倒闭吧！大部分国会议员也不同意政府涉及私营企业的经营。然而，在接下来的听证会上，艾科卡却运用揭示谈判破裂结果的办法扭转了乾坤。艾科卡告诉代表们说：“其实在座的各位议员先生都比我清楚，克莱斯勒公司的贷款请求并非首开先河。事实上，你们的账册上目前已有了 4 900 亿美元的保证贷款额，因此，务必请你们通融一下，不要到此为止。”为了让这些议员们认清后果，他又提出：“如果克莱斯勒公司倒闭了，全国的失业率会在一夜之间暴涨 0.5 个百分点，美国政府在第一年里就得为这高达几十万的失业人口花费 27 亿美元的保险金和福利金。各位可以自由选择，你们是想现在就付出 27 亿美元呢，还是将它的一半作为保证贷款，并可在日后全部收回呢?”艾科卡让这些议员彻底认清了拒绝克莱斯勒请愿案的后果，成功地转变了他们的态度，达到了自己理想的目标。最后，艾科卡拿到了所需的 15 亿美元的贷款。

6. 最后通牒。最后通牒也叫规定最后期限。在谈判异常紧张、双方意见差距很大、长时间处于僵持局面时，提出谈判的最后期限，向对方施加压力，迫使对方在规定日期到来之前改变原来的立场，以满足己方的要求。

谈判中最后通牒会以极强硬的态势将对方置于“要么干，要么算”的境地，很有可能造成谈判的破裂。因此，不到迫不得已不要轻易使用这一方法，一旦决定使用，就应对可能造成的后果有充分的心理准备。这种方法成功的可能性大，但负面效果也很大，风险性较高。

实施最后通牒一般应具备以下前提条件：（1）谈判者知道自己处于强有力的地位，别的竞争者不如自己的条件优越；（2）谈判者确实已经把条件降到了最低限度，并已尝试过其他的方法，但无效果；（3）对方无法再担负由于失去此次交易所造成的损失，非达成协议不可。

7. 寻求调停。调停是指通过一个为谈判双方共同接受，对矛盾处理不拥有决策处置权力的公正、中立的第三者介入谈判过程中，协助矛盾各方自愿达成解决方案的一种方法。在谈判陷入僵局、双方的力量难以解决或双方都不愿主动采取行动时，不妨采用这种第三者调停的办法走出僵局。

第三者调停目前在国际纷争或调解劳资双方矛盾中已被经常采用，但在交易谈判中使用得并不多。不过它仍然是谈判过程中的一部分，运用它可以省去更昂贵的诉讼费用，又可保全当事人的面子。寻求第三者调停的关键就是确定调停者。通常对调停者的要求是：（1）他必须对双方中立、公正，能为各方接受和尊重；（2）具有相应的调停能力，能够鼓励双方的沟通与理解，能提出具有建设性的建议，能适时地提出适当的妥协办法；（3）愿意介入到双方的矛盾中去；（4）应该是有道德、有计谋，且具有外交家的应变能力的人。

8. 提请仲裁。当谈判陷入僵局，调解又无法解决，或不具有调解基础时，唯一能打破僵局的办法就是提请仲裁了。仲裁和调解的区别在于，仲裁者有权决定谈判的最后结果，当谈判双方要求仲裁时，都必须同意并遵从仲裁者的决定。仲裁服务的价值在于其既能够找出顾全双方面子的方法，又可使双方谈判者及其各方的组织都感到满意，同时还能促使新观念的顺利传递，使双方能够一起合作解决问题。但仲裁的费用一般较高，谈判者对此应有心理准备。

#### （二）处理僵局的策略

1. 选择互惠（双赢）的谈判模式。首先这种模式是以探寻共同利益为目标，而不是单纯以自身利益为条件，要求谈判双方首先应认定自身需求；其次是探寻对方需要，然后共同探讨满足双方需求的一切有效或可行途径。选择了这种模式就意味着选择了合作而不是对抗，双方也就会努力地避免僵局的出现。

2. 不使用不礼貌或激烈的言辞。比如，“你听不明白我的意思吗”“希望你讲话不要兜圈子”“这是根本行不通的”等。只要双方彼此尊重，不受激烈言辞的误导，冷静、耐心地对待和处理存在的分歧，就一定能够缩小双方的差距。

3. 避免触及对方的敏感问题。除非很清楚对方的立场，否则应避免谈论具有争论性的敏感话题，如宗教、政治、党派、种族，或者对方的生理缺陷及个人的不幸等。

### 五、磋商阶段的让步

谈判中的让步牵涉到受益人用什么方法、在什么时候、采取什么行动等几个方面的因素，只有通盘考虑周到后，才不致失误。人们经过长期的谈判，形成了一些比较理想的让步模式，但这也不是一成不变的，只有在谈判中灵活运用，才能获得较理想的效果。在作出让步时，既要经过缜密思考，步子稳妥，又要恰到好处，总的原则是既没有大的损失，又使对方尝到甜头。

**（一）让步因素的选择**

1. 时间的选择。让步的时间可以提前或延后，以此满足对方的要求。选择的要领在于能够让对方马上就接受，没有犹豫不决的余地。

2. 好处的选择。可以同时或分别给予对方公司、公司中的某个部门、某个第三者或者谈判者本人某些好处。

3. 人的选择。使关键人获得满足或者增加满足程度。

4. 成本的选择。由公司、公司中的某个部门、某个第三者或谈判者负担成本上的亏损。

**（二）让步策略**

让步往往是双方的，双方共同努力才能达到较理想的效果。从买卖双方的角度来看，买主通常要比卖主处在更为有利的地位。在洽谈过程中，要恰到好处地提起自己所作的让步，这将有助于抵制对方提出新的要求。

1. 要价较高，然后大幅度降价，使对方认为已没有油水可榨；或者在连续几次的降价让步后，令对方不好意思逼人太甚。促使对方快下决心，不能让对手看出退让是轻而易举的，否则有“泡汤”的危险。

2. 不要作无谓的让步，第一次让步幅度要小，让步的节奏也不宜太快，否则会处于劣势地位，丧失主动权，难以换取对方的让步。

3. 应将自己所要作的各种让步做好部署，毫无计划地随意接受对方首次所要求的条件会使对方的欲望不断升级。让步要在适宜的火候上，恰到好处，具有不可测性，以免对方摸清底数，施加压力。

**（三）让步误区**

1. 一开始就接近最后的目标，用尽了弹性，没了余地。

2. 接受对方最初的价格，以为已经了解了对方的要求。

3. 认为期望已经够高了。

4. 不适当的让步以及在重要问题上先作让步。

5. 轻易相信“不能妥协”的话，没有得到对方的交换条件就轻易让步。

6. 忘记了自己的让步次数，接受让步时感到不好意思或者有罪恶感。

7. 让步表现太明显，让对方看清了真实的目标。

8. 买方与卖方作相同的让步。

9. 没有对谈判的所有问题作好充分准备，没有最高要求和最低要求。

10. 在没有搞清对方所有的要求以前作出让步。

11. 执着于某个问题的让步，忽略整个合同。

第三节

# 结束阶段的谈判策略

## 一、各种可能的谈判结果

商务谈判结果可以从两个方面看：一是双方是否达成交易；二是经过谈判双方关系发生何种变化。这两个方面是密切相关的，我们根据这两个方面的结果联系起来分析，可以得出六种谈判结果：

1. 达成交易并改善了关系。双方谈判目标顺利完成，并且实现交易，双方关系在原有基础上得到改善，促进了今后进一步的合作。这是最理想的谈判结果，既实现了眼前利益，又为双方长远利益发展奠定了良好基础。要想实现这种结果，双方首先要抱着真诚合作的态度进行谈判，同时谈判中双方都能为对方着想并作出一定的让步。

2. 达成交易，但关系没有变化。双方谈判结果是达成交易，但是双方关系并没有改善也没有恶化，这也是不错的谈判结果。因为双方力求此次交易能实现各自利益，并且没有刻意去追求建立长期合作关系，也没有太大的矛盾造成不良后果，双方平等相待，互有让步，实现了成功交易。

3. 达成交易，但关系恶化。虽然达成交易，但双方付出了一定的代价，双方关系遭到一定的破坏或是产生阴影。这种结果从眼前利益来看是不错的，但对今后长期合作是不利的，或者说牺牲双方关系换取交易成果。这是一种短期行为，“一锤子买卖”，对双方长远发展没有好处，但为了眼前的切实利益也可能出于无奈而孤注一掷。

4. 没有成交，但改善了关系，为双方成功合作奠定了良好的基础。

5. 没有成交，关系也没有变化。这是一次毫无结果的谈判，双方既没有达成交易，也没有改善或恶化双方关系。这种近乎平淡无味的谈判没有取得任何成果，也没有造成任何不良后果。双方都彬彬有礼地坚持己方的交易条件，没有作出有效的让步，也没有激烈的相互攻击，在今后的合作中还有可能进一步发展双方关系。

6. 没有成交，但关系恶化。这是最差的结果，谈判双方在对立的情绪中宣布谈判破裂。双方既没有达成交易，又使原有关系遭到破坏；既没有实现眼前的实际利益，也对长远合作关系造成不良的影响。这种结果是谈判者不愿意看到的，所以应该避免这种结果出现。当然在某种特殊环境中特殊情况下，出于对己方利益的保护，对己方尊严的维护，坚持己方条件不退让，并且反击对方的高压政策和不合理要求，虽然使双方关系恶化，也是一种迫不得已的做法。

## 二、合同的形成与签订

在商务谈判的最后阶段，应对谈判记录进行整理、检查。在双方认可后，作为协议或合同的主要依据，大型的商务谈判一般都需进行正式的签约仪式。

**案例**

**把握信息获取谈判主动权**

20世纪80年代初，我国某公司在与一外商谈判出口花生仁的生意时，接连收到几家外商的函电要求订货，我方谈判者感到事出有因，必须查明，但又没有充足的理由中止谈判。这时无意中看到台历上显示的日期，明天是13号，一下子有了主意，因为他知道有些国家对“13”这个数字比较忌讳，在不少外国人眼里将其视作凶兆。我方谈判者在当天休会时，向对方提议：明天是13号，遵照贵国的风俗应当休会。这样就赢得了一天的时间，我方利用这一天时间迅速查明了订单突然增多的原因，原来是某花生主要出口国突然遭受暴雨袭击，减产已成定局。当信息反馈得到确认后，我方谈判者不但坚持价格不再退让，还暗示对方如不尽快订货，价格还有可能上涨。我方企业在这一谈判中因及时掌握了有关信息，采取有效谈判策略从而取得了谈判的主动。

（资料来源：陈文汉：《商务谈判实务》，电子工业出版社2005年版。）

**（一）合同的形成**

协议或合同的条款实质上反映了各方的权利和义务，合同条款的严密性与准确性是保障谈判获得各种利益的重要前提。有些谈判者在商务谈判中花了很大气力，好不容易为自己获得了较有利的结果，对方为了得到合同，也迫不得已作了许多让步，这时谈判者似乎已经获得了这场谈判的胜利，但如果在拟订合同条款时，掉以轻心，不注意合同条款的完整、严密、准确、合理、合法，其结果会被谈判对手在条款措词或表述技巧上引进陷阱，不仅会把到手的利益丧失殆尽，还要为此付出惨重的代价，这种例子在商务谈判中屡见不鲜。因此，在商务谈判中，谈判者不仅要重视口头承诺，更要重视协议或合同条款的准确和严密。

**（二）合同的签订**

合同文本撰写后，要进行合同的签订工作。为此，要做好以下几项工作：

1. 做好签字前的审核工作。合同签订前，若合同文本是两种文字时，要注意核对其一致性；若为一种文字时，要注意核对文本与谈判协议条件的一致性。此外，还要核对各种批件，如项目批件、许可证、设备分交文件、用汇证明、订货卡片等是否完备以及合同内容与批件内容是否一致。审核中发现问题时，应及时互相通告，并调整签约时间。

2. 确定签字人。主谈人不一定是合同的签字人，商务合同一般应由企业法人代表签字，也可以由具有所属企业最高领导人签发的“授权书”的代理人来签字。签字人的选择主要出于合同履行的保证。复杂的合同涉及面广，也可以让有关上级、政府部门加以了解或适当参与。这样，在合同执行中若产生问题容易被理解，合同的顺利执行有保证。

3. 举行一定的签字仪式。为了庆贺谈判的成功，扩大影响，以及促进合同的履行，谈判双方可以举行一定的签字仪式。合同的分量、影响程度不同，签约仪式有所不同。一般来说，仪式举行与否和繁简程度往往取决于双方的要求和态度。

**（三）合同的履行**

商务合同依法订立，即具有法律效力。当事人各方必须重合同，守信用，努力完成自己所承担的任务。履行合同，首先必须按照合同所规定标的履行，一般不允许用其他财物代替。同时，还要按照约定的条件（谈判中达成一致的各项交易条件）全面地履行。违反上述任何一个条件，都是违约行为，违约一方就必须按约定给付违约金，并承担由此造成的损失。另外，当事人双方还应协同履行合同，要团结一致，通力合作，互相帮助，共同完成合同规定的任务。合同的履行虽然是企业之间的事情，但作为合同的“奠基人”和促成者的谈判人员亦有不可推脱的责任和义务。

**案例讨论**

### 中日汽车索赔案

我国从日本S汽车公司进口大批FP148货车，使用时发现存在严重质量问题，致使我国蒙受巨大经济损失。为此，我国向日方提出索赔。谈判一开始，中方简明扼要地介绍了FP148货车在中国各地的损坏情况以及用户对此的反应。中方在此虽然只字未提索赔问题，但已为索赔说明了理由和事实根据，恰到好处地拉开了谈判的序幕。日方早有预料，因为货车的质量问题是一个无法回避的事实，无心在这一不利的问题上纠缠。日方为避免劣势，便不动声色地说：“是的，有的车子轮胎炸裂，挡风玻璃炸碎，电路有故障，铆钉震断，有的车架偶有裂纹。”中方觉察到对方的用意，便反驳道：“贵公司代表都到现场看过，经商检和专家小组鉴定，铆钉不是震断，而是剪断，车架出现的不仅仅是裂纹，而是裂缝、断裂！而车架断裂不能用‘有的’或‘偶有’，最好还是用比例数据表达，更科学、更准确。”

日方淡然一笑说：“请原谅，比例数据尚未准确统计。”“那么，对货车质量问题贵公司能否取得一致意见?”“中国的道路是有问题的。”中方立即反驳：“诸位已去过现场，这种说法是缺乏事实根据的。”“当然，我们对贵国实际情况考虑不够……”“不，在设计时就应该考虑到中国的实际情况，因为这批车是专门为中国生产的。”中方步步紧逼，日方步步为营，谈判气氛渐趋紧张。中日双方在谈判开始不久，就在如何认定货车质量问题上陷入僵局。日方坚持说中方有意夸大货车的质量问题：“货车质量的问题不至于到如此严重的程度吧？这对我们公司来说，是从未发生过的，也是不可理解的。”此时，中方觉得该是举证的时候，并将有关材料向对方一推说：“这里有商检、公证机关的公证结论，还有商检拍摄的录像……”“不！不！对商检公证机关的结论，我们是相信的，我们是说贵国是否能够作出适当让步。否则，我们无法向公司交待。”

这就为中方进一步提出索赔价格要求打开了缺口。随后，对FP148货车损坏归属问题上取得了一致的意见。日方一位部长不得不承认，这属于设计和制作上的质量问题所致。初战告捷，但是我方代表意识到更艰巨的较量还在后头，索赔金额的谈判才是根本性的。随即，双方谈判的问题升级到索赔的具体金额上——报价，还价，提价，压价，比价，一场毅力和技巧较量的谈判竞争展开了。中方主谈代表擅长经济管理和统计，精通测算。他翻阅了许多国内外的有关资料，甚至在技术业务谈判中，他也不凭大概和想当然，认为只有事实和科学的数据才能服人。此刻，在他的纸笺上，在大大小小的索赔项目旁，写满了密密麻麻的阿拉伯数字，这就是技术业务谈判。

……

此刻，中方意识到，就具体数目的实质性讨价还价开始了。中方答道："为了表示我们的诚意，可以考虑贵方的要求，那么，贵公司每辆出价多少呢?""12 万日元。"日方回答。"13.4 万日元怎么样?"中方问。"可以接受。"日方深知，中方在这一问题上已作出了让步。于是双方很快就此项索赔达成了协议，日方在此项目费用上共支付 7.76 亿日元。然而，中日双方争论索赔的最大数额的项目却不在此，而在于高达几十亿日元的间接经济损失赔偿金……

在此之前，中方谈判班子昼夜奋战，液晶体数码不停地在电子计算机的荧光屏上跳动着，显示出各种数字。在谈判桌上，我方报完每个项目的金额后，讲明这个数字测算的依据，在那些有理有据的数字上，打的都是惊叹号。最后我方提出间接经济损失费 70 亿日元!

日方代表听了这个数字后，惊得目瞪口呆，老半天说不出话来，连连说："差额太大，差额太大!"于是，进行无休止的报价、压价。"贵国提的索赔额过高，若不压半，我们会被解雇的。我们是有妻儿老小的……"日方代表哀求着。"贵公司生产如此低劣的产品，给我国造成多么大的经济损失啊!"中方主谈接过日方的话头，顺水推舟地使用了欲擒故纵的一招："我们不愿为难诸位代表，如果你们作不了主，请贵方决策人来与我们谈判。"双方各不相让，只好暂时休会。这种拉锯式的讨价还价，对双方来说是一种毅力和耐心的较量。因为谈判桌上，率先让步的一方就可能被动。

随后，日方代表急用电话与日本 S 公司的决策人密谈了数小时，谈判重新开始了，此轮谈判一接火就进入了高潮，双方战了几个回合，又沉默下来，中方洽谈人员意识到毕竟己方是受损方，如果一旦谈判破裂，对己方十分不利，于是首先打破沉默。"如果贵方有诚意，我们可适当让步，我们希望贵公司最低限度必须支付 60 亿日元。日方同时提出赔偿 40 亿日元，这样一来，中日双方各自在之前报价的基础上退让了 10 亿日元，谈判又出现了转机，双方分歧仍有 20 亿日元。几经周折，双方共同接受了由双方最后报价金额相加除以 2，即 50 亿日元的最终谈判方案。除此之外，日方愿意承担下列三项责任：

1. 确认出售给中国的全部 FP148 型货车为不合格品，同意全部退货更换新车；
2. 新车必须重新设计试验，精工细作并制作优良，并请中方专家检查验收；
3. 在新车未到之前，对旧车进行应急加固后继续使用，日方提供加固件和加固工具等。

一场罕见的特大索赔案终于公正地交涉成功了!

（资料来源：百度文库，http：//wenku. baidu. com/view/200de66858fafab069dc021c. html。）

**案例思考：**

1. 在中日对话的过程中各方分别采用了什么样的谈判策略迫使对方妥协？
2. 在中日磋商的过程中体现着怎样的冲突与合作？

## 技能训练

**（一）谈判能力训练**

1. 某电视台的制片人考虑选用一位渴望当演员的在校大学生扮演某连续剧的女主角。制片人告诉该女生："目前我们只能付给你较低的片酬，因为你初上荧屏，还不是明星。等你成名以后，我们绝不亏待你！"你认为，在这种情况下她该怎么回答？

（1）拒绝接受低的片酬。

（2）接受低的片酬，因为她必须先在影视界站住脚跟。

（3）告诉制片人，如果要她扮演重要角色，则应付给她相应的报酬。

2. 某实业公司有一部旧轿车要处理。经研究企业满意价为 8 万元。就在你准备联系此项事宜的当天下午，即有人介绍某单位可以出 9 万元的价格购买一部同样状况的轿车。此时，你最明智的举措是什么？

（1）毫不犹豫地接受这一令人满意的价格，向领导光荣交差。

（2）告诉对方三天以后再答复他，因为你想看看自己再联系的效果如何。

（3）跟对方讨价还价。

**（二）模拟谈判**

1. 背景介绍：甲乙双方是两个长期的合作伙伴，甲是乙的设备供应商，其设备供给量占乙方使用设备量的80%。但是，甲方的设备最近一直有质量问题，给乙方造成了大量的额外损失。当初双方签订的协议中规定：甲方提供的设备合格率达到95%以上便可。但是这是一条有歧义的条款，既可以理解为每套设备各个零件的合格率达到95%以上，也可以理解为所有设备的总体合格率达到95%以上。

前一种理解比较有利于乙方，后一种理解比较有利于甲方。而实际上正是由于甲方生产的所有设备中那不合格的5%造成了乙方巨大的损失。乙方知道自己一下子不可能完全抛开这个供应商，甲方当然也不想失去乙方这个大客户。乙方提出，先前由于甲方的次品导致的损失必须由甲方承担。而甲方坚持认为乙方的质检部门在接受甲方的设备时就应该看清楚，如果是次品可以退货，而不是等到投入使用以后才发现有问题，因而他们拒绝承担损失。双方交涉多次都没有达成协议。最后导致双方的高层领导都开始过问此事。乙方采购部和甲方销售部的经理迫于压力约定本周末碰面，准备通过谈判对此事作一个了断。而且双方谈判代表都非常清楚，如果这次谈不成回去肯定会受到老板斥责。

谈判的目标：确定对95%以上合格率这一条款的理解；甲方赔偿乙方损失的事宜。

2. 训练目的：通过模拟训练，要求学生能够进一步地感知和提高对谈判能力的认识与掌握。

3. 训练方式及步骤：

（1）将全班分成6组，三组扮演甲方，另三组扮演乙方，每组准备5分钟，依次进行模拟谈判；

（2）谈判者进行谈判，听者观察；

（3）每位同学都必须完成一份总结；

（4）教师进行点评和要点归纳。

# 第四章
# 商务谈判技巧

**学习目标**

- □ 理解不同地位谈判技巧的重要性
- □ 明确听、说、提问等沟通技巧在商务谈判工作中的重要意义
- □ 了解商务谈判的工作准备以及肢体语言的作用

**案例导入**　　**一个小厂的成功**

某家濒临倒闭的工艺雕刻小厂，经过几年的努力，产值达到200多万元的规模，产品打入日本市场，战胜了其他国家在日本经营多年的厂家，被誉为“天下第一雕刻”。有一年，日本三家株式会社的老板同一天接踵而至，到该厂订货。其中一家资本雄厚的大商社，要求原价包销该厂的佛坛产品。这应该说是好消息，但该厂想到，这几家原来都是经销韩国、台湾地区产品的商社，为什么争先恐后、不约而同地到本厂来订货？他们查阅了日本市场的资料，得出的结论是本厂的木材质量上乘、技艺高超是吸引外商订货的主要原因。于是该厂采用了“待价而沽”、“欲擒故纵”的谈判策略，先不理那家大商社，而是积极抓住两家小商社求货心切的心理，把佛坛的梁、榴、柱，分别与其他国家的产品作比较。在此基础上，该厂将产品当金条一样争价钱、论成色，使其价格达到理想的高度。首先与小商社拍板成交，造成那家大客商产生失落货源的危机感。那家大客商不但更急于订货，而且想垄断货源，于是大批订货，以致订货数量超过该厂现有生产能力的好几倍。

（资料来源：http：//zhtyang90. blog. 163. com，2008年9月8日。）

**案例思考：**请分析这家工艺雕刻厂的谈判策略。

## 第一节
## 不同地位的谈判技巧

### 一、商务谈判的准备工作

谈判桌上风云变幻，谈判者要想左右谈判的局势，就必须做好各项准备工作。

1. 知己知彼，不打无准备之战。在谈判准备过程中，谈判者要在对自身情况作全面分析的同时，设法全面了解谈判对手的情况。自身分析主要是通过对拟谈判的内容进行可行性研究，了解对手的情况主要包括对手的实力、资信状况，对手所在国（地区）的政策、法规、商务习俗、风土人情以及对手的谈判人员状况等。

2. 谈判从某种程度上讲是双方人员实力的较量。谈判的成效如何，往往取决于谈判人员的学识、能力和心理素质。一名合格的商务谈判者，除了具备丰富的知识和熟练的技能外，还应具备自信心、果断力、富于冒险精神等心理状态，这样才能正视挫折与失败。而商务谈判又常常是一场群体间的交锋，单凭个人的丰富知识和熟练技能，并不一定能达到圆满的结局，应选择合适的人选组成谈判班子。成员各自的知识结构要具有互补性，从而在解决各种专业问题时能驾轻就熟，并有助于提高谈判效率，在一定程度上减轻主谈人员的压力。

3. 设定让步的限度。商务谈判中经常遇到的问题就是价格问题，这也是谈判中利益冲突的焦点问题。在谈判前，双方都要确定让步的底线，超越这个限度，谈判将无法进行。让步限度的确定必须有一定的合理性和科学性，要建立在调查研究和实际情况的基础上，如果把限度确定得过高或过低，都会使谈判出现冲突，最终导致谈判失败。

4. 制定谈判策略。不同的谈判有各自的特点，因此应制定谈判的策略和战术。在某些情况下，首先让步的谈判者可能被认为处于软弱地位，致使对方施加压力以得到更多的让步；然而，同样的举动可能被看做是一种要求合作的信号。在商务谈判中，采取合作的策略，可以使谈判获得成功，使双方在交易中建立融洽的商业关系，最终各方都能受益。但一个纯粹的合作关系也是不切实际的。当对方寻求最大利益时，会采取某些竞争策略。因此，在谈判中采取合作与竞争相结合的策略会促使谈判顺利达成。这就要求我们在谈判前制定多种策略方案，以便随机应变。双方要事先计划好必要时可以作出哪些让步及怎样让步，何时让步。在谈判之前要考虑几种可供选择的竞争策略，在对方认为你的合作愿望是软弱的表示时或者对方不合情理、咄咄逼人，这时改变谈判的策略，可以取得额外的让步。

### 二、不同地位的谈判技巧

#### （一）平等地位的谈判技巧

当谈判双方实力相当，任何一方都不占据谈判优势时，谈判者一般处于平等的谈判地

位。平等地位下谈判的基本原则是平等互利，求同存异。基于这一原则，谈判者应致力于建立一种和谐的谈判氛围，通力合作，从而实现双方都满意的谈判结果。应当注意的是，双方整体实力相当、地位对等并不等于谈判双方在任何一个方面都条件相同。谈判双方总是各有所长，各有所短。谈判者应采取“扬长避短”的谈判策略，努力将对方控制在自己的谈判范围内，用自己的长处制约对方的短处，迫使对方让步，尽可能从谈判中获取更大的谈判利益。

**案例**

**准备充分，逼出底牌**

我国某厂与美国某公司谈判设备购买生意时，美商报价 218 万美元，我方不同意，美方降至 128 万美元，我方仍不同意。美方诈怒，扬言再降 10 万美元，118 万美元不成交就回国。我方谈判代表因为掌握了美商交易的历史情报，所以不为美方的威胁所动，坚持再降。第二天，美商果真回国，我方毫不吃惊。果然，几天后美方代表又回到中国继续谈判。我方代表亮出在国外获取的情报——美方在两年前以 98 万美元将同样设备卖给了匈牙利客商。情报出示后，美方以物价上涨等理由狡辩了一番后将价格降至合理。

（资料来源：杨晶：《商务谈判》，清华大学出版社 2005 年版。）

**（二）被动地位的谈判技巧**

当谈判对手强大、己方实力弱小时，谈判者一般处于被动谈判地位。被动地位下的谈判，表现为对手实力强大、准备充分、充满自信、姿态强硬。因此，不宜正面对抗。当然，这并不意味着己方就一定会在谈判中败北，而被对手绝对控制。被动地位的谈判者应善于克制、忍耐，避其锋芒，针对性地化解对方的谈判优势，运用“各个击破”、“迂回进攻”等谈判策略，设法削弱对方的谈判力量，保护己方谈判利益，实现己方的谈判意图。通常，被动地位的谈判还表现为谈判者尽可能地利用己方的谈判资源条件，通过运用各种谈判策略和手段，采取后发制人的谈判方式，反客为主，变被动为主动，在谈判的议题范围内掌握谈判的主动权和控制权，甚至变更谈判议题，改变谈判氛围，左右谈判进程，引导整个谈判朝有利于己方的方向发展，从而实现己方的谈判利益。

**（三）主动地位的谈判技巧**

当谈判对手实力弱小、己方实力强大时，谈判者一般处于主动谈判地位。处于主动地位的谈判者，可以利用己方强大的谈判实力，给对方造成压力，迫使对方作出让步，尽可能使己方谋取最大限度的谈判利益。谈判者可以摆出强硬的谈判姿态，充分运用“最后通牒”、“先苦后甜”等谈判策略，最终实现己方的谈判目的。通常，主动地位的谈判还表现为谈判者利用己方掌握的谈判资讯、时间和权力优势，采取先发制人的谈判方式，主动选择和邀请谈判对手，设定谈判议题，引导谈判进程和发展方向，制造特定的有利于己方的谈判氛围，努力扩大己方的谈判影响力，最终达成有利于己方的谈判协议。

## 第二节
# 商务谈判中的语言技巧

### 一、商务谈判中沟通的原则

**沟通，是指将某一信息（或意思）传递给客体或对象，以期取得客体作出相应反应的过程。**沟通，也称沟通联络，即通常所说的信息交流，在管理工作的各个方面都已经得到广泛应用。对于组织和个人来说，沟通是十分重要的，它把许多独立的个人、群体联系起来成为一个整体，它像人体的神经系统一样不可缺少。从一定程度上讲，商务谈判工作的核心就是沟通，谈判的过程就是沟通与说服的过程。谁在这方面技高一筹，谁就能赢得更多的获胜机会。

1. 正确回应对方的话。谁都不希望在自己发表言论后，对方对此无动于衷，面无表情。那样的谈话只会草草结束，无任何建设性的进展，对方也会失去沟通的欲望。

2. 注意沟通中的态度。应该以谦虚的态度与对方进行沟通，无论是否同意对方的意见，都应该给予尊重。在谈话过程中，应保持专业的坐姿，身体前倾，不要后仰靠在椅子上，那样显得懒散；保持微笑，学会用目光与对方沟通，适时的反馈会令对方觉得你对他的话题很关注；避免一些不礼貌的举止，如不停看时间、玩弄钢笔、抖脚等。

3. 注意倾听。倾听对方要表达的真实意思，这样有助于己方采取进一步的应对措施。

4. 反复确认沟通信息。有时可能在谈判快要结束时，才发现双方考虑的问题、理解的意思出现了重大的偏差。为避免这种情况，在沟通过程中，需要不断地向对方确认、求证，明确其所表达的真实意思，所以，在谈判中要经常使用“你说的是这个意思吗”“是这样的吗”这样的语句。

**案例阅读**

**“二级”与“二流”**

某跨国公司总裁访问一家中国著名的制造企业，商讨合作发展事宜。中方总经理很自豪地向客人介绍说：“我公司是中国二级企业……”此时，翻译人员在翻译这句话时很自然地用“Second - class Enterprise”来表述。不料，该跨国公司总裁闻此，原本很高的兴致突然冷淡下来，敷衍了几句立即起身告辞。在归途中，他抱怨道：“我怎么能同一个中国的二流企业合作?”在我国，企业档案工作目标管理考评分为“省（部）级”、“国家二级”、“国家一级”三个等级。“省（部）级”是国家对企业档案工作的基本要求。“国家一级”为最高等级。可见，一个小小的沟通障碍，会直接影响到合作的可能与否。

（资料来源：豆丁网，http：//www. docin. com/p - 284374176. html&endPro = true。）

## 二、商务谈判中“听”的技巧

### （一）倾听的作用

倾听与听是两个互相联系而又有区别的概念，听是人体听觉器官对声音的接受和捕捉，听是人对声音的生理反应，是人的本能，带有被动的特征。只要你的听觉器官是正常的，你就能听。倾听必须以听为基础，但是一种特殊形态的听。倾听不同于听，它不是人的本能，只有通过后天的学习才能获得。

倾听与听不同在于：（1）它是人主动参与的听，在倾听过程中人必须思考、接收、理解并作出必要的反馈。（2）它必须是有视觉器官参与的听。没有视觉的参与，闭上眼睛的听，只有耳朵的听不能称为倾听，在倾听的过程中，必须理解别人在语言之外的手势、面部表情，特别是眼神和感情表达方式。由此，我们可以把倾听定义为：在对方讲话的过程中，听者通过视觉和听觉的同时作用，接受和理解对方思想、信息及情感的过程。

沟通首先是倾听的艺术。听是谈的基础，没有认真地听，就不可能准确地获取信息，也不可能准确地回答和恰如其分地提问。另外，从人际关系角度讲，听是尊重对方，改善或加深人际关系的手段。

著名的口才大师卡耐基说，专心听别人讲话的态度，是我们所能给予别人的最大赞美，倾听他人讲话的好处是，别人将以热情和感激来回报你的真诚。

具体说来，倾听在商务谈判中的作用有：

1. 倾听有助于了解对方的需要，发现事实真相。谈判是双方沟通和了解的活动，掌握信息对双方都是非常重要的。一方不仅要了解对方的目的、意图，还要掌握不断出现的新情况和新问题。因此，谈判双方十分注意搜集整理对方的情况，试图掌握更多的信息，所以，倾听便是最简捷的途径。它可以使你得以了解对方的立场、观点、态度，了解对方的沟通方式、内部联系，甚至谈判小组内成员的意见分歧，从而使己方掌握谈判的主动权。

2. 倾听有助于给对方留下良好的印象，使双方保持友好的关系。专注地听别人讲话，可以表明你对讲话人的态度和尊重及对其讲话内容的重视，使对方产生信赖和好感，形成一种和谐的环境。谈判对手会产生轻松、愉快的心理反应，会改变原先的态度，变得不那么固执己见，从而有利于双方保持友好的关系。

3. 倾听是对他人的一种鼓励。倾听能激发对方的谈话欲。当别人知道你在以友好、认真的态度倾听他们讲话时，他们会消除疑虑或戒备心理，更加全面、积极地表达自己所知道的信息、持有的观点和态度。

4. 倾听有助于改善人际关系、加深理解。善于倾听在搞好人际关系中具有十分重要的意义。心理学研究表明，越是善于倾听他人意见的人，人际关系就越融洽。因为倾听本身就是褒奖对方谈话的一种方式，你能耐心倾听对方的谈话，等于告诉对方“你是一个值得我倾听你讲话的人”。这在无形中满足了对方的自尊心，有利于加深彼此的感情，有利于人际交往。

5. 倾听有助于拥有更多的信息。每个人都有不同的表达习惯，这便使得自己理解别人的思想具有一定难度。此外，由于多种因素的约束，很多人在讲话时不能做到畅所欲言。这种情况要求倾听者必须认真倾听，否则就无法获得全面的信息。倾听是获取信息的重要方式。报刊文献及资料是了解信息的重要途径，但受实效限制，倾听可以得到最新信息，交谈中很多有价值的信息，有时它们常常是说话人一时的灵感，甚至他自己都没有意识到，但对听者来说却有启发。这些信息不认真倾听是抓不住的。

6. 倾听有助于解决问题与争议。认真仔细倾听其他人的意见，是获得灵感、解决争议和问题的一个重要手段。俗话说“三个臭皮匠赛过诸葛亮”，就说明了善于听取他人意见和智慧的重要性。可以说，善于听取别人的意见，是一把打开成功之门的钥匙。

### （二）影响倾听的因素

有关资料证明，人们用于听、说、读、写的时间比例大约为 54%、20%、16%、10%，听是说的 2 倍，读的 3 倍，写的 5 倍，人们互相交换信息的时间大约占全部时间的 42% ~66%。倾听如此重要，为什么我们又不能很好地倾听呢？分析其原因，主要有以下五个方面：

1. 不想听。谈判人员主观上认为只有说话才是自己表白、说服对方的唯一有效方式，或者急于反驳对方的观点。

2. 不愿听。谈判人员精神不集中或思路跟不上对方，或在某种观点上与对方的看法不一致时，就会表现出不耐烦的情绪。

3. 听不明白。谈判人员受知识、语言水平的限制，特别是专业知识与外语水平的限制而听不懂。

4. 听不进去。由于谈判日程安排紧张或长时间磋商，谈判人员得不到充分休息，导致精神不佳、注意力下降，从而影响听的效果。

5. 无意去听。谈判人员在对方讲话时，只注意与己有关的内容，或只顾考虑自己头脑中的问题，或因一些其他问题而分心。

**案例**

1977 年两架波音 747 飞机在某机场地面相撞，两名飞行员其实都接收到了调度指示。KLM 的飞行员接到的指令是：“滑行至跑道末端，掉转机头，然后等待起飞准许命令。”但飞行员并没把指令中“等待”一事当作必须执行的部分。另一架飞机 Pan Am 的飞行员被指令转到第三交叉口暂避，但他将“第三交叉口”理解为“第三畅通交叉口”，因而没将第一个阻塞的交叉口计算在内，就在他停在主跑道上的时候，KLM 飞机以 186 英里的速度与之相撞。飞机爆炸了，500 多人遇难。

（资料来源：黄漫宇：《商务沟通》，机械工业出版社 2005 年版。）

### （三）倾听的技巧

保证良好倾听的核心是集中注意力、正确理解所听到的内容并作出适当的回应。要达到这一要求，倾听者要从以下几个方面入手：

1. 有备无患。俗语说“巧妇难为无米之炊”，在沟通过程中往往出现这种情况，讲话者所讲的内容很清楚、很深入，而听者则感到难以跟上对方的思路，甚至脑中一片茫然，或者是讲话者讲得眉飞色舞而听者则木然处之。之所以出现这种情况，一个基本的原因是听者缺乏必要的准备，未能掌握相关的知识或背景材料。

2. 对各种信息保持兴趣。“兴趣是最好的老师”。我们经常遇到这样的情形，一个人对另一个人讲了一个笑话，结果是听的人没有笑，而讲的人却笑得合不拢嘴。这说明两者的兴趣不同。我们经常听到这样的话：“我对这件事情不感兴趣，不要对我讲。”很难想象在这种情况下听者能够很好地倾听。一个好的倾听者应该具有多方面的兴趣，这样才能随时很投入地倾听别人的讲话。

3. 保持开放的心态。所谓开放的心态，是指无论你是否同意对方的观点、看法，无论你对对方有什么样的成见，都要允许对方完整地表达自己的思想，并站在中立的立场对对方的观点、看法进行评价，并在必要时根据对方的观点、看法修正自己的观点和看法。

开放的心态要求倾听者尽量不要注意讲话者的外表、举止、身份和地位，不要排斥讲话者与自己不同的观点。

4. 倾听主要观点。一些倾听者只关注事实，这看起来并没有错，其实不然。一件事情往往存在很多的事实，讲话者对讲出哪些事实是有选择的；其次，一个事实存在很多侧面，角度不同给人的感觉也不同。因此，一个好的倾听者要善于透过现象抓本质，首先把握住讲话者的主要观点，然后再去分析其所讲的事实是否能够完全支持他的观点。

5. 带着疑问倾听。带着疑问倾听并不是拒绝接受对方所讲的事实和观点，而是在保持中立态度的前提下对讲话者所提出的事实和逻辑推理保持一个质疑的态度，谨慎地加以评价和分析，去伪存真。

6. 保持注意力。人的注意力是有波动性和选择性的，每个人都不可能在长时间内保持高水平的注意力，一旦走神，就有可能错过最关键的内容。如果没有听懂某人的说话，可能是因为你注意力不够集中，错过了某一个要点。如果不专心致志、积极主动地倾听，可能得到错误的信息。全神贯注地倾听说话者的讲话，并明确地发出信号，表明自己关心说话的内容，才能确保双向的有效沟通。在此，倾听者要努力做到两点：一是尽量不要被周围的环境，讲话者的衣着、外表、特定的讲话方式、使用的辅助用具分散注意力；二是要尽量保持平稳的注意力，不要出现明显的高潮和低潮。

7. 注意记录。俗话讲：“好记性不如烂笔头。”任何一个人都不可能记住自己所听到的所有讲话内容。因此，有必要把那些关键的内容或不容易记住的内容，如数字、人名等记录下来。有了笔记不仅可以帮助记忆，而且有助于在对方发言完毕后，就某些问题向对方提出质询，同时自己也有时间作充分的分析与准备。

8. 注意反馈。倾听者及时、恰当地反馈是对讲话者的最大理解和尊重。倾听时，要尽可能多地与对方沟通。如果你毫无反应，什么应答也没有，讲话者就无法肯定你是否已经听懂。表明自己对内容感兴趣是一种反馈，能鼓励讲话者继续往下说。

### 三、商务谈判中“说”的技巧

“说”就是讲述自己的观点或说明问题。在商务谈判中，“说”占较大的比重。“说”

的技巧是谈判过程中极其重要的组成部分。从卖方来讲，“说”的内容有：本企业状况，合作诚意及商品规格、质量、性能等。“说”中需把握以下的技巧：叙述应具体而生动，使对方有兴趣听你讲话；对问题的阐述要主次分明，层次清楚，使人能够听清楚；叙述问题要客观真实，能让对方产生信任感；观点要准确，不犯逻辑错误，不能出现前后不一致的矛盾。

根据谈判活动的发展过程，谈判中的叙述分为谈判入题的“说”、谈判中“说”和谈判结束的“说”三个阶段。

### （一）谈判入题“说”的技巧

采用适当的入题方法有助于消除对手的疑虑和紧张心理，激发对手的兴趣，使对手变成热心的参与者，轻松而愉快地开始谈判。常用的入题技巧一般有下面两种：

1. 迂回入题。迂回入题法主要有：从介绍己方谈判人员入题；可将有关流行的事物作为话题入题；从介绍己方的生产、经营、财务状况等入题。

2. 直接入题。用开门见山的方法入题，就是直接谈与正题有关的内容。

**案例**

美国华克公司在费城承包一座庞大的办公大厦。工程启动后，计划进行得很顺利，不料在接近完工阶段，负责内部装修供应的铜器承包商突然宣布他们无法如期交货。这样一来，不仅整个工程要延期，华克公司还得支付巨额罚金。为了避免遭受重大损失，公司与该承包商进行了多次电话交涉，因双方分歧较大均无结果。公司只好派高先生前往纽约与承包商面议。

高先生一走进那位承包商的办公室便微笑着说：“你不知道，在纽约你这个姓氏只有一个，一下火车，我在电话簿里很快就找到了你的地址。”

“这我一向不知道。”承包商说着也兴致勃勃地查阅起电话簿来，一边查找，一边无不骄傲地谈论起他的家族和祖先：“我的家庭是从荷兰移居纽约的，将近 200 年了。”高先生听着他的谈论，先是称赞他的祖先，然后称赞他居然创建了这么大的一家工厂。承包商听后很自豪地说：“这是我花了一生的心血建立起来的一项事业，我为它感到骄傲，你愿不愿意到工厂去参观一下呢？”高先生欣然而往。

参观时，高先生一再称赞他的工厂制度健全，机器设备精良。承包商听了高兴极了。他声称其中有一些机器还是他亲自发明的。高先生马上又问他，那些机器操作起来如何？工作效率怎样？到了中午，承包商坚持要请客。他说：“到处都需要铜器，但是很少人像你这样对这一行感兴趣。”

到此，高先生尚只字未提来访的真正目的。

用完午餐，承包商说：“现在，我们谈谈正事吧。我知道你这次来的目的。但我没有想到我们的相会竟是如此的愉快。你可以带着我的保证回到费城去，我保证你们要的材料如期运到。尽管我这样做会给另一笔生意带来损失，不过我认了。”从上面的案例可以看出，恰当的入题方法可以起到良好的效果。

试想一下，如果高先生开局就谈交货问题，那将会是一个什么样子？

（资料来源：王国梁：《推销与谈判技巧》，机械工业出版社 2004 年版。）

**（二）谈判进程中“说”的技巧**

1. 语言要通俗。你的叙述要让对方立即听懂，并能理解，应避免使用晦涩语言，对方才能准确、完整地理解己方的观点。

2. 语速要适中。通常情况下，说话的速度分快速、中速、慢速三种，这三种速度可以针对不同的情绪与内容发挥出不同的效力。

以中速的节奏说话，是谈判中普遍适用的一种方法。中速说话可以给对方以必需的时间，让对手从容领略你的观点、立场和态度，同时也营造了一种平静的氛围，为策略所需要的“快速”与“慢速”创造条件和先机。

我们并不提倡在谈判中快速说话，但可以在你表明立场时运用快速说话，另外在表达激动情绪时也可以采用快速说话的方式。说话节奏放慢一般用于强调某个立场或是向对方表达你的不满情绪，以期引起对手的注意和重视的时候。原则上说，这两种方式不宜过多。

3. 语气要中等。在谈判中，语气的强弱对于意见的表述也有重要影响。通常运用一种中等的语气，给谈判对手留下“正常”的印象，同时也给提高语气和降低语气埋下伏笔。

以高嗓门说话，表达某种特定的感情和态度有时是很必要的。通常有两种情况可以提高嗓门。当你受到对手无礼的或是有意无意的侮辱时，或者谈判双方观点取得一致，说话非常投机时，可以采用这种方法表明你的感受。以低嗓门的方式说话，在表达诚恳、亲近和无奈的感情时运用较多。

4. 态度要坦诚。坦诚相见是获得对方同情和信赖的好办法，人们往往对坦诚的人有亲切感；坦诚还能满足听者的自我意识及充分的权威感。因此，坦诚常能达到预期的效果。当然，坦诚要有度，不能把一切和盘托出，尤其那些与此次谈判有关的核心机密，绝不可坦诚交底。

5. 叙述要简明、扼要。无论多么复杂的谈判，一方总是期待对方提供一些信息，而提供信息的一方也期待对方作出某种反应。如果信息必须由己方提供，要注意不能做过于详细的长篇大论。首先，由于己方谈判人员滔滔不绝，对方会认为己方不给他思考的机会，因而感到烦躁。其次，由于提供的信息太多，对方觉得他所同意和所反对的东西相互交叉，无法对其中的一些看法表示肯定或否定，容易导致谈判气氛紧张。

通常，一般人一次只能接受 3 ~ 5 个事项。所以谈判者在叙述自己看法时，一定要做到简明、扼要；必要时，可以多花些时间，分几次提出来，中间给对方以思考和决策的时间；与此同时，也要提供己方的看法和主张所依赖的依据，这样才可使对方信服。不管是哪一种叙述方式，最重要的是要让对方感觉到你的提议可以给他带来实质性的利益。

**案例**

跨海公司是一家包括货物运输和集装箱合并业务在内的全球范围的后勤服务公司，建于美国。它在整个中东地区苦苦经营了几乎六个月，以扩展其在当地的业务代理网络。跨海公司的第一个地方性优先权就是同阿拉伯公司缔结了一个代理协议，阿拉伯公司是沙特阿拉伯最大的也是分公司最多的后勤公司。

为了达到这一目标，跨海公司的地区经理特德同阿拉伯公司一个月会谈一到两次。目前，这两个公司已就金融、法律和技术问题达成一致。现在，特德已经回到利雅德全身心投入到最后的细节和合同签订中。这次谈判相当正式，双方都明确地想要达成协议。

在同阿拉伯公司行政官员愉快的会议期间，特德偶然地提到："我们跨海公司的人真的希望与在波斯湾这儿的你们一起共事！"此后，会议桌一边的阿拉伯公司的代表沉默了一会儿，然后三名高级行政官员被激怒了，起身大步走出了会议室，中断了谈判。

特德迷惑不解地看着还留在那儿的较年轻的两个沙特阿拉伯人，他很不愿意看到六个月的艰苦工作就这样灰飞烟灭了。"这儿发生了什么？"他问桌子那边的阿拉伯人，"我刚才说错话了吗？"

犹豫片刻之后，一个阿拉伯公司的雇员解释道：在沙特阿拉伯，刚才话里所提到的海湾叫做阿拉伯湾。特德无意地用错了词而暗示了海湾属于伊朗，而伊朗在当时被沙特阿拉伯认为是敌对的和危险的。

阿拉伯公司的老板现在对特德很恼怒，以致于不愿听他的道歉和解释。"那么，我们该怎样使我们的会谈回到原有轨道上来呢？"特德问道。对此，年轻的阿拉伯人只是耸耸肩。

（资料来源：石宝明：《商务谈判》，大连理工大学出版社 2005 年版。）

**（三）谈判结束"说"的技巧**

在谈判中结束语起着压轴的作用，在谈判中占据特殊地位。出色的结束语，既可以让对方深思，又可以引导对方陈述问题的态度与方向。如果己方所述问题不单一，或陈述方式跳跃性强，则结束时还应加以归纳和提炼。

一般说来，结束语宜采用切题、稳健、中肯，并富有启发性的语言；做到有肯定、有否定，并留有回旋余地，尽量避免下绝对性的结论。常见的结束语有："今天的会谈进一步明确了我们彼此的观点，并在某某问题上达成了一致看法，但在某某问题上还需要再谈。"或者"对贵方的要求我刚才谈了我们的意见，但关于这个问题我们打算进一步研究，待下次见面再谈，您看如何？"

总之，结束语是不可忽视的一个方面，在实践中应视会谈的情况而定，既有刻板的、公式化的结束语，也有友好、诙谐、促进性的结束语，不能一概而论。

**（四）答复的几种方法**

1. 归谬法，也叫推至极端法。就是顺着对方问题中的逻辑把其观点无限放大，以显示出其荒谬性，从而对其观点予以根本否定。

2. 顺水推舟法。先表面肯定对方观点，然后顺着对方的逻辑进行推理，在推理中根据需要增设一些条件，最后使对方观点在所增设的条件下不能成立，使对方意识到自己观点是错误的。

**案例**　　**巧妙答复**

一记者问外交部发言人：中国为何不放弃使用武力解决台湾问题？发言人答：我们也不愿使用武力，武力解决对各方都不利。和平统一是我们的既定方针，我们将尽最大努力和平解决台湾问题，但问题是台湾当局坚持要搞“台独”，如果我们放弃使用武力，和平统一岂不是一句空话？

（资料来源：《天府早报》，2003 年 6 月 18 日。）

3. 步步紧逼法或引君入瓮法。即通过一步步的严谨推理，致使对方不得不顺着你的观点往下走，最后，显出其观点是站不住脚的。

**案例**

**古月答记者问**

一个外国记者问毛主席的扮演者古月：“你对扮演毛泽东有何感受？毛泽东在文化大革命问题上是有错误的，你对此如何看？”

古月问记者：“你觉得维纳斯美吗？”

记者答：“很美。”

古月又问：“维纳斯断了一个胳膊还美吗？”

记者答：“虽然断了一个胳膊，但不影响维纳斯的整体美。”

古月说：“你已经回答了自己的问题。”

（资料来源：《天府早报》，2003 年 6 月 18 日。）

### 四、商务谈判中“问”的技巧

#### （一）提问的常见类型

1. 限定性提问。这类提问给对方选择答案的自由很少或没有，通常只有一个明确的答案。如：“你在贵公司工作多长时间了？”“您喜欢蓝色的还是绿色的？”“张经理，我是上午还是下午来拜会您更方便？”等等。

2. 是非式提问。从某种意义上说，是非式提问可以使提问者更快地得到准确的信息。但是，由于这种问题的性质对答案作了极大的限制，使用不当时，这种问题会迫使被提问者选择这个或那个极端的答案，而实际上他的答案可能介于两者之间。

3. 引导式提问。当提问者的目的是说服时，巧妙地运用引导式提问会非常有效。用这种方式以期得到肯定答复的引导式提问，成为谈判人员的惯用手段，如果他们能用这种方式准备一系列问题，他们就能引导回答者，而且他们很善于用这种方式让回答者接受他们的想法或产品。

但是，过分地或轻率地使用这种方法，会使被提问者由于有标准答案而感到沉重的压力和受到攻击。而且，有可能会被认为是浪费时间。

4. 含蓄式提问。这类提问的特点是把引导的意图隐藏在提问之中，含而不露。比如，"现在我们已解决了交货日期问题，您是否打算讨论其他问题呢?""假如我们在价格上作出让步，你们是否也作一些相应的让步呢?"等等。

5. 无限制的提问。这类提问的特点是允许被提问者在回答问题时有最大限度的自由。

### （二）提问的要领

1. 提问要有准备。怎样问，问什么，在提问前就应周密考虑。如果运用"引导式提问"，首先要设计提问程序，对如何有效地达到层层紧逼，如何由远及近，由外围逐步缩小到核心问题，都需进行严谨的构思，才能获得事半功倍的效果。那种漫无边际、毫无准备的提问，常常会增加谈判阻力或引起对方的误会。

2. 提问要有主题。所有的问题都必须环绕一个中心主题。如果事先考虑直接涉及中心主题会遭到抵制，可以由广至专，努力挖掘双方的共同利益，缩短沟通距离，迂回进入主题。

3. 把握提问时机。商务谈判中的提问，受到谈判进程、谈判情绪的制约，不是想问就问，而是根据问题的性质和双方当时的情绪，去选择良好的时机。一般的提问时机有：在对方发言结束后提问，在对方发言的间隙时提问，在自己发言前后提问，在规定的辩论时间里提问。

4. 注意提问次序。提问的先后次序要有逻辑性，不要跳跃。当然，有时适当变换一下问题的顺序也会产生意想不到的效果。

5. 控制提问速度。提问应是正常速度。太急速的发问易令对手认为你不耐烦或有被审问的感觉，太缓慢的提问会使人感到沉闷。

**案例**

**徐铸成先生的一次采访**

1928 年阎锡山和冯玉祥曾经酝酿联合反对蒋介石，可是当冯玉祥到达太原时，阎锡山却把他软禁起来，借此向蒋介石要钱要枪。后来冯玉祥的部下作了一番努力，才逐步扭转危局。那天我国新闻界的前辈徐铸成先生到冯玉祥驻太原的办事处采访，看到几个秘书正在打麻将，心里一动，估计冯玉祥已经脱身出走了，因为冯治军甚严，如果他在家的话部下是不敢打牌的。徐铸成赶紧跑到冯玉祥的总参议刘治洲家采访，见面就问："冯玉祥离开太原了?"对方大吃一惊，声色紧张地反问："啊！你怎么知道的?"这个简短的对答，完全证实了徐铸成的判断。徐铸成就这样通过一桌麻将和机智的问话，获得了冯玉祥脱身出走的重要信息。以后他又经过深入的访谈，摸清了冯玉祥将军与阎锡山将再度联合的政治动向，在当时这是一条极其重要的政治新闻。

（资料来源：黄漫宇：《商务沟通》，机械工业出版社 2006 年版。）

**（三）提问时要注意的问题**

在提问过程中要注意把握以下几点：

1. 要预先准备好问题。准备的问题最好是对方不能迅速想出适当答案的问题，以期收到意想不到的效果。同时，预先有所准备也可以预防对方反问。某些有经验的谈判人员，往往是先提出一些表面看很一般，比较容易回答的问题，然而这些问题却是随后所要提出的比较重要的问题的前缀。这时，如果对方思想比较松懈，突然面对所提出的较为重要的问题时往往措手不及，己方则可收到出其不意之效果。

2. 要以诚恳的态度来提问。当提出对方不感兴趣或不愿意回答的问题时，我们可以转换一个角度，并且采用十分诚恳的态度来向对方提问，以此激发对方回答问题的兴趣。有时，以一种无知的神情，诚恳而有礼地提几个无伤大雅的为什么，也是打破僵局、缓冲矛盾、消除对手戒备心理的一种方法。实践证明，这样做会使对方乐于回答，也有利于谈判者感情上的沟通，有利于谈判的顺利进行。

3. 要避免提出那些可能会影响谈判效果的问题。某些问题可能会阻碍对方让步，明显影响谈判效果，给谈判带来麻烦。提问时，不仅要考虑自己的退路，也要考虑对方的退路，要把握好时机和火候。

4. 尊重对手，不强行追问。如果对方的回答不够完整，甚至有意避而不答，这时不要强制追问，而是要有耐心和毅力等待时机到来时再继续追问，不要表现出自己高于对方的情绪，使对方感到自尊心受到伤害，要尊重对手，只有这样，对方才会乐于回答问题。

5. 所提问题不应具有压迫性，使对方感到窘困，要给对方以回旋的余地和选择的机会。例如，“你看月底付款怎么样？这对咱们双方都有好处。”就比“月底付款是我们的底线，你看怎么办吧？”要更恰当些。

6. 注意问话的口吻，要有礼有节。既不要以法官的态度来询问对方，也不要提问起来接连不断。像法官一样询问谈判对方，会造成对方的敌对与防范心理和情绪，因为双方之间的谈判不同于法庭上的审问，需要双方心平气和地提出和回答问题。另外，重复连续的发问往往会导致对方的厌倦、乏味而不愿回答，有时即使回答也是马马虎虎，甚至会出现答非所问的情况。

7. 所提问题的句式应尽量简短。在商务谈判过程中，提出问题的句式越短越好，而由此引出的回答则是越长越好。因此，我们应尽量用简短的句式来向对方提问。当我们提问的话比对方回答的话还长时，我们就将处于被动的地位，显然这种提问是失败的。

8. 提出问题后应闭口不言，专心致志地等待对方作出回答。由于问题是由己方提出的，对方有义务回答或以回答来打破沉默。所以，我们提出问题后应保持沉默，这样做也无形中给对手施加了一点压力。

9. 注意对方的心境。在商务谈判中，要随时留心对手的心境，在你认为适当的时候提出相应的问题。如在倾听对方发言时，有时会出现马上就想反问的念头，切记这时不可急于提出自己的看法，因为这样做不但影响倾听对方下文，而且会暴露我方的意图，从而改变其后边的讲话，使我们丢掉本应获取的信息。

## 五、商务谈判中的肢体语言

**案例**

2004 年 3 月 25 日，英国前首相布莱尔走进利比亚首都的黎波里郊外的一处帐篷，与利比亚领导人卡扎菲握手寒暄、亲切交谈。这是第二次世界大战结束以来英国首相首次踏上利比亚的领土，被媒体誉为“破冰之旅”，受到广泛好评。但是据英国媒体 2004 年 3 月 27 日报道，一位英国“肢体语言”专家詹姆斯教授通过观察两人会晤时细微的动作，对此次“破冰之旅”提出了不同版本的“另类解读”——卡扎菲根本没有把布莱尔放在眼里！

詹姆斯教授说，当布莱尔和卡扎菲在帐篷里坐定之后，双方所处的地位却发生了一个 180 度大转弯。詹姆斯提醒大家注意会谈过程中的一个细节：布莱尔双手放在膝盖上，始终端坐在沙发上。而卡扎菲却靠在沙发靠背上，漫不经心地看着布莱尔，他还高高地翘起二郎腿，左脚上的皮鞋鞋尖朝着布莱尔，而且不断地晃来晃去。

他说，阿拉伯文化中这种姿势表示对对方的轻视和侮辱。阿拉伯世界里，脚上穿的鞋子被认为是不洁的物品，与人交谈时应该始终放在地上，并且鞋尖不能对人。所以卡扎菲的这个动作表达了他潜意识中对布莱尔的真实态度。

（资料来源：杨朔：《扬子晚报》，2004 年 3 月 28 日。）

培养使用和判断肢体语言的能力是提高谈判技巧的最佳方法之一。因为体态语言所传达的信息通常是内心的真正感受，读懂对方的肢体语言将使己方在谈判中处于有利的地位。谈判者通常可以从四个不同的部位发送或接收肢体语言，按照这些部位的表达能力从强到弱排列为：面部表情和眼睛、胳膊和手、腿和脚、姿态和姿势。

### （一）面部表情和眼睛

在世界各地，人们用身体来表达感情的方式几乎是一样的，面部表情尤其如此。谈判者接收的非语言暗示最多的也是来自于面部，因为人们在交流时，通常望着对方的脸，特别是眼睛。

1. 眼睛所传达的信息。眼睛是心灵的窗户，具有能反映谈判者内心深层心理活动的功能，其动作、神情、状态是最明确的情感表现，可以说几乎人的一切情绪、情感和态度的变化都可以从眼睛中显示出来。眼睛的动作主要由视线接触的停留时间、眨眼和瞳孔的变化三方面组成，以此可以判断出谈判者的内心世界。

（1）目光接触的停留时间长短。通常与人交谈时，视线接触对方脸部的时间在正常情况下应占全部谈话时间的 30% ~60%。目光经常停留在对方脸部或与之对视，说明听者对谈判内容感兴趣，想急于了解对方的态度和诚意，成交的可能性大；目光与对方接触甚少，则通常表示对谈话者的谈话内容不怎么感兴趣；如果几乎不看对方，只听对方讲话，则有可能是企图掩饰什么的表现。

（2）眨眼频率。正常情况下，一般人每分钟眨眼 5 ~8 次，每次眨眼一般不超过 1 秒钟。如果眨眼频率超过正常值，表示听者神情活跃，对某事物感兴趣。从眨眼时间来看，如果超过1秒钟，一方面表示厌烦，不感兴趣；另一方面也表示自己比对方优越，因而藐视对方而不屑一顾。也有可能听者个性怯懦或羞涩，不敢正眼直视对方，而作出不停眨眼的动作。眼神闪烁不定，常被认为是掩饰的一种手段，以此来掩饰其内心的秘密。

（3）瞳孔大小。听者眼睛睁大，瞳孔放大，炯炯有神，表示处于欢喜与兴奋的状态，对话题非常感兴趣；而眼睛眯小，瞳孔缩小，目光无神，眉头紧锁，则表示听者处于消极、戒备或愤怒的状态，对话题反感或感到气馁。实验证明，瞳孔所传达的信息是无法用人的意志来控制的。有经验的谈判者，为了防止对方察觉到瞳孔的变化，往往喜欢佩戴有色眼镜。

眼睛所传递的信息还有很多，人类眼睛所表达的思想，有些确实是只能意会而难以言传。这就要靠谈判人员在实践中用心加以观察和思考，不断积累经验，争取把握住种种眼睛的动作所传达出来的信息。

2. 眉毛所传达的信息。通常，眉毛和眼睛的配合是密不可分的，两者的动作往往共同表达一个含义，但是仅就眉毛而言，也能反映出人的许多情绪变化，同样也是不容忽视的。例如，眉毛上扬是非常欣喜或极度惊讶的表现，眉角下拉或倒竖表示处于愤怒或气愤的状态，眉毛迅速地上下运动表示亲切、同意或愉快，紧皱眉头表示处于困境或是不愉快、不赞成，眉毛向上挑起表示询问或疑问。

3. 嘴巴所表达的信息。嘴巴除了说话、吃喝之外，还可以有许多动作，在人内心活动频繁时，也有明显的变化，反映出人的心理状态。例如，嘴巴紧紧地捂住往往表达出意志坚决；撅起嘴是不满意或准备攻击对方的表示；嘴角稍稍向后拉表示对方在认真倾听、感兴趣；表示不满或固执时嘴角向下拉；而咬嘴唇则是一种自我谴责、自我反省的表示，有时也可能是自我解嘲或内疚。

### （二）手和胳膊

手和胳膊是人体比较灵活的部位，也是使用最多的部位，是表达或传递信息、欲望最有利的方式。谈判者可以通过观察对方手势或接触对方的手，判断分析出对方的心理活动或心理状态；同时，也可以将己方的某种信息传递给对方。

1. 握手所传达的信息。握手属于情意手势，是一种重要而常用的礼节，它传情达意的内容丰富而细腻，可以传达除了问候、礼貌之外的其他附加含义：

- 如果对方握手有力且紧，是热情诚恳的表示，或有所期待的反映；
- 握手轻且时间短，是傲慢、冷淡、不热情的表示，也可能是对方个性懦弱，缺乏气魄；
- 握手时对方手心出汗，表示处于兴奋、紧张或情绪不稳定的心理状态；
- 用两只手握住对方一只手，并上下摆动，往往是热情欢迎、真诚感谢，或有求于人的表现；
- 握手前先凝视对方片刻，再伸手相握，某种程度上是想在心理上先战胜对方的意思；
- 掌心向上伸出与对方握手，则往往表现示性格软弱，处于被动、劣势或受人支配的状态，反之则表示想取得主动、优势或支配地位。

由于文化习俗的差异，各国对各种动作的反映也不相同。在中国，如果用右手同人握手的同时把左手搭在对方肩上，表示双方感情很深，但在西方的一些国家，就会引起对方的反感，被认为是过分轻狂、傲慢和自以为是。在中国初次见面寒暄时，握手用些力气，往往表达的是一种热情。但在不同的国家看来，有的认为是相见恨晚的表现，有的认为是对方在炫耀力量。

2. 手臂动作所传达的信息：

- 紧握拳头表示出向对手挑战或自我紧张的情绪。如果伴有响声，或用拳击掌，则表示向对方无言的威吓或发出攻击的信号。
- 两手指并拢并置于胸的前上方呈尖塔状，这个动作表示充满信心，也可以表现出讲话者高傲与独断的心理状态，起到一种震撼听者的作用。
- 手与手相连放在胸腹部的位置是谦逊、矜持或略带不安的心情反映。
- 两臂交叉于胸前，表示防卫或保守。如果两臂交叉于胸前并握紧拳头，往往是怀有敌意的标志，要严加提防。
- 用手指或铅笔敲打桌面，或用手在纸上乱画，表示对对方的话题不感兴趣、不耐烦、急躁。

### （三）腿与脚

腿与脚虽然是身体的下端，却不能忽视，因为这里往往是最先表露潜意识情感的部位。如果谈判者坐在椅子上抖动腿部，表明焦躁不安、无可奈何、不耐烦或某种紧张情绪；张开腿而坐，表明充满自信，并愿意接受挑战；并腿而坐，表示防范、谨慎，或拒绝对方并保护自己等。

### （四）姿势和姿态

谈判者的身体姿势最难解释，因为通常只是个人习惯，它的形成是由所处的文化和社会决定的，没有特定的反映心理的规律。比如，浅坐在椅子上，说明缺乏安全感，或处于心理劣势；斜着身子坐，表示心情愉快或有优越感；而身体挺直，或上身紧靠椅背而坐，是处于紧张状态的特征；上身向后仰是放松、很自信的表现；谈判中逐渐将上身倾向对方，表示对话题很感兴趣，而上身逐渐偏离对方，则表示失去兴趣。

腰、腹部不同的动作有不同的语言：

1. 弯腰动作。比如鞠躬、点头哈腰属于低姿态，把腰的位置放低，精神状态随之“低”下来。弯腰、鞠躬、作揖、跪拜等动作，除了礼貌、礼仪的意义之外，都是服从或者屈从对方，压抑自己情绪的表现。

2. 挺直腰板。反映出情绪高昂、充满自信。坐立站走经常挺直腰部的人往往有较强的自信心及自制和自律能力，但为人可能比较刻板，缺少通融性。

3. 手叉腰间。表示胸有成竹，同时也变现出某种优越感或支配欲。

4. 凸出腹部。表现出自己的心理优势、自信与满足感；抱腹蜷缩，表现出不安、消沉、沮丧等情绪支配下的防卫心理。

5. 解开上衣纽扣而露出腹部。表示胸有成竹，开放自己的实力范围，对对方不存在戒备之心。重新系一下皮带，是迎接挑战的信号；反之，放松皮带则反映出斗志开始松懈，有时也意味着紧张气氛中的暂时放松。

6. 轻拍自己的腹部。表示自己有风度、雅量，同时也反映出经过一番较量之后的得意心情。

当然不同的民族、地区，不同的文化层次及个人修养，其动作、姿态所传达出的信息是有差异的，应在具体环境中区别对待。另外，也不能只从某一个孤立的、静止的动作或姿态去判断，而应从其连续的、一系列的动作进行分析和观察，特别是应结合对方讲话的语气、语调等进行综合分析，才能得出比较全面、真实、可信的结论。

**阅读资料**

### 谈判中必须注意对方的八个动作

1. 摇头晃脑。日常生活中常见有人用摇头或点头以示自己对某事物的看法，这种人特别自信，以至于唯我独尊。他们在社交场合会表现自己，对事业执着追求的精神常令人感叹。

2. 边说边笑。与这种人交往时，你会觉得非常愉快。他们大都性格开朗，对生活要求从不苛刻，很注意“知足常乐”，富有人情味。感情专一，对友情、亲情特别珍惜。人缘较好，喜爱平静的生活。

3. 掰手指节。这种人习惯于把自己的手指掰得咯嗒咯嗒地响。他们通常都精力旺盛，非常健谈，喜欢钻“牛角尖”。对事业、工作环境比较挑剔，如果是喜欢做的事，他会不计任何代价而努力地去做。

4. 腿脚抖动。这类人总是喜欢用脚或脚尖使整个腿部抖动，最明显的表现是自私，很少考虑别人，凡事从利己出发，对别人很吝啬，对自己却很知足。但是很善于思考，能经常提出一些意想不到的问题。

5. 拍打头部。这个动作多数时候的意义是表示懊悔和自我谴责。这种人不太注重感情，而且对人苛刻，但对事业有一种开拓进取的精神。他们一般都心直口快，为人真诚，富有同情心，愿意帮助他人，但守不住秘密。

6. 摆弄饰物。有这种习惯的人多数是女性，而且一般都比较内向，不轻易外露感情。她们的另一个特点是做事认真踏实，大凡有座谈会、晚会或舞会，人们都散了，但最后收拾打扫会场的总是她们。

7. 耸肩摊手。习惯于这种动作的人，通常是摊开双手，耸耸肩膀，表示自己无所谓的样子。他们大都为人热情，而且诚恳，富有想象力。会创造生活，也会享受生活，他们追求的最大幸福是生活在和睦、舒畅的环境中。

8. 抹嘴捏鼻。习惯于抹嘴捏鼻的人，大都喜欢捉弄别人，却又不“敢作敢当”，喜欢哗众取宠。这种人最终是被人支配的人，别人要他做什么，他就可能做什么，购物时常拿不定主意。

（资料来源：王晓：《现代商务谈判》，高等教育出版社 2007 年版。）

**案例分析**

## 困惑的女秘书

在一个夏日的早晨，一家IT公司年轻的经理李先生烦躁地坐在汽车里面，看着堵在一起的长长车流。政府为了解决市民居住的问题，几年前开发了这个庞大的居住小区，但由于规划没有配套，偌大的小区成了“卧城”，市民工作、购物、办事都要到小区之外，而要命的是小区的出入通道又非常少，每天早晚都会经历长达数小时的拥堵。更让他心烦的是随着网络泡沫的破灭，原本蒸蒸日上的公司业务也每况愈下，往日的网络宠儿正逐渐成为市场的弃儿。与新婚妻子的关系也是他头疼的一个问题。一直在IT行业摸爬滚打的李先生已经习惯了一切以工作为中心，不太重视生活的细节，而学习艺术出身的妻子则十分讲究生活质量和生活细节。今天早晨李先生刚刚与妻子为一点生活小事发生了争吵，令他恼火的是直到现在他也不明白发生争吵的原因是什么。到达公司时，李先生已经迟到了很久，这令一向严格要求自己和员工的李先生感到非常沮丧。

当他推开办公室的门时，遇到了满面笑容的秘书张小姐。张小姐是公司最早一批员工之一，为公司的正常运转始终努力地工作着。在IT行业一片萧条、裁员不断的时候，张小姐为企业、老板和员工的前途，也为自己的前途捏着一把汗。这段时间，张小姐待人接物尤其注意细节。

当李先生进入办公室时，张小姐一如既往地向他问候早安。但令她没有想到的是李先生居然对她的问候完全没有理睬，这是从来没有过的事情！整整一天，张小姐都在惴惴不安地猜测自己做错了什么事情，公司里面是否会爆发什么风暴，自己又将怎么样向家人解释可能发生的一切。

（资料来源：王文潭：《商务沟通》，首都经济贸易大学出版社2005年版。）

**案例思考：**

1. 你认为张小姐的担心是一场误会还是完全没有必要的？
2. 你认为产生这种情况的主要原因是什么？

**技能训练**

## 谈判能力训练

1. 运用所学理论分析你的同桌有何个性（包括兴趣、爱好、动机、气质、性格、能力等），如果他是一个商务人员会存在哪些优势和劣势？

2. 找几个与你不认识的人，同他们分别进行交谈。每次在开场时，尽量换一种方式，并做好记录，分析为什么有些人与你交谈自如而有些则不行。反复研究你的笔记，并回答以下问题：

（1）你从这些对话中学到了什么？

（2）要做好有效的沟通，你还应该做些什么？

3. 某商场休息室里经营咖啡和牛奶，刚开始服务员总是问顾客：“先生，喝咖啡吗？”

或者是：“先生，喝牛奶吗？”其销售额平平。后来，老板要求服务员换一种问法，“先生，喝咖啡还是牛奶？”结果其销售额大增。

问题：销售额大增的原因是什么？

4. 情景：一个人打算乘公共汽车旅行，汽车上午10:55分离开8号港湾。现在是10:55分，一辆汽车停在8号港湾站。这个人问：“这是8号港湾站？”另一位乘客回答：“是的。”于是这人跳上即将开出的汽车。但是他乘错车了，这是辆晚点的从8号港湾开往另一个方向的汽车。

问题：在沟通过程的什么地方出现了障碍？

# 第五章
# 国际商务谈判

学习目标

☐ 了解国际商务谈判的特殊性
☐ 明确文化差异对商务谈判的影响
☐ 熟悉不同国家商人的谈判风格

**案例导入**

有家美国公司和一家日本公司进行商务谈判。在谈判中，美国人很高兴地发现，每当他提出一个意见时，对方就点头说“Yes”，他以为这次谈判特别顺利。直到他要求签合同时才震惊地发现日本人说的“Yes”是表示礼貌的“I hear you”的“Yes”，不是“I agree with you”的“Yes”。

（资料来源：根据百度知道网资料整理。）

**案例思考**：跨国文化交流的一个严重通病是“以己度人”，即主观地认为对方一定会按照我们的意愿、习惯去理解我们的发言，或从对方的发言中我们所理解的意思正是对方想表达的意思。

## 第一节
## 文化差异与谈判

### 一、国际商务谈判概述

国际商务谈判是国际商务活动中不同的利益主体，为了达成某笔交易，而就交易的各

**项条件进行协商的过程**。谈判中利益主体的一方，通常是外国的政府、企业或公民，另一方是中国的政府、企业或公民。国际商务谈判是对外经济贸易工作中不可缺少的重要环节。

国际商务谈判是商务谈判的主要组成部分，是国内商务谈判的延伸和发展。在不同国家社会文化背景下，国际商务活动及谈判与国内商务活动及谈判既存在联系又有许多差异。国际商务谈判既具有一般商务谈判的特点，又具有国际经济活动的特殊性，具体表现在以下几个方面。

1. 政治性强。国际商务谈判既是一种商务交易的谈判，也是一项国际交往活动，具有较强的政策性。由于谈判双方的商务关系是两国或两个地区之间整体经济关系的一部分，常常涉及两国之间的政治关系和外交关系，因此在谈判中两国或地区的政府常常会干预和影响商务谈判。因此，国际商务谈判必须贯彻执行国家的有关方针政策和外交政策，同时，还应注意国别政策，以及执行对外经济贸易的一系列法律和规章制度。

2. 以国际商法为准则。由于国际商务谈判的结果会导致资产的跨国转移，必然要涉及国际贸易、国际结算、国际保险、国际运输等一系列问题，因此，在国际商务谈判中要以国际商法为准则，并以国际惯例为基础。所以，谈判人员要熟悉各种国际惯例，熟悉对方所在国的法律条款，熟悉国际经济组织的各种规定和国际法。这些问题是一般国内商务谈判无法涉及的，要引起特别重视。

3. 要坚持平等互利的原则。在国际商务谈判中要坚持平等互利的原则，既不强加于人，也不接受不平等条件。我国是社会主义发展中国家，平等互利是我国对外政策的一项重要原则。所谓平等互利，是指国家不分大少，不论贫富强弱，在相互关系中应当一律平等。在相互贸易中，应根据双方的需要和要求，按照公平合理的价格，互通有无，使双方都有利可得，以促进彼此经济发展。对某些外商利用垄断地位抬价和压价，必须不卑不亢，据理力争。对某些发展中国家或经济落后地区，我们也不能以势压人，仗势欺人，应该以平等互利为原则。

4. 谈判的难度大。由于国际商务谈判的谈判者代表了不同国家和地区的利益，有着不同的社会文化和经济政治背景，人们的价值观、思维方式、行为方式、语言及风俗习惯各不相同，从而使影响谈判的因素更加复杂，谈判的难度更加大。

## 二、文化差异对谈判的影响

国际商务谈判的特点之一是多国性、多民族性，来自不同国家、不同地区的谈判人员在语言沟通、思维方式、决策过程和谈判风格等方面有着显著差异，正是这种文化上的差异从而导致谈判陷入僵局甚至失败。因此，在国际商务谈判中，除了掌握基本的谈判技巧外，了解文化差异对谈判活动可能造成的影响并作充分的准备十分重要。

### （一）文化差异对谈判组织的影响

1. 文化差异对谈判班子选择的影响。文化是影响谈判班子组成的重要因素，不同国家在确定谈判人员的选择标准、数量、分工等方面有所不同。如美国是权力距离相对较小的国家，在选择谈判成员时往往比较注重口才、专业水平、推理能力，而与谈判者在公司的地位无关。而日本是权力距离较大的国家，在这里地位象征非常重要，所选择的谈判人员一般除了具备一定的社交能力外还拥有一定的地位和职务。因此，同日本人谈判时在选择谈判人员方面要遵循对等的原则，即所派谈判人员的身份和地位应该与对方谈判代表的身份和地位相当，否则，即被认为是对对方的不尊重。另外，日本妇女在社会中的地位较低，所以遇到正式谈判，一般不宜让妇女参加，否则他们会表示怀疑，甚至流露出不满。

2. 文化差异对时间观念的影响。不同国家商人的时间观念也不同，比如，美国谈判人员重视效率，喜欢速战速决。因为美国经济发达，生活、工作节奏极快，造就了美国人信守时间、尊重谈判进度和期限的习惯，因此他们要求快速成交。在谈判中他们希望尽可能减少繁多的仪式尽快进入正题。日本人非常有耐心，一般不愿率先表明自己的意图，而是耐心等待、静观其变。在谈生意时，拖延战术是日本人常用的一个“武器”。他们会迫使对方渐渐失去耐心，一旦知道谈判对方有截止期限，他们会更加从容不迫地慢慢谈。

### （二）文化差异对谈判方式的影响

一般来说，谈判有横向和纵向两种方式。横向谈判是采用横向铺开的方式，即首先列出要涉及的所有议题，然后对各项议题同时讨论，同时取得进展。纵向谈判则是确定所谈问题后，依次对各个议题进行讨论。在国际商务谈判中，美国人是纵向谈判的代表，倾向于以具体条款开局，对美国人来讲，一次交易过程实际上就是针对一系列的具体条款而展开一系列的权衡和让步。而法国人是横向谈判的代表，倾向于以总条款开局，对法国人来讲，谈判就是先就总条款达成一些共识，从而指导和决定接下来的谈判过程。

### （三）文化差异对沟通过程的影响

1. 文化差异对语言沟通的影响。沟通方式因文化而异。有些地方人们多采用直接或简单的沟通方式，有些地方多采用间接或复杂的方式。美国人办事干脆利落，不兜圈子。正是因为美国人具有这种干脆的态度，与美国人谈判，表达意见要直接，“是”与“否”必须清楚。日本人非常讲面子，他们不愿对任何事情说“不”字。他们认为直接的拒绝会使对方难堪，甚至恼怒，是极大的无礼。在同日本商人谈判时，语气要尽量平和委婉，切忌妄下最后通牒。另外，不要把日本人礼节性的表示误认为是同意的表示。日本人在谈判中往往会不断地点头并说“哈依”，这样子常常是告诉对方他们在注意听，并不是表示“同意”。

2. 文化差异对非语言沟通的影响。文化差异对谈判过程的影响还表现在非语言的沟通中。谈判者在形体语言、动作语言的运用上有着巨大的差异，甚至同样的动作语言传递着截然相反的信息。例如，绝大多数国家都是点头表示赞成，但在印度等国一面摇头，一面面露微笑以示肯定。再如，拇指与食指合成一个圆圈，对美国人来说表示“OK”，而日本人看来代表“钱”，对突尼斯人来说是极端的挑衅行为。此外，每个人都有自己的私人空间，当他人侵入私人空间时，我们会变得不安。但这一“私人空间”的范围却因文化而有所不同。一般来说，强调个人主义的文化比强调集体主义的文化需要的个人空间大。比如，阿拉伯人与他人交谈时喜欢站近些，他们之间的间距不到0.5米，而美国人之间比较舒适的距离要将近1米，对中国人来讲通常是0.5～1米。

### （四）文化差异对决策方式的影响

在谈判中知道对方谁具有作出评价的权力，决策是怎样作出来的非常重要。文化是影响决策方式的一个重要因素。决策方式总体上可以分为两种：自上而下与自下而上。在美国，采取自上而下作出决策，谈判的主要负责人具有完成任务时决策的所有权力和精力，这样就可以尽快完成谈判。而在日本，强调共同参与和群体决策，所有成员协商一致，自下而上集体决策，所以日本人作出一项决策要花费很长的时间。

**阅读资料**

**中美文化差异下的谈判决策差异**

不同决策机制的形成有其各自不同的文化背景。中国文化属于高权力差距型文化，即人与人之间由于阅历、职位、文化水平等方面的不同形成了上下级式的纵向关系。中方谈判组成员只能在自己的权限内行事，最后的决定通常由未参加谈判的上级作出。美国文化属于低权力差距型文化。在美国受平等观念的影响，人际关系一般是呈横向状态的，交流的双方是平等的。谈判人员之间是业务横向（平等）关系。他们不拘礼节，平等相待，对正统的商务礼仪、客套、座次等关注较少。谈判时美方突出个人的作用，往往会指定某个人全权负责谈判，由其制定必要的决策和完成必要的任务，同时行使其相应的权力，在其职权范围内自行作出决策。

（资料来源：高亚玲、李惠贤、马建豹：《中美文化差异下的谈判决策差异》，公文易文秘资源网，2009年1月13日。）

### （五）文化差异对协议形式的影响

文化因素同样影响双方达成协议的形式。一般来讲，美国人倾向于一种非常细致的合同，要求它能解释所有可能情况发生后的结果，这是因为他们认为交易本身就是合同，谈判者应该能依据合同解释任何因素变化后应该怎样做，注重合同条款的严密性和完整性。而在日本和中国，则更倾向于一种总体化的合同，因为他们认为谈判本身是建立一种良好的关系，如果有意想不到的情况出现，双方应依据相互的关系而不是合同来解决。

### （六）文化差异对人际关系的影响

西方社会的基础是以市场交换和市场竞争为主要特征的现代市场经济，在这种社会中，人们追求的是利润最大化，形成的人际关系主要是利益关系，遵循公事公办的规则，而人情关系则十分淡漠。生意归生意，朋友归朋友，公私分得很清楚。而受儒家文化的影响，东方文化则更具“人情味”，人际关系网的建立往往在谈判中发挥关键作用，人们之间不主要以利益交换为基础，更重视非经济性资源的人情关系，所谓“买卖不成仁义在”。如与日本人进行第一次洽谈，首先应进行拜访，让本公司地位较高的负责人拜访对方同等地位的负责人，以引起对方的重视，将有利于接下来的正式谈判。

## 第二节
# 各国商人谈判风格

### 一、美国商人的谈判风格

美国从历史的角度来讲是个年轻的国家，从民族来讲是个多民族的国家，从国民来讲是一个新来移民到处流动的国家。同时，美国还是一个开放程度很高且充满现代意识的国家。在这块土地上生存的人们比较自由自在，不受权威与传统观念的支配。这种社会文化历史背景培养了美国人强烈的创新意识、竞争意识与进取精神。美国人往往在商务谈判中期望值很高，但耐心不足。

#### （一）美国人的商业文化

美国人性格外露、坦率、真挚、热情、自信，办事比较干净利落，喜欢很快进入谈判主题，谈锋甚健，并且不断地发表自己的见解，注重实际，追求物质上的实际利益。由于自信而善于施展策略，同时又十分欣赏那种精于讨价还价，为取得经济利益而施展手段的人，尤其是“棋逢对手”时，反而易于洽谈。由于美国的经济实力及谈判方式，美国人对于“一揽子”交易兴趣十足，并在气势上咄咄逼人。美国人在谈判中分工具体、职责明确，一旦条件符合即迅速拍板，因此决策的速度很快。

#### （二）美国人的沟通方式

美国人办事干脆利落，不兜圈子。与美国人谈判，表达意见要直接，“是”与“否”必须清楚。如果美国谈判人员提出的条款、意见是无法接受的，就必须明确告诉他们不能接受，不得含糊其辞，使对方存有希望。

当双方发生纠纷时，美国谈判人员希望谈判对手的态度认真诚恳，即使双方争论得面红耳赤，他们也不会介意。万一发生了纠纷，绝对不要发笑，因为在美国人看来，出现了纠纷争论时，双方的心情都很恶劣，笑容必定是装的，这就会使对方更为生气，甚至认为你已经自觉理亏了。

对于美国人自信、滔滔不绝的作风，我们可以借其自信先了解情况，在其滔滔不绝的陈词中找到有价值的信息，了解目标内容、对方虚实，谋划对策。另借“自信”可激将之，促其向我们靠拢，但要注意其自尊心。在掌握火候上可破其自信，杀其锐气。

#### （三）美国人的时间观念

美国谈判人员重视效率，总是努力节约时间，不喜欢繁文缛节，希望省去礼节、闲聊，直接切入正题。在谈判过程中，他们连一分钟也舍不得浪费去进行毫无意义的谈话。

在商务谈判过程中，常常在短时间内做好一笔大生意，有时甚至从口袋里拿出一份早已拟好的合同让你签约成交。

对整个谈判过程，他们总有个进度安排，精打细算地规划谈判时间的利用，希望每一阶段逐项进行，并完成阶段性的谈判任务。他们一件事一件事，一个问题接一个问题地讨论，直到最后完成整个协议的逐项议价方式被称为“美式谈判”。美国谈判人员为自己规定的最后期限往往较短，力争每一场谈判都能速战速决。一旦突破其最后期限，谈判很可能破裂。

**（四）美国人的法律态度**

美国人的法律意识根深蒂固。由于美国人口的高度流动性，他们彼此之间无法建立稳固的持久关系，因而只能凭不以人际关系为转移的契约作为保障生存和利益的有效手段。他们认为，双方谈判的结果一定要达成书面的法律文件，以明确彼此的权利和义务，将达成书面协议视为谈判成功的关键一步。

律师在谈判中扮演着重要角色。因为生意场上普遍存在着不守诺言或欺诈等现象，美国谈判人员往往注重防患于未然，凡遇商务谈判，特别是谈判地点在外国的，他们一定要带上自己的律师，并在谈判中会一再要求对方完全信守有关诺言。一旦发生争议和纠纷，最常用的办法就是诉诸法律，因为此时友好协商的可能性不大。

**（五）美国人的决策程序**

受美国文化的深层影响，美国人对角色的等级和协调的要求比较低，往往尊重个人的作用和个人在实际工作中的表现，在决策中强调个人责任。他们的自我表现欲望很强，乐意扮演“牛仔硬汉”或“英雄”的形象，在谈判中表现出大权在握的自信状态。在美国人的谈判队伍中，代表团的人数一般不会超过七人，很少见到大规模的代表团。即使是有小组成员在场，谈判的关键决策者通常也只有一两个人，遇到问题，他们往往有权作出决策，“先斩后奏”之事时常发生。但他们在谈判前往往非常认真，充分、详细而规范地作准备，以便在谈判过程中能准确地作出决策。

**（六）美国人的谈判礼仪**

跟美国商人在一起时不必过多地握手与客套，他们大多性格外向，直爽热情。美国商人见面与离别时，都面带微笑地与在场的人们握手；彼此问候较随便，大多数场合可直呼名字；对年长者和地位高的人，在正式场合下，则使用“先生”、“夫人”等称谓，对于婚姻状况不明的女性，不要冒失地称其为“夫人”。在比较熟识的女士之间或男女之间会亲吻或拥抱。美国商人习惯保持一定的身体间距，交谈时，彼此站立间距约 1 米，每隔 2 ~3 秒有视线接触，以表达兴趣、诚挚和真实的感觉。在美国，多数人随身带有名片，但是，他们的名片通常是在认为有必要以后再联系时才交换，因此，美国商人在接受别人的名片时往往并不回赠。

美国商人也在周六、周日休息，此外，公定假日有元旦、退伍军人节、感恩节、哥伦布日等，不宜在这些时间找美国商人洽谈。美国商人喜欢一切井然有序，不喜欢事先没有联系，与突然闯进来的“不速之客”去洽谈生意，美国商人或谈判代表总是注重预约晤谈。

## 二、英国商人的谈判风格

英国是最早的工业化国家，早在17世纪，它的贸易就遍及世界各地。英国人的民族性格是传统、内向、谨慎的。尽管从事贸易的历史较早，范围广泛，但贸易洽谈特点却不同于其他欧洲国家。

### （一）英国人的商业文化

英国人崇尚绅士风度，他们谈吐不俗、举止高雅、遵守社会公德，很有礼让精神。无论在谈判场内外，英国谈判人员都很注重个人修养，尊重谈判业务，不会没有分寸地追逼对方。英国商人行动按部就班。

英国人不轻易与对方建立个人关系。即使是本国人，人们之间的交往也比较谨慎，很难一见如故。他们不轻易相信别人，依靠别人。这种保守、传统的个性，在某种程度上反映了英国人的优越感。但一旦与英国人建立了友谊，他们会十分珍惜，长期信任你，做生意时关系也会十分融洽。所以，如果你没有与英国人长期打交道的利益，没有赢得他们的信任，没有最优秀的中介人作介绍，你就不要期望与他们做大买卖。

### （二）英国人的沟通方式

英国人以绅士风度闻名世界，常常处变不惊，谈话轻描淡写。他们喜欢以其文化遗产、喂养的宠物等作为谈论的话题，尽量避免讨论政治、宗教、皇家是非等。初识英国人，最佳最安全的话题当然是天气。

在谈判中，英国人表现出更多的是沉默、平静、自信、谨慎，而不是激动、冒险和夸夸其谈。英国商人在谈判初期，通常与谈判对手保持一定距离，决不轻易表露感情。随着时间的推移，他们的精明灵活、长于交际、待人和善的特点就会逐渐显现出来。他们常常在开场陈述时十分坦率，愿意让对方了解他们的有关立场和观点，同时也考虑对方的立场和行动，对于建设性意见反应积极。

英国人在谈判中缺乏灵活性，通常采用一种非此即彼，不允许讨价还价的态度。因此，在谈判的关键阶段，表现得既固执又不愿花费很大力气，不像日本人那样，为达成一笔大买卖竭尽全力。

### （三）英国人的时间观念

英国人对时间的看法非常严谨，崇尚准时和守时，有按日程或计划办事的习惯和传统。在商务活动中，讲究效率，谈判大多进行得较紧凑，不拖沓。

### （四）英国人的法律态度

英国商人有一个共同特征，就是不能保证合同的按期履行，不能按时交货。英国人为此也作了很大努力，但效果不明显。所以，在与英国人签订的协议中万万不可忘记写进延迟发货的惩罚条款加以约束。

英国人对谈判本身不如日本人、美国人那样看重。相应地，他们对谈判的准备也不充分，不够详细周密。他们对于物质利益的追求，不如日本人表现得那样强烈，不如美国人表现得那样直接。他们宁愿做风险小、利润也少的买卖，不喜欢冒大风险、赚大利润的买卖。

### （五）英国人的决策程序

尽管英国是老牌的资本主义国家，但那种平等和自由很多表现在形式上。在人们的观念中，等级制度依然存在，这就是为什么英国还保留象征性的王室统治的原因。英国商人比较看重秩序、纪律和责任，组织中的权力自上而下流动，等级性很强，决策多来自于上层。比较重视个人能力，不喜欢分权和集体负责。在对外交往中，英国人比较重视对方的身份、经历、业绩，而不像美国人那样更看重对手在谈判中的表现。所以，在必要的情况下，与英国人谈判，派有较高身份、地位的人，有一定的积极作用。

### （六）英国商人的谈判礼仪

与英国人见面告别时要与男士握手；与女士交往，只有等她们先伸出手时再握手。会谈要事先预约，赴约要准时。若请柬上写有“Black Tie”字样，赴约时，男士应穿礼服，女士应穿长裙。男士忌讳打有条纹的领带，因为带条纹的领带可能被认为是军队或学生校服领带的仿制品；忌讳以皇家的家事为谈话的笑料；不要把英国人笼统称呼为“英国人”，应该具体地称呼其为苏格兰、英格兰或爱尔兰人。

多数款待在酒店和餐馆举行，若配偶不在场，可在餐桌上谈论生意。社交场合不宜高声说话或举止过于随便，说话声音以对方能听见为妥。英国人招待客人的时间比较长，总体大约要花上 3 小时。受到款待之后，一定要写信表示谢意，否则会被认为不懂礼貌。要约会对方时，如果是过去未曾见过面的，那么一定要写信告诉面谈目的，然后再约时间。

赠送礼品是普通的交往礼节，所送礼品最好标有公司名称。如被邀作私人访问，则应捎带鲜花或巧克力等合适的小礼品。

## 三、法国商人的谈判风格

法国人乐观、开朗、热情、幽默、注重生活情趣，富有浓郁的人情味、爱国热情和浪漫情怀。法国人对本民族的灿烂文化和悠久历史感到无比骄傲，他们时常把祖国的光荣历史挂在嘴边。

### （一）法国人的商业文化

法国商人很重视交易过程中的人际关系，并以此影响生意。在商务交往上，法国人往往凭借着信赖和人际关系去进行，在尚未结为朋友之前，他们是不会轻易与人做大宗生意的，而一旦建立起友好关系，他们又会乐于遵循互惠互利、平等共事的原则。

热情的法国人将家庭宴会视作最隆重的款待。在法国，比起英、美两国来，这种机会较多。但无论家庭宴会或午餐招待，都不会被看做交易的延伸，在宴请招待时忌讳谈生意。因此当招待对方时，若对方发觉你有利用交际来促使商业交易更为顺利的意图的话，他们马上会断然拒绝。

法国商人对商品的质量要求十分严格，同时他们也十分重视商品的美感，要求包装精美。

**（二）法国人的沟通方式**

法国商人大多数十分健谈，富有感情，话题广泛，而且口若悬河，出口成章。在谈判开始时，他们喜欢聊一些社会新闻及文化方面的话题，以创造一种轻松友好的气氛。否则，将被视为“枯燥无味的谈判者”。法国商人在边聊边谈中慢慢转入正题，在最后作决定阶段，才一丝不苟地谈生意。

法国人为自己的语言而自豪，他们认为法语是世界上最高贵、最优美的语言，因此在进行商务谈判时，往往习惯于要求对方同意以法语为谈判语言，即使他们的英语讲得很好也是如此，除非他们是在国外或在生意上对对方有所求。

法国商人谈判时思路灵活，手法多样，为促成交易常会借助行政、外交的手段或让名人、有关的第三者介入谈判。与法国人的谈判常常因政府的介入而使贸易与外交关系联系在一起。政府从外交方面介入企业之间的交易谈判，一方面使问题复杂化，增加了谈判的难度，另一方面又能促使问题的解决。因此要注意外交与经济的配合协调。

**（三）法国人的时间观念**

法国人的时间观念比较淡漠，他们在商业往来或社会交际中经常迟到或单方面改变时间。在法国还有一种非正式的习俗，即在正式场合，主客身份越高，来得越迟。但法国人对于别人的迟到往往不予原谅，对于迟到者，他们会很冷淡地接待。

法国人工作时认真投入，讲究效率，休闲时痛快玩耍。法国人很珍惜假期，他们会毫不吝惜地把一年辛辛苦苦挣来的钱在假期中花光。

**（四）法国人的法律态度**

法国人的商业交易作风比较松垮，但其中又富有顽强精神。在协议的制订与具体的执行过程中常有一些变更，而这变更有的是出于习惯，有的则是讨价还价、争取最后一点利益的手段。

对法国人在谈判中的各种书面的“纪要”或“备忘录”应十分注意技术和经济方面的条件，如“××指标应为多少”，“××价在×范围”。在初期的会谈中应坚持自己的要求，不能因法国人坚持而过早放弃自己的立场。在法国人的习惯中，这些文件实际是“准谈判”的成果。所以为了捍卫正式谈判中有利的立场，不要怕双方立场分歧，甚至因分歧而使“纪要”无法写成的局面。

法国人的顽强是事实，法国商人在谈判方式上偏爱横向式谈判，即先为协议勾画出一个轮廓，然后达成原则协议，最后再确认谈判协议各方面的具体内容。法国商人喜欢追求谈判结果，不论什么会谈、谈判，在不同阶段，他们都希望有文字记录，而且名目繁多，诸如“纪要”、“备忘录”、“协议书”、“议定书”等，用以记载已谈的内容，为以后的谈判起到实质性作用。对于频繁产生的文件应予以警惕，慎重行事，对己有利的内容，可同意建立文件；对己不利却难以推却的可仅建立初级的纯记录性质的文件，注意各种不同类型文件的法律效力，严格区别“达成的协议点”、“分歧点”、“专论点”、“论及点”等具体问题，否则产生的文件会变得含糊不清，成为日后产生纠纷的隐患。

**（五）法国人的决策程序**

法国人大都注重于依赖自己的力量，而很少考虑集体的力量，个人的办事权限很大，在进行商务谈判时，多由一人承担并负责决策，谈判效率较高。其组织结构单纯，从下级管理职位到上级管理职位大约只有二三级。因此在从事商谈的时候，也大多由一人承担，而且还负责决策，从而使商谈能够迅速进行。法国每个人所担任的工作范围很广，能通好几个专业，一个人可以应付好多工作。

**（六）法国人的谈判礼仪**

见面时要握手，且迅速而稍有力。告辞时，应向主人再次握手道别。女士一般不主动向男士伸手，因而男士要主动问候。熟悉的朋友可直呼其名，对年长者和地位高的人士要称呼他们的姓。一般则称呼“先生”、“夫人”、“小姐”等，且不必再接姓氏。

法国商人讲究饮食礼节，就餐时保持双手（不是双肘）放在桌上，一定要赞赏精美的烹饪。法国饭店往往价格昂贵，要避免订菜单上最昂贵的菜肴，商业午餐一般有十几道菜，要避免饮食过量。在餐桌上，除非东道主提及，一般避免讨论业务。吸烟要征得许可，避免在公共场合吸烟。当主要谈判结束后设宴时，双方谈判代表团负责人通常互相敬酒，共祝双方保持长期的良好合作关系。受到款待后，应在次日打电话或写便条表示谢意。

**阅读资料**

**法国人的风俗习惯**

法国人大都早起早睡，工作密度也很高，工作期间态度极为认真。

法国的时装领导世界潮流，一般法国人很注意衣着。在他们看来，衣着代表着一个人的修养与身份、地位，因此在与法国人交往时必须注意自己的服饰。另外，每年8月份，大部分法国人都放下手中的工作去旅游度假，因此，与法国人做生意要避开其假期。

在社交场合中，法国人比较顾全对方的面子。有这么一个例子可以充分地说明这一点。一次，法国某公司的经理招待日本商人到自己家作客。在宴席上，这个日本商人一时疏忽把洗手用的水喝掉了。主人看到这个情形，马上就向同座的孩子们递了一个眼神，两个孩子就一声不响地也喝下了洗手的水，顾全了对方的面子。

（资料来源：陈文汉：《商务谈判实务》，电子工业出版社2009年版。）

## 四、德国商人的谈判风格

德国在世界上是经济实力最强的国家之一，他们的工业极其发达，生产效率高，产品质量堪称世界一流，这主要是由于企业技术标准十分精确具体，对这一点德国人一直引以为自豪。因此，他们购买其他国家的产品，往往把本国产品作为标准。

**（一）德国人的商业文化**

德国人沉稳、自信、好强、勤奋、严谨，对发展个人关系和商业关系都很严肃，不大重视在建立商务往来之前先融洽个人关系。在与德国人最初的几次会面中，他们显得拘谨、含蓄甚至生硬。一旦彼此熟悉，建立商务关系并赢得他们的信任之后，便有希望长期保持。

德国人的谈判风格是审慎、稳重。他们重视并强调自己所提方案的可行性，不轻易向对手做较大的让步，让步的幅度一般在20%以内，因为他们坚信自己的报价是科学合理的。

**（二）德国人的沟通方式**

尽管德国人比较保守，但办事雷厉风行，考虑事情周到细致，注重细枝末节，力争任何事情都完美无缺。德国人在谈判之前的准备比较充分，他们要研究所购产品，还会研究销售产品的公司，公司所处的大环境，公司的信誉、资金状况、管理状况、生产能力等，以确定对方能否成为可靠的商业伙伴。只有在对谈判的议题、日程、标的物的品质和价格，以及对方公司的经营、资信情况和谈判中可能出现的问题及对应策略作了详尽研究、周密安排之后，他们才会坐到谈判桌前。

充分的准备使他们在谈判一开始便占据主动，谈判思维极具系统性、逻辑性。他们谈判果断，注重计划性和节奏，一开始就一本正经地进入正题。谈判中，德国人语气严肃，陈述和报价清楚明白；谈判建议具体、切实，以一种清晰、有序和有权威的方式加以表述。德国人谈判中常常固执己见，缺乏灵活性。

**（三）德国人的时间观念**

德国人非常守时，与他们打交道，不仅谈判时不应迟到，一般的社交活动也不应随便迟到。另外，在德国，谈判时间不宜定在晚上，除非特别重要。虽然德国人工作起来废寝忘食，但他们都认为晚上是家人团聚、共享天伦之乐的时间，而且他们会认为你也有相同的想法。

德国人在办事上享有名副其实的效率声誉，他们信奉的座右铭是“马上解决”，他们不喜欢对方支支吾吾，“研究研究”、“考虑考虑”等拖拖拉拉的谈判语言，他们具有极认真负责的工作态度，高效率的工作程序。德国人认为，一个谈判者是否有能力，只要看一看他经手的事情是否快速有效地处理就清楚了。

**（四）德国人的法律态度**

德国人素有“契约之民”的雅称，他们崇尚契约，严守信用。德国人很善于商业谈判，他们的讨价还价与其说是为了争取更多的利益，不如说是工作认真，一丝不苟。他们严守合同，认真研究推敲合同中的每一句话和各种具体条款。一旦达成协议，很少出现毁约的行为，所以合同履约率很高，在世界贸易中有着十分良好的信誉。

德国人权利与义务的意识很强。在商务谈判中，他们坚持己见，权利与义务划分得清清楚楚。对所有细节都会认真推敲，对合同中每个字、每句话都要求准确无误。德国商人对交货期限要求严格，一般会坚持严厉的违约惩罚性条款。外国客商要保证成功地同德国人打交道，就得严格遵守交货日期，而且可能还要同意严格的索赔条款。

#### （五）德国人的决策程序

在商务谈判中，德国人强调个人才能。个人意见和个人行动对商业活动有重大影响。各公司或企业纪律严明，秩序性强。决策大多自上而下作出，不习惯分权或集体负责。

#### （六）德国人的谈判礼仪

德国商人重视礼节，社交场合中，握手随处可见。会见与告别时，行握手礼应有力。与德国商人约会要事先预约，务必准时到场。德国谈判者的个人关系是很严肃的，因此不要和他们称兄道弟，最好称呼“先生”、“夫人”或“小姐”。他们极重视自己的头衔，当同他们一次次握手，一次次称呼其头衔时，他们必然格外高兴。穿戴也勿轻松随便，有可能的话，在所有场合都穿西装。交谈时不要将双手插入口袋，他们认为这些是不礼貌的举止。如果德国商人坚持要做东道主，可以愉快地接受邀请。应邀去私人住宅用晚餐或聚会，应随带鲜花等礼物。客人要在晚餐或聚餐会临近尾声时，主动提出告辞，不要逗留过晚。

### 五、俄罗斯商人的谈判风格

俄国人勇敢顽强，坚韧不拔，自尊心极强。有人说俄罗斯人不喜欢认错，不少人甚至至今仍有大国沙文主义的举止言谈。俄罗斯人情绪易急躁，总喜欢“匆匆”地解决问题。俄罗斯人的急躁和性急与他们的单向、片面的思维方式有关，看问题比较绝对，一旦认为正确，总会坚持到底。

#### （一）俄罗斯人的商业文化

俄罗斯是礼仪之邦。俄罗斯人热情好客，注重个人之间的关系，愿意与熟人做生意。他们的商业关系是建立在个人关系基础之上的。只有建立了个人关系，相互信任和忠诚，才会发展成为商业关系。没有个人关系，即使是一家优秀的外国公司进入俄罗斯市场，也很难使其发展。俄罗斯人主要通过参加各种社会活动来建立关系，增进彼此友谊。这些活动包括拜访、生日晚会、参观、聊天等。在与俄罗斯人交往时，必须注重礼节，尊重民族习惯，对当地的风土人情表示出兴趣。只有这样，在谈判中才会赢得他们的好感与信任。

#### （二）俄罗斯人的沟通方式

俄罗斯人喜欢非公开的交往，喜欢私人关系早于商业关系的沟通方式。一旦彼此熟悉，建立起友谊，俄罗斯人表现得非常豪爽、朴实、热情，他们健谈、灵活，乐于谈论自己的艺术、建筑、文学、戏剧、芭蕾等。他们非常大方、豪迈，长时间不停地敬酒，见面和离开都要握手。俄罗斯人是讨价还价的行家里手，善于运用各种技巧。常用的技巧有制造竞争、有的放矢等。

### (三) 俄罗斯人的时间观念

俄罗斯人办事比较随意，他们绝不会让自己的工作节奏适应外商的时间安排。除非外商提供的商品正是他们急切想要的，否则，办事人员绝不会急急忙忙奔回办公室，立即向上级呈递一份有关谈判的详细报告。俄罗斯商人谈判喜欢带上各种专家，这样不可避免地扩大了谈判队伍，各专家意见不一也延长了谈判时间，拖延了谈判进程。因此，与俄罗斯商人谈判时，切勿急躁，要耐心等待。

### (四) 俄罗斯人的法律态度

俄罗斯人重视合同。一旦达成谈判协议，他们会按照协议的字面意义严格执行，同时，他们也很少接受对手变更合同条款的要求。在谈判中，他们对每个条款，尤其是技术细节十分重视，并在合同中精确表示各条款。

### (五) 俄罗斯人的决策程序

俄罗斯因受苏联计划经济的影响，中央集权的历史比较悠久。这使得俄罗斯社会生活的各个方面和各个层面都带有比较浓厚的集权特征。他们往往以谈判小组的形式出现，等级地位观念重，责任常常不太明确具体。他们推崇集体成员的一致决策和决策过程的等级化。在涉外谈判中，一些俄罗斯人还是带有明显的计划体制的烙印，在进行正式洽商时，他们喜欢按计划办事，如果对方的让步与他们原先的具体目标相吻合，容易达成协议；如果有差距，要他们让步特别困难。甚至他们明知自己的要求不符合客观标准，也拒不妥协让步。

### (六) 俄罗斯人的谈判礼仪

俄罗斯商人对于研究过俄罗斯文化艺术的外商特别尊重，这会给商务谈判带来友善的气氛。俄罗斯人很重视仪表，喜欢打扮；在公共场合注意言行举止，比如他们从不将手插在口袋里或袖子里，即使在热天也不轻易脱下外套。在商务谈判中，他们也注意对方的举止，如果对方仪表不俗，他们会比较欣赏；相反，如果对方不修边幅就坐到谈判桌前，他们会很反感。

## 六、日本商人的谈判风格

日本人是东方民族经商的代表，其谈判风格具有典型的东方特色。日本人的文化受中国文化影响很深，儒家思想文化、道德意识已深深积淀于日本人的内心深处，并在行为方式中处处体现出来。不过，日本人又在中国文化的基础上创造出独特的东西。他们慎重，规矩，礼貌，耐心，自信，事业心、进取精神都很强，工作勤奋刻苦，态度认真且一丝不苟，充分体现在办事计划性特别强，事前的准备工作也很充分，对某一次会谈的时间和内容，日本人往往都会列出详尽的计划表。

### （一）日本人的商业文化

日本人的谈判方式独特，被认为是“很难对付的谈判对象”或“圆桌武士”。日本人很注重在交易谈判中建立和谐的人际关系。这样，往往在商务谈判过程中，有相当一部分精力和时间是花在人际关系中。假如你与日本商人曾有过交往，那么在谈判之前就应尽力地回忆一下过去双方的交往与友谊，这对后面将要进行的谈判是很有好处的。他们不赞成也不习惯直接的、纯粹的商务活动。如果有人想开门见山直接地进入商务问题谈判而不愿展开人际交往，就会处处碰壁。有人认为，参加与日本人的交易谈判就像参加文化交流活动，如果初次同日本企业建立交易关系，或者商谈的内容十分重要，那么，在谈判开始的时候，我方地位较高的负责人拜访对方日本企业中同等地位的负责人是十分重要的，它会促使日本企业重视与你之间的交易关系。在拜会上，一般不谈重要的事项，也不涉及具体的实质性问题。

### （二）日本人的沟通方式

日本人在谈判中常常不能坦率、明确地表态。日本人经常说的“哈伊”，只表示他听明白了你说的话，不表示他同意你的意见。你不要误解为他答应你什么了。在商务谈判中，日商很注意对方的感情、语气、语调等细微变化和反应，会避开正面争执或尴尬局面，用间接语句来表示不同意你的观点。在没有摸清对方的真实意图前，他们一般不会轻易同意签约。

日本人不喜欢硬性、快速的“推销式”的谈判，他们讨厌进攻性的滔滔不绝的讲话。相反，他们注重镇静、自信、优雅和耐心，喜欢在介绍情况时作“低调”处理。在谈判中人们会发现日本人目光显得呆滞，面无表情，长时间地坐在那里一言不发。这并不说明他们对对方的话不感兴趣或不同意，也不说明他们有内部分歧。这种沉默和含糊的态度，正是日本人在谈判中很典型的态度。

日商很注重面对面地接触洽谈，不习惯电报、电传、电话式的联系。如果中间人有一定的地位，经其介绍与日商面对面地洽谈后，效果会更好。

### （三）日本人的时间观念

日本人的时间观念极强，生活节奏快，这是由日本人的生活充满竞争造成的。日本人在签订合同之前一般格外谨慎，习惯于对合同作详细审查并且在内部做好协调工作，这就需要一个较长的过程。但一旦作出决定，日本商人都能重视合同的履行，履约率很高。因此同日本商人谈判要有耐心，事先要有充分准备，在合同签订之前必须十分仔细审查合同，含义不清的地方必须弄明确，以免日后造成纠纷。

### （四）日本人的法律态度

日本商人有一套自己的标准和原则。他们认为相互之间的信任在业务往来中最重要，不必明白无误地签订详细的合同。这种观念正在发生变化。不过，即使书面形式的合同，内容也非常简短，他们大量依赖于口头协议。书面协议仅在纠纷产生时作为处理的参考文件。日本商人一般是不带律师参加谈判的，带律师参加谈判被看做一种不友好的行为。

**（五）日本人的决策程序**

日本人具有强烈的群体意识。谈判过程中，任何个人都不能对谈判的全过程负责，决策必须征求全组人员的意见。任何决策只有在全组人员均认可才能付诸实施，所以决策时间较长。

日本人等级观念强，决策是自下而上的。即先由下级或部属对某个方案进行讨论认同，然后再由上级领导决定。这一特点由于建立在充分讨论的基础上，因而容易执行。一旦决定下来，行动起来也十分迅速。

**（六）日本商人的谈判礼仪**

日本人十分讲究礼节，他们的一言一行都受到礼节习俗的支配。日本商人走出国门进行商务谈判时，总是希望对方前往机场、车站或码头迎接，迎接人的地位要等同或略高于自己的地位。在会面时，日本人的一般问候形式是鞠躬而不是握手，要互换名片。日本商人很重视交换名片。一般情况下，不管在座的有多少人，他们都一一交换名片，当接过对方的名片时，他们都要仔细地端详，认真地研究，然后两眼直视对方，说上一句“见到你很高兴”之类的客气话。不能用名来称呼日本人，只有家人和亲密的朋友才能这样做。称呼“某某先生”要使用他的姓，也就是在其姓氏后加上一个“样（发音 San 桑）”。

**阅读资料**

**日本人的谈判特征**

“打折扣吃小亏，抬高价占大便宜”是日本人谈判典型特征之一。为了迎合买方心理，日本出口商善于用“折扣”吸引对方。而为了使用这个策略，早已抬高了价格，留足了余地。我方谈判人员决不可仅以“折扣率”为判定标准，应坚持“看货论价”。不会看，应请行家协助，或善于比价。不好比，则善于解析成本。总之，绝不可形成“习惯性折扣率”。跟老的客户谈判更要小心。重点工作放在对日方的生产、产品、市场的更新换代、需求比例变化的研究上，不可简单从事，以为一定下某个“折扣率”便一劳永逸。

（资料来源：根据《国外民族的文化礼俗》，中国网 2006 年 8 月 17 日整理。）

日本人很少在家中款待客人，如被邀请到日本人家里时，要在过厅摘掉帽子与手套，然后脱鞋，习惯上不为女主人带花，而是带上一盒蛋糕或糖果。如果某位日本人向你送礼，你要表示感谢，但要等他再提一、两次后再接受。日本人喜欢接受礼品，礼品要用淡色包装纸包装，不系蝴蝶结。如果礼品数目是 2 的倍数，这表示能带来好运。

**七、韩国人的谈判礼仪**

韩国人同日本人一样，也受到儒家文化的影响，但同时受美国的文化影响也比较大，所以韩国人有点西方文化味。在与韩国人打交道时，应注意两种文化的融合。

### （一）韩国人的商业文化

韩国商人十分重视商务谈判的准备工作。在谈判前，通常要对对方进行咨询了解。一般是通过海内外的有关咨询机构了解对方情况，如经营项目、规模、资金、经营作风及有关商品行情等。如果不是对对方有了一定的了解，他们是不会与对方一同坐在谈判桌前的。而一旦同对方坐到谈判桌前，那么可以充分肯定韩国商人一定已经对这场谈判进行了周密的准备，胸有成竹了。

### （二）韩国人的沟通方式

在韩国不要强行推销，讲话也不要拐弯抹角，含糊不清。因为韩国人的个性中既有爱面子、受儒家思想影响很深的一面，又有独立性强、性格直率的一面。韩国人不轻易说“不”字，所以如果他们不愿意接受你的建议，会婉转地告诉你，而不轻易地说“不行”。

韩国商人逻辑性强，做事条理化，谈判也不例外。所以，在谈判开始后，他们往往是与对方商谈主要议题。而谈判的主要议题虽然每次各有不同，但一般须包括下列五个方面的内容，即阐明各自意图、叫价、讨价还价、协商、签订合同。尤其是较大型的谈判，往往是直奔主题，开门见山。常用的谈判方法有两种，即横向谈判与纵向谈判，有时也会两种方法兼而用之。在谈判过程中，他们远比日本人爽快，但善于讨价还价。有些韩国人直到最后一刻，仍会提出“价格再降一点”的要求。他们也有让步的时候，但目的是在不利形势下，以退为进来战胜对手，这充分反映了韩国商人在谈判中的顽强精神。

### （三）韩国人的时间观念

会晤地点如果是韩国方面选择的，他们一定会准时到达。如果是对方选择的，韩国商人则不会提前到达，往往会推迟一点到达。

### （四）韩国人的法律态度

在完成谈判签约时，喜欢使用合作对象国家的语言、英语、朝鲜语三种文字签订合同，三种文字具有同等效力。

### （五）韩国人的决策程序

韩国人以集体为中心，与日本人有相似之处。

### （六）韩国商人的谈判礼仪

在进入谈判地点时，一般是地位最高的人或主持人走在最前面，因为他是谈判的拍板者。韩国商人十分重视会谈初始阶段的气氛，一见面就会全力营造友好的谈判气氛。见面时总是热情打招呼，向对方介绍自己的姓名、职务等。落座后，当被问及喜欢用哪种饮料时，他们一般选择对方喜欢的饮料，以示对对方的尊重和了解。然后，再寒暄几句与谈判无关的话题如天气、旅游等，以此创造一个和谐的气氛。尔后，才正式开始谈判。

## 八、阿拉伯商人的谈判风格

阿拉伯国家是西亚、北非二十多个国家的总称，是一个拥有两亿多人口的大市场。阿拉伯商人有其别具一格的思维方式、经营方式和生活方式，是全球商业大军中极富个性的一支。阿拉伯人做事规矩繁多，对人爱憎分明，若想和他们谈成生意，一定要十分注重相关的礼俗。阿拉伯地区和民族受欧美文化影响很深，但仍强烈地保持了穆斯林的特征、沙漠人和非洲人的特性。

### （一）阿拉伯人的商业文化

阿拉伯人很珍视信誉，谈生意必须首先赢得他们的好感和信任。阿拉伯人十分好客，对远道而来并亲自登门拜访的外国客人非常尊重。如果他们问及拜访的原因，理想的回答是为了得到他们的帮助。当合同开始生效时，拜访次数可以减少，但定期重温、巩固和加深已有的良好关系仍然非常重要。重信义、讲交情的形象，会在日后的谈判中获得意外回报。

崇尚情谊的阿拉伯人不会因为商务缠身而冷落了自己的阿拉伯弟兄。谈判正在紧张进行，如果有亲友突然到访，他们可能会抛下外商，与亲友喝茶聊天，直到其离去才继续谈判。阿拉伯人并不认为这是失礼的行为，对此应表示理解与宽容，学会忍耐与见机行事。

### （二）阿拉伯人的沟通方式

阿拉伯人不喜欢一见面就谈业务，而喜欢先聊天，他们希望能花点儿时间同你谈谈社会问题和其他问题，一般要占去 15 分钟或更多的时间，有时要聊几个小时才进入正题。阿拉伯人不喜欢通过电话谈生意。

通常，阿拉伯人在谈判中看了某项建议后，会交由手下证实其可行性。有兴趣的话，他们会在自认为恰当的时候，安排专家主持会谈。他们特别重视谈判前期阶段长时间的、广泛的、友好的会谈，在彼此敬意不断增加的同时，他们会对谈判中的一些问题进行试探、摸底，并间接讨论。如果这时的另一方谈判者显得急躁，不断催促会欲速则不达。所以，一定要适应阿拉伯人与众不同的慢节奏。

### （三）阿拉伯人的时间观念

阿拉伯人不讲究时间观念，往往随意中断或拖延谈判，且花费比较长的时间作出决策。这种拖延也可能表示他们对另一方的建议有所不满，或他们相关的暗示没有被另一方捕捉，并给予积极回应。此时，阿拉伯人表现为根本不做任何决定，而不是简单说“不”。因而，他们希望时间能帮助他们达到目的，否则甚至可能让谈判在置之不理中自然告吹。

### （四）阿拉伯人的法律态度

阿联酋、科威特、约旦等国家商人的信誉比较好。

**（五）阿拉伯人的决策程序**

在阿拉伯国家中，谈判决策由上层人员负责，但中下级谈判人员向上司提供的意见或建议也得到高度的重视，他们在谈判中同样具有重要的影响作用。阿拉伯人等级观念强烈，其工商企业的总经理和政府部长往往自视为战略家和总监，不愿处理日常的文书工作及其他琐事。外商在谈判中往往要同两类人士打交道：决策者和专家及技术人员。前者只对宏观问题感兴趣，而后者希望对方尽可能提供结构严谨、内容翔实的资料，以便仔细加以论证。与阿拉伯人做交易时尤其不能忽略专家和技术人员的作用。

**阅读资料**

**与阿拉伯人做生意的小技巧**

与阿拉伯人做生意，寻找当地代理商也是十分必要的。专家建议，无论同私营企业谈判，还是同政府部门谈判，代理商是必不可少的。这种代理制度，不仅有利于维护阿拉伯国家的利益，而且对外国商人来说也是大有裨益的。这些代理商有广泛的社会关系网，深谙民风国情，同企业或政府部门有着直接或间接的联系。好的代理商会在商务谈判的各项事务中，为外商提供便利。如协助雇主与有关部门尽早取得联系，促其尽早作出决定；快速完成日常文书工作，加速通过繁冗的文牍壁垒；帮助安排贷款回收、劳务使用、物资运输、仓储乃至膳食等事宜。如果缺乏合适代理商的斡旋与协助，商务活动难以顺利进展。

（资料来源：根据《国外民族的文化礼俗》中国网 2006 年 8 月 17 日整理。）

**（六）阿拉伯商人的谈判礼仪**

在阿拉伯社会里，等级观念森严，主人绝对不做佣人干的事，即使这个工作极轻而易举。他们不喜欢和外人谈论政治和宗教，不喜欢把阿拉伯湾称为波斯湾，也不喜欢人家谈论他们忌讳的猪、狗一类的动物。伊斯兰教徒在每天的祈祷时间内，社会商业活动会暂时停下来。

谈判时要尊重对方的教义与习俗，如果己方有懂得伊斯兰教义甚至会说阿拉伯语的人参加谈判，更有利于创造和谐的谈判气氛和取得对方的好感。与伊斯兰教徒交谈时，要注意适当的称谓，切勿乱叫外号。对他们的教义教规，不应妄加评论。切忌用他们认为“不洁”的左手和他们握手，替他们拿食物。

由于阿拉伯社会宗教意识的影响，妇女地位较低，一般是不能在公开场合抛头露面的。因此，应该尽量避免派女性去阿拉伯国家谈生意。

**案例讨论**

**山东某市塑料编织袋厂与日本客商的谈判**

1984 年，山东某市塑料编织袋厂厂长获悉日本某株式会社准备向我国出售先进的塑料编织袋生产线，立即出马与日商谈判。谈判桌上，日方代表开始开价 240 万美元，我方厂长立即答复："据我们掌握的情报，贵国某株式会社所提供产品与你们完全一样，开价只是贵方一半，我建议你们重新报价。"一夜之间，日本人列出详细价目清单，第二天报出总价180万美元。随后在持续9天的谈判中，日方在130万美元价格上再不妥协。我方厂长有意同另一家西方公司做洽谈联系，日方得悉，总价立即降至120万美元。我方厂长仍不签字，日方大为震怒，我方厂长拍案而起："先生，中国不再是几十年前任人摆布的中国了，你们的价格，你们的态度都是我们不能接受的！"说罢把提包甩在桌上，里面那些西方某公司设备的照片散了满地。日方代表大吃一惊，忙要求说："先生，我的权限到此为止，请允许我再同厂方联系请示后再商量。"第二天，日方宣布降价为110万美元。我方厂长在拍板成交的同时，提出安装所需费用一概由日方承担，又迫使日方让步。

（资料来源：重庆工商大学重点课程《商务谈判与推销技巧案例集》。）

**案例思考：**

1. 我方厂长在谈判中运用了怎样的技巧？
2. 我方厂长在谈判中稳操胜券的原因有哪些？
3. 请分析日方最后不得不成交的心理状态。

## 技能训练

### 模拟谈判

1. 背景介绍：你是某计算机公司的销售员，在一次销售的过程中，误将一台价值为21 000元的笔记本电脑以12 000元的价格卖给了一位顾客，公司要求你必须挽回公司的损失，并且规定，如果你挽回不了这个损失，必须全部赔偿。

现在假设你找到了那位顾客，并且顾客也答应见你，那么你将如何与那位顾客进行谈判，以挽回公司的损失？

2. 训练目的：通过模拟演练，要求学生能够认识和掌握与他人沟通协调的能力。

3. 训练方式及步骤：

（1）将全班同学分组，两位为一组，依次进行模拟谈判；

（2）谈判者进行谈判，听者观察；

（3）每位同学都必须完成一份总结；

（4）教师进行点评和要点归纳。

# 第六章 商务谈判礼仪与禁忌

学习目标

- □ 了解商务男士、女士的服饰礼仪与禁忌
- □ 掌握谈判过程中的礼仪与禁忌
- □ 熟悉宴会上的礼仪与禁忌

## 案例导入

中国某企业与德国一公司洽谈割草机出口事宜。按礼节，中方提前五分钟到达公司会议室。客人到后，中方人员全体起立，鼓掌欢迎。不料，德方脸上不但没有出现期待的笑容，反而均显示出一丝不快的表情，原计划一上午的谈判日程，德方半个小时便草草结束，匆匆离去。

事后了解到德方之所以提前离开，是因为中方谈判人员的穿着比较随意。德方谈判人员中男士各个西装革履，女士各个都穿职业装，而中方人员除经理和翻译穿西装外，其他人有穿夹克衫的，有穿牛仔服的，有一位工程师甚至穿着工作服。

（资料来源：根据百度相关资料整理。）

**案例思考：**

德国是个重礼仪的国家，德国人素以办事认真闻名于世，他们认为商务谈判是一件极其正式和重大的活动，要十分注重礼仪。洽谈过程中，对于谈判礼仪和禁忌的了解有助于谈判的顺利进行。

第一节

# 商务谈判服饰礼仪与禁忌

服饰礼仪是国际商务谈判中最基本的礼仪之一。得体的服饰不仅是个人仪表美、素质高的表现，而且代表了对他人的尊重。商界历来非常重视服饰规范，服饰礼仪也是商人成功的关键因素之一。

## 一、商务男士的服饰礼仪与禁忌

### （一）商务男士着装主要类型

商务男士在谈判时穿着的服装大体分为两类：一类是公司制服；另一类就是西装。

1. 公司制服。公司制服指由某一个企业统一制作，并要求某一个部门、某一个职级的公司员工统一穿着的高级制式服装。简言之，所谓制服是指面料统一，色彩统一，款式统一，穿着统一的高级工作服装，并非指生产操作环节穿着的操作服。

因为制服体现所在企业的形象，反映企业的规范化程度，每一位商务人员对此绝对不可以马虎大意。穿着制服最重要的一个禁忌，是不允许制服与便服混穿，也不允许随意搭配。从实践来看，企业大多数的制服都以西服为主，只有少数企业的制服为中式设计。

2. 西服。西服的分类方法有很多，按西装的件数来划分，可分单件西装便装（单件西服）、两件套正装（上衣、裤子）、三件套正装（上衣、裤子、马甲）。商界男士在正式的商务交往中所穿的西装，必须是西服套装，在参与高层次的商务活动时，以穿三件套的西服套装为佳。这里所说的套装，主要指在西方国家较为通行的两件套、或者三件套的，面料统一、色彩统一的、规范化的正式场合服装。

### （二）商务男士着装的注意事项

1. 西服颜色的选择。正式商务谈判场合应选择深色偏冷色调的西服，如深灰、深蓝、藏青、黑色等。

西服套装上下装颜色应一致。在搭配上，西装、衬衣、领带三者应至少有两样为素色，即无花纹图案的单一色。同时遵守三色原则：男士在正式场合穿着西服套装时，全身颜色必须限制在三种之内，否则就会显得不够庄重。

2. 穿正装西服必须穿皮鞋。不得在穿着西服套装的情况下穿着便鞋、布鞋和旅游鞋。西服套装的皮鞋应首选黑色。同时遵守三一定律：男士穿着西服、套装时，身上三个部位——鞋子、腰带、公文包的色彩必须协调统一起来，即要为统一色调。最理想的选择是鞋子、腰带、公文包皆为黑色。其色彩统一，有助于提升穿着者的品位。

3. 穿正装西服必须穿衬衣打领带。衬衣颜色应与西服颜色协调，但不能是完全的同一色。白色衬衣配各种颜色的西服效果都不错。正式场合男士不宜穿色彩鲜艳的格子或花色衬衣。衬衣袖口应长出西服袖口 1~2 厘米。

穿正装西服在正式庄重场合必须打领带。不宜穿着单件的休闲西服。打领带时衬衣领口扣子必须系好，不打领带时衬衣领口扣子应解开。在其他非正式场合可以穿着单件休闲西服，并且不一定都要打领带。

4. 正装西服纽扣的系法。正装西服的纽扣有单排、双排之分。双排扣西装纽扣的系法是：双排扣西装应随时把扣子全部扣好，除非落座时衣物明显堆积，可以临时解开最下面的纽扣。单排扣西装纽扣的系法是：一粒扣的，站立行走时应当系上；两粒扣的，站立行走时可以只系最靠上面一粒扣子，全扣和只扣第二粒都不合规范；三粒扣的，系上面两粒或只系中间一粒都符合规范要求。单排纽扣西装因为在穿着时并没有要求全部系好纽扣，所以落座时是否解开纽扣，应以衣物是否有堆积为准。

5. 西装的上衣口袋和裤子口袋里不宜放太多的东西。严肃的商务场合，穿西装只能配衬衣，打领带。如果天气寒冷，可以穿着三件套西装，即衬衣外面可以穿配套的西装背心（俗称马甲）。即使是冬季，也不要在衬衣里面穿棉毛衫。从传统上来说，在衬衣外面穿羊毛衫是不正规的，但在一般的商务场合，中国人西装加羊毛衫的搭配也基本上被认可，但注意应选择深色无图案的鸡心领羊毛衫来搭配西装。另外，这种穿法不提倡在高层次的、十分重要的商务场合出现。

6. 领带的要求。系领带时，领带的长度以触及皮带扣为宜，领带夹戴在衬衣第四、第五粒纽扣之间。领带颜色、图案应与西服相协调。领带的质地以真丝为最佳，领带的图案与色彩可以各取所好。但打条纹领带或格子领带的话，就不宜穿条纹西装、条纹衬衫或格子西装、格子衬衫。前一种搭配叫“斑马搭配”，后一种搭配叫“梅花鹿搭配”，均属不当。

#### （三）男士服饰礼仪禁忌

一忌不拆西装袖口商标。很多人为了炫耀自己的名牌西服，专门保留商标标签，这样的做法不符合西服穿着规范，在高雅场合会贻笑大方。

二忌穿着西服套装时搭配白色或尼龙袜子。因为正式的西服套装多为深色调，皮鞋也以深色为主，如果穿白色袜子会显得十分扎眼，在西方这种穿法被戏称为“驴蹄子”。男士如果穿着化纤质地的袜子，或者尼龙丝袜显得既不庄重，又十分怪异，因为尼龙类质地的丝袜是女士穿着裙装时的专利，因此商务男士的袜子应以单一深色调的纯棉袜为主。

三忌穿夹克、中式服装等便装时打领带。目前国内有很多人喜欢穿夹克衫打领带，看上去显得不伦不类，商务场合的着装上应该尽量避免。

### 二、商务女性的服饰礼仪与禁忌

#### （一）商务女性着装主要类型

在正式的商务谈判场合，女性穿套裙为最佳。迄今为止，没有任何一种女装在塑造职业女性形象方面，能像套裙一样有如此强烈的正面效果。至于成套的裤装，传统的西方商人，特别是欧洲商人至今仍旧认为它不是商务女性在正规场合应该穿着的服饰，然而近年来随着一批思想更加开放的西方年轻人加入国际贸易行业，加上东西方文化在国际大循环中的进一步融合，东方的一些穿着习惯也逐渐被新派外商所接受，商务女士在谈判场合穿着西服裤装也已不是什么新鲜事。但是商务女性在进行重要的外事谈判场合还是应该穿着正规的套裙为最佳，而一般的商务谈判场合，还有如陪同客人旅游观光等非正式谈判场合则不必过于拘泥形式。

对于女性经理人来说，穿好套裙，气质和风度就有了很好的保证，同时也为谈判的顺利进行赢得了更多成功的契机。商界女士所穿着的套裙，大致上可以分成两种基本类型。一种是用女式西装上衣同随便的一条裙子所进行的自由搭配与组合，叫做“随意型”。另外一种女式西装上衣和与之同时穿着的裙子为成套设计、制作而成，称为“成套型”或“标准型”。正规而严格地讲，套裙事实上指的仅仅是后一种类型。

**（二）商务女士着装的注意事项**

1. 商务女士套裙的面料选择。面料选择可概括为“质地上乘”、“纯天然”。上衣与裙子应当采用同一质地、同一色彩（上衣与裙装也可以是两种不同的颜色，但必须是统一设计和合理搭配的一套，且最多不超过两种颜色）的素色面料。要用不起皱、不起毛、不起球的匀称平整柔软丰厚、悬垂挺括、手感较好的面料。

2. 商务女士套裙的色彩选择。应当以冷色调为主，借以体现出着装者的典雅、端庄与稳重。还须使之与正在风行一时的各种“流行色”保持一定距离，以示自己的传统与持重。一套套裙的全部色彩至少不要超过两种，不然就会显得杂乱无章。比如，藏青、炭黑、烟灰、雪青、茶褐、土黄、深紫等稍冷一些的色彩，往往都是商界女士可以考虑的。

3. 商务女士套裙的尺寸。套裙在整体造型上的变化，主要表现在它的长短与宽窄两个方面。商界女士的套裙要求上衣不宜过长，下裙不宜过短。通常套裙之中的上衣最短应该达到齐腰位置，最长不应超过臀部，上衣过长显得邋遢、不精干，上衣过短甚至露腰则显得不雅。而裙子最短应在膝盖下方，最长则只能达到小腿的中部，裙子下摆恰好抵达着装者小腿肚子上的最丰满处，乃是最为标准、最为理想的裙长。

以宽窄肥瘦而论，套裙之中的上衣分为紧身式与松身式两种。一般认为，紧身式上衣显得较为传统，松身式上衣则看上去更加时髦一些。上衣的袖长以恰恰盖住着装者的手腕为好。上衣或裙子均不可过于肥大或包身。

4. 商务女士西装套裙的搭配。衬衫应轻薄柔软，色彩与外套和谐。内衣的轮廓最好不要从外面显露出来。衬裙应为白色或肉色，不宜有任何图案。裙腰不可高于套裙裙腰而暴露于外。商界女士所穿的用以与套裙配套的鞋子，宜为皮鞋，并以棕色或黑色牛皮鞋为上品。袜子不可随意乱穿。所穿的袜子，可以是尼龙丝袜或羊毛袜。千万不要将健美裤、九分裤等裤装当成袜子来穿。

5. 商务女士穿着到位。商界女士在正式场合穿套裙时，上衣的衣扣必须全部系上。不要将其部分或全部解开，更不要当着别人的面随便将上衣脱下。上衣的领子要完全翻好，有袋的盖子要拉出来盖住衣袋。不要将上衣披在身上，或者搭在身上。

裙子要穿得端端正正，上下对齐。应将衬衫下摆掖入衬裙裙腰与套裙裙腰之间，切不可将其掖入衬裙裙腰之内。套裙的穿着需要考虑年龄、体型、气质、职业等特点。年纪较大或较胖的女性可穿一般款式，颜色可略深些；肤色较深的人不适宜穿蓝、绿色或黑色。

国际上通常认为袜子是内衣的一部分，因此，绝不可露出袜子上端的袜边。为避免这种尴尬，建议商务女士应该穿着肉色的长筒丝袜来搭配套裙。

6. 商务女士衣物装饰。套裙上不宜添加过多的点缀。一般而言，以贴布、绣花、花边、金线、彩条、扣链、亮片、珍珠、皮革等加点缀或装饰的套裙，白领女士都不宜穿。在穿套裙时，既不可以不化妆，也不可以化浓妆，要根据个人具体情况化淡妆，恰到好处是最高境界。

参加商务谈判场合的女性应该避免佩戴与个人身份不符的珠宝首饰（如过于奢华、过于卡通，或者彰显个人独特的信仰和特殊爱好、性格的首饰），也不应佩戴有可能过度张扬自己的、造型夸张的耳环、手镯、脚链等首饰。身着商务套装的女士，在首饰搭配的数量上，应以少为佳，两件正好，最多不超过三件，质地应以白金、珍珠等白色调，不刺目的首饰为主。

7. 商务女士的化妆。

- 面部化妆。商务女士的化妆应以淡妆为主，面部化妆切忌色彩刺目、线条夸张的造型。“妆成有却无”应是商务女士化妆的理想境界。
- 发型。商务女士的发型不拘一格，长发、短发或者直发、卷发均可，但在造型上也应相对保守，不能过分张扬和花哨，更不能将头发染成过分鲜艳的颜色。
- 香水的使用。商务谈判场合女士应注意选用气味清淡的香水，并且用量要少，以免影响周围人士。
- 化妆、补妆禁忌。化妆应在家中或者私密场所完成，如在商务谈判、商务宴请等场合需要补妆，一定要到洗手间，切忌在公共场合、众目睽睽之下化妆或补妆。

### （三）女士服饰礼仪禁忌

一忌穿着黑色皮裙，尤其是短款的黑色皮裙。在很多的西方国家，只有街头女郎才如此装扮，所以在接待国外客户，或者是出访欧美国家时，绝对不可以穿黑色皮裙。

**小资料**

**白领上班服饰礼仪**

白领女性的穿着除了要因地制宜、符合身份、清洁、舒适外，还须记住以不妨害工作效率为原则，才能适当地展现女性的气质与风度。如女性的衣着太暴露，容易让男同事不知所措，自己则要时常瞻前顾后，如此会影响自己的工作效率。

女性的上班服饰礼仪应注重：配合流行但不损及专业形象。原则是“在流行中略带保守”，故现今流行的凉鞋、脚链、内衣外穿、透明衣饰等都不适合上班穿。为避免影响专业形象，对流行事物应有所取舍。

衣服质料宜挺括。纯麻纯棉的衣服易皱，混纺的料子虽质感较好，却有不散热的缺点，两者都不适合作为上班的穿着。因此质料的挑选以不皱为原则，但注意太薄或太轻的衣料，会有不踏实、不庄重之感。

衣服样式宜素雅。上班的职业妇女最好穿着素色服装，花色衣服则应挑选规则的图案或花纹如格子、条纹、人字形纹等，才显得规行矩步。财会部门人员尤应注意，因衣着太花哨会掩盖“人”的主题，专业形象将受到破坏。选择袜子以透明近似肤色的最好，并在办公室或皮包内存放备份，以在脏污、破损时可以更换，避免尴尬。

（资料来源：中国劳动咨询网，2009 年 1 月 5 日。）

二忌穿着套裙时裙、鞋、袜不搭配。鞋子应为高跟或半高跟皮鞋，最好是牛皮鞋，颜色以黑色等深冷色调为主，与套裙色彩一致为佳。袜子一般为尼龙丝袜或薄羊毛高统袜或连裤袜。袜子应当完好无损，不能跳线起球，袜子颜色以黑色最为正统，与套裙色彩一致的亦可选择，颜色宜为单色，如肉色、黑色、浅灰、浅棕等几种常规选择。袜口要没入裙内，不可暴露于外。

三忌穿着套裙时光脚。在国际交往中，如果穿着裙装尤其是穿着套裙时不穿袜子，不仅显得不够正式，往往还会被谈判对手误认为有轻浮之嫌。

四忌穿着套裙三截腿。指穿裙子的时候，穿半截袜子，袜子和裙子下端中间露一段腿肚子，结果导致裙子一截，袜子一截，腿肚子一截。这种穿法在国外往往会被视为没有教养。

## 第二节
## 谈判过程中的礼仪与禁忌

从商务谈判开始之前的准备工作，到商务谈判结束，在整个谈判过程中，谈判参与人都应该时时处处注意相应的礼仪，这对于商务谈判的顺利进行起着推波助澜的作用。

### 一、迎送礼仪

#### （一）迎送规格

迎送人员的身份应该对等。即到机场、车站或码头迎送客人的时候，接待人员的身份要与对方谈判代表的身份、职务基本相当。己方在选择迎送客人的代表时，应该充分考虑到客人中主谈人的职务、年龄、威望等因素。接送人员的职务可以略高于客人，也可以略低于客人，但不要相差过于悬殊。

#### （二）接待准备

1. 住宿安排。主人一方应事先询问客户来访时是否需要帮助预订宾馆，应尽量了解包括来访人员的姓名、职位、性别，要求宾馆的标准等级，是否有其他的特殊要求等细节，以便能够更为细致地做好接待工作。一般情况下，对于国外客户的酒店住宿应该按照一人一房进行预订，酒店的星级可以直接询问来访客人，也可以参照本公司标准执行，但一般应不低于三星级酒店标准。

2. 事先确定来访客人是否需要代办回程机票。

3. 事先与国外客户沟通行程计划。在客人来访之前，主人应了解客人此次访问的大致时间计划，如具体的往返时间，除了正式的商务谈判工作之外有没有其他参观访问的要求等细节，以便主人制订一个适合客人需要的具体的行程时间表。

### （三）接送守时

遵守时间是商务谈判的最基本礼仪，接人时应该考虑市内交通因素，尽量争取比客人早到。送人时要比客人晚离开，即必须将客人送至送客人员无法进入的位置（如机场的安检隔离带、火车站台等），与客人道别之后方可离开。如送别搭乘飞机的客人，应该主动将客人引领到具体的办理乘机手续的地点，最后送到安检入口，待办理完安检手续，目送客人进入候机区后才可以离开。

### （四）商务乘车礼仪

由主人亲自驾驶的情况下，双排座轿车，前排为尊，即应将前排让给地位最高的客人，后排为随员乘坐。三排座轿车，一般前排为尊，中排为随员乘坐，后排为中层地位的来宾。

由专职司机驾驶情况下，通常后排为上，前排为下；以右为“尊”，以左为“卑”，也就是说，副驾驶应由随员乘坐，后排右侧座位由来宾中地位最高者乘坐，主人可以坐在左后位置。三排座轿车，一般后排为尊，中排次之，前排副驾驶座最次。

乘坐轻型越野车，不管由什么身份的人驾驶，其座次尊卑依次为：副驾驶座最尊贵，后排右座次之，后排左座为最次。

此处介绍的商务乘车礼仪与政务礼仪有所不同，按照我国的交通规则，从右侧上车能够保护乘车人的安全。如果客人不在乎礼仪规矩，而且主动随意地选择位置，作为接待人员要做到随机应变，不必强求客人必须坐在规范的位置，主随客便，毕竟让客人心情舒畅才是讲究乘车礼仪的根本目标。

上下轿车的先后顺序通常为，尊长、来宾先上后下，接待人员后上先下。即请尊长、来宾从右侧车门先上，接待人员再从车后绕到左侧车门上车。下车时，接待人员应先下车，并协助尊长、来宾开启车门。

### （五）乘坐电梯礼仪

进入无人驾驶的电梯时，接待人员应首先进入，在确认客人安全进入电梯后负责开动电梯，电梯停稳后，接待人员应该按住电梯开门按钮，请客人先出。

### （六）出入房门礼仪

在出入房门时，接待人员通常应该负责开门或关门。进入房间时，若门向外开，接待人员应首先拉开房门，然后请进入。若门向内开时，则接待人员应首先推开房门，进入房内，然后请客人进入。离开房间时，若门向外开，接待人员要首先出门，然后请客人离开房间。若门向内开，陪同人员要在房内将门拉开，然后请客人首先离开房间。

## 二、见面礼仪

### （一）介绍

介绍分为自我介绍，为宾、主双方充当介绍人和被第三者介绍给对方三种情况。被第三者介绍给对方是最常见的介绍方式。

1. 介绍人角色的确定。通常情况下，介绍人角色应该由主人一方主动担当。在参加第三方会晤的中立场合时，应由地位低的一方负责介绍己方成员给地位较高的一方，或者由第三方将地位较低的一方介绍给地位较高的一方。有三种人可以充当介绍人角色：（1）公关部、办公室主管，专职接待员，秘书等；（2）与被介绍双方都很熟悉的人；（3）由己方地位较为尊贵的领导作为介绍人，一般由主人一方职务较高者作为介绍人。

2. 介绍的先后顺序。按照礼仪惯例，地位高者拥有优先知情权。商务谈判场合的被介绍者应依据尊者居后、以客为尊、主先客后的顺序，即介绍人应该将地位较低的一方介绍给地位较高的一方。商务礼仪中对于介绍顺序有多重判断标准，如可按主客、按职位、按年龄、按性别划分。在商务谈判场合应将主先客后作为介绍的第一顺序原则，在此基础上，以职务高低作为第二顺序原则，其余标准作为参考。即先把主人一方介绍给客人，再把客人一方介绍给主人。介绍过程中应先介绍职务高的，后介绍职务低的。如果双方都有很多人，应从主人一方地位最高者开始，将主方人员顺序介绍给客方。客方介绍的顺序也应依据各人地位不同从高到低排列。

在会晤双方人数较多，逐一介绍耗时过长的情况下，应先安排客人落座，由会议的主持人按照主先客后的原则统一介绍双方成员。一般来说，双方洽谈代表合计超过 10 人以上时，即可考虑会议介绍的方式。

### （二）商务接待中的称谓

称谓是指人们在日常交往应酬中，所采用的彼此间的称谓语。在人际交往中，选择正确、恰当的称谓，是对他人尊重、友好的表示。称谓是沟通人际关系的信号和表情达意的手段，因此，要根据对方的身份、地位、职业、年龄、性别以及对方所处场合的不同而恰当选择称谓语。

1. 职务性称谓。以交往对象的职务相称，以示身份有别、敬意有加，这是一种最常用的称谓。以职务相称，一般有三种情况：

（1）只称职务，不提姓名。如“董事长”、“经理”、“主任”等。这种称谓不仅在国内适用，在与日本、韩国、德国等国家的商务谈判往来中也适用。

（2）姓氏 + 职务。如“赵经理”、“孙主任”等。

（3）姓名 + 职务。如“赵之衍部长”、“孙其谌主任”等，主要用于特别正式的场合。这种称谓方式不仅在国内，而且在大多数国际交往中也是较为通用的称谓方式。

在使用职务性称谓时，对带有“总”字的头衔可用简称。如“李总”、“周总”。要特别注意的是，在特别正式、隆重场合不能使用简称，如大会发言、公开场合介绍来宾等，应该使用全称。

如果被称谓者是副职，在称呼时一般可去掉“副”字，如“王副经理”，要称“王经理”，但有些情况下不能这样使用，如来宾中有正职在场时，称谓副职来宾时一般不能去掉“副”字。

在国际交往中，大多数国家接受这种姓氏 + 职务的称谓方式，特别是在欧洲如德国、英国、澳大利亚等较为保守的国家，一般在称呼对方时应该加上其职务头衔。值得注意的是，美国人很少用行政职务称呼别人。

2. 职称性称谓。对于有学位、技术职称的人士，可以称呼其头衔，尤其是具有高级职称者，可以称姓氏加职称。如“杜克博士”、“冯教授”，等等。

3. 行业性称谓。对于从事某些特定行业的人，可以称姓氏加职业。如“魏老师”、“齐律师”、“韩会计”、“李工程师”等。这种称谓方式在国内可以使用，但在称呼国外客人时应该尽量有选择地使用，如可以称谓“库克法官”、“米勒博士”，但是在商务谈判场合最好不要以“约翰逊会计”、“麦克工程师”之类的称谓来称呼谈判对手。

4. 性别性称谓。根据性别的不同，还可以称呼“小姐”、“女士”或“先生”，“小姐”是称未婚女性，“女士”是对女性的一种尊称。

（1）国际交往时使用性别称呼的注意事项。

①对于国外女性宾客，不知道对方是否已婚时，可以称呼对方为女士（Lady/Ms）。

②国外未婚女士可以称呼为小姐（Miss）。

③国外已婚女士可以称呼为夫人（Mrs.）。

④对于国外男性，一般均可称呼为先生（Mr.）。

（2）国内使用性别称呼的注意事项。

①对于女性商务来宾应一律称呼女士，或者使用职务、职称性称谓，其他称谓尽量避免使用。

②国内称呼男士可以广泛地使用“先生”这一性别称谓，但是对于一些年龄较大、德高望重的前辈应尽量使用尊称，如“王老先生”、“陈老”等，以示礼貌和敬意。

**小资料**

**日常礼貌用语**

初次见面，要说“久仰”；许久不见，要说“久违”；
客人到来，要说“光临”；等待客人，要说“恭候”；
探访别人，要说“拜访”；起身作别，要说“告辞”；
中途先走，要说“失陪”；请人别送，要说“留步”；
请人批评，要说“请教”；请人指点，要说“赐教”；
请人帮忙，要说“劳驾”；托人办事，要说“拜托”；
麻烦别人，要说“打扰”；请人谅解，要说“包涵”。

（资料来源：任焕琴：《公共关系管理实务》，中国计量出版社 2009 年版。）

### （三）握手

握手是一种世界通用的人际交往礼仪。谈判双方人员见面和离别时一般都以握手作为友好的表示。握手的动作虽然平常简单，但通过这一动作，确能起到增进双方亲密感的作用。

1. 握手的主动与被动。一般情况下，主动和对方握手，表示友好、感激或尊重。在别人前来拜访时，主人应先伸出手去握客人的手，用以表示欢迎和感谢。主、客双方在别人介绍或引见时，一般是主方、身份较高或年龄较大的人先伸手，以表示对客方、身份较低的或年龄较轻者的尊重，握手时应身体微欠、面带笑容或双手握住对方的手，以表示对对方的敬意。

在异性谈判人员之间，男性一般不宜主动向女方伸手。

2. 握手时间的长与短。谈判双方握手的时间，以 3 ~5 秒为宜。

3. 握手的力度与握手者间距离。握手时，一般应走到对方的面前，不能在与他人交谈时，漫不经心地侧面与对方握手。握手者的身体不宜靠得太近，但也不宜离得太远。握手时用力的大小，常常表示感情深浅的程度。

握手者的面部表情是配合握手行为的一种辅助动作，通常可以起到加深情感、加深印象的作用。

**（四）交换名片**

1. 商务名片准备。名片是商务人士重要的交际工具。它直接承载着个人信息，担负着保持联系的重任。要使名片的作用发挥得更充分，就必须掌握相关的礼仪。

准备商务名片的注意事项：

（1）不得随意涂改名片。遇到本人联系方式发生变更等情况时，一定要注意及时重新制作名片。随意在名片上涂改信息，会使名片接受者对名片主人甚至于名片主人所在的企业产生不好的印象。

（2）商务名片不得显示不相关的多重身份和头衔。国内很多商务人士为了引起对方对自己的重视，往往在名片上印制过多毫不相干的头衔，如某公司董事长，兼某高尔夫俱乐部高级会员，兼某大学客座教授……这类名片在商务谈判场合往往会引起对方的困惑，一方面会认为名片主人故意炫耀，另外也会误认为你不是一个专业的商务谈判人士。

（3）商务名片在内容上除了单位信息、本人信息（姓名、行政职务或学术头衔），企业标志（图案）、企业名称、联络方式（地址、邮政编码、办公电话）之外，如果版面允许，可以简要介绍公司业务范围、地理位置等企业信息，但是不要印格言警句、私人住宅电话等其他内容。一般来说，西方商人的名片上很少有手机电话，而在中国手机电话不被认为是个人隐私的一部分，因此，按照本国的国情，在名片上印刷个人的手机号码也基本上可以接受，但是国际化的大公司领导层在印名片时，可以考虑不必显示个人手机号码。在名片的材质选择上，应以质地优良、不易磨损的纸质为主，不要为标新立异而采用其他材料。

（4）涉外商务人员的名片应将中、英文内容分开设计，一面印刷英文，一面印刷中文，不要全部印在同一面上。

（5）随身所带的名片，最好放在专用的名片包、名片夹或者公文包里，以免交换名片时手忙脚乱。

2. 名片发送。

（1）名片递送的顺序。商务谈判中名片的递送次序并无一定的成规，以下几种方式可供大家参考，在实际工作中名片发放者可以视情况而定，综合采用：

①主先客后法。即主人先递给客人，这是第一原则。有多人在场的情况下，发名片者应灵活结合下面的两种顺序递送名片。

②地位尊卑法。即地位低者应首先把名片递给地位最高的人，晚辈应先递给长辈，男士应先递给女士。

③由近及远法。有多名客人在场，又无法确切知道每名客人的具体职位高低时，应采取由近及远、按顺序递送名片的方法。

（2）发送名片的方法。

①递名片应起身站立，走到客人面前，用双手食指和拇指夹住名片上端，将名片正面对着对方递送过去。也可以用右手食指和拇指夹住名片上端，左手掌心托住右手递给对方。但是切忌不要用左手递名片。

②若对方是外宾，最好将名片印有英文的那一面对着对方。

③将名片递给他人时，应说一些类似“很高兴认识您，这是我的名片，希望以后常联系”之类的礼貌用语。

3. 接受名片。

（1）他人递名片给自己时，应起身站立，面带微笑向对方点头示意。

（2）接受名片时，以双手捧接，不要只用左手接过。

（3）接过名片后不要立即收起来，要从头至尾把名片认真默读一遍，意在表示重视对方。

（4）默读完名片后如果对方还在注视自己，应将对方的名字和称谓朗读出来，如：“密特朗博士！认识您真是太荣幸了！我是××，请多关照。”

4. 存放名片。接过他人的名片并且认真看过之后，应将其精心存放在自己的名片包、名片夹或上衣口袋内，不得长时间拿在手中揉搓，或者随意丢在桌上。

### 三、会谈礼仪

1. 交谈中应注意手势的运用，特别注意不得在谈话过程中用手指或者手中的文具指点对方谈判代表。

2. 尊重对方的发言权，有一人在发言时，其他人应该认真聆听，不得在一旁窃窃私语，也不得心不在焉地做一些修剪指甲、轻叩桌面、把玩钢笔等下意识的小动作。

3 善于聆听对方谈话，不得随意打断对方的发言，一定要让对方把话说完。要给多数人发表意见的机会，交谈现场超过三个人时，应不时地与在场所有人交谈几句，不要只和一、两个人说话，而不理会其他人；最后，所谈话题应该是在场所有谈判人员都有权知道的，不要把一些高层的商业秘密或者私人谈话内容作为议题。

4. 目光的运用。在交谈时，目光注视的范围仅限于对方的面部，视线接触对方脸部的合理时间约占全部交谈时间的30%～60%，过长会被认为对对方本人比对其谈话内容更感兴趣；过短则被认为对对方本人及其谈话内容不感兴趣。交谈的大部分时间应保持与对方的目光接触，但也不要自始至终死盯着对方的眼睛不放，可以通过侧目思考、记笔记等形式，短暂地、有间歇地转移目光。商务会谈中，痴痴凝望、上下打量或者是目光游移都是不可取的。

5. 适当控制语速和音量。发言时语速不宜过快，语速过快不容易让对方听懂，应留给对方足够思考的空间。另外，发言者应根据会谈场所环境适当控制声音的高低，音量过高，甚至于震耳欲聋，会让对方误认为你修养不够或是认为你含有敌意。音量过低则容易造成对方无法听懂发言者的意图，甚至于觉得发言者有些怯懦和缺乏信心。

### 四、签约礼仪

谈后签约，根据企业规模、签约订单的大小决定是否举办、如何举办签约仪式。大型企业，特别是大型的外向型企业，在重要的商务谈判成功之后，应该举行专门的签约仪式。

举行签约仪式时，双方参加谈判的全体人员都要出席，共同进入会场，相互致意握手，一起入座。双方都应设有助签人员，分立在各自一方签约人外侧，其余人排列站立在各自一方代表身后。

助签人员要协助签字人员打开文本，用手指明签字位置。双方代表各在己方的文本上签字，然后由助签人员互相交换，代表再在对方文本上签字。

签字完毕后，双方应同时起立，交换文本，并相互握手，祝贺合作成功。其他随行人员则应该以热烈的掌声表示祝贺。

## 第三节
## 宴会上的礼仪与禁忌

### 一、举办宴会或招待会的礼仪

#### （一）宴请种类

国际上通用的宴请形式有四种：宴会、招待会、茶会、工作进餐。每种形式均有特定的规格和要求。

1. 宴会。宴会是指比较正式、隆重的设宴招待，宾主在一起饮酒、吃饭的聚会。宴会是正餐，出席者按主人安排的席位入座进餐，由服务员按专门设计的菜单依次上菜。按其规格又有国宴、正式宴会、便宴、家宴之分。

2. 招待会。招待会是指一些不备正餐的宴请形式。一般备有食品和酒水饮料，不排固定席位，宾主活动不拘形式。较常见的有：

（1）冷餐会，即自助餐。此种宴请形式的特点是不排席位，菜肴以冷食为主，也可冷、热兼备，连同餐具一起陈设在餐桌上，供客人自取。客人可多次进食，站立进餐，自由活动，边谈边用。冷餐会的地点可在室内，也可在室外花园里。可设小桌、椅子自由入座，也可不设椅子站立进餐，并由服务人员招待。

（2）酒会，又称鸡尾酒会。这种宴会形式较为活泼，便于广泛交谈接触。招待食品以酒水为主，略备小吃，不设座椅，仅置小桌或茶椅，以便客人随意走动。酒会举行的时间亦较灵活，中午、下午、晚上均可。

3. 茶会。茶会是一种更为简便的招待形式。它一般在西方人早、午茶时间（上午十时、下午四时左右）举行，地点常设在客厅，厅内设茶几、座椅，不排席位，如为贵宾举行的茶会，入座时应有意识地安排主宾与主人坐在一起，其他出席者随意就座。在商务谈判中经常会用茶会形式招待对方。

4. 工作进餐。这是又一种非正式宴请形式。按用餐时间分为工作早餐、工作午餐、工作晚餐，主客双方可利用进餐时间，边吃边谈问题。此类活动一般不请配偶，因它多与工作有关。商务谈判中，常采用这种方式，既节约了时间，又有助于缓解双方的分歧，促进问题的解决。

**（二）宴会准备的礼仪**

宴会有严格的礼仪要求。宴请宾客是一种较高规格的礼遇，所以主办单位或主人一定要认真、周到地做好各种准备工作。

1. 明确宴请对象、目的、范围和形式。

（1）目的。宴请的目的是多种多样的。可以是为表示欢迎、欢送、答谢，也可以是为表示庆贺、纪念，还可以是为某一事件、某一个人等。明确了目的，也就便于安排宴会的范围和形式。

（2）对象。要明确宴请的对象。主宾的身份、国籍、习俗、爱好等，以便确定宴会的规格、主陪人、餐式等。

（3）范围。宴请哪些人参加、请多少人参加都应当事先明确。主客双方的身份要对等，主宾如携夫人，主人一般也应以夫妇名义邀请，哪些人作陪也应认真考虑。

对出席宴会人员还应列出名单，写明职务、称呼等。

采取何种形式，很大程度上取决于习惯做法，根据习惯和需要选择宴会形式。

2. 选择宴请时间、地点。

（1）主人确定宴会时间，应从主宾双方都能接受来考虑，一般不选择在重大节日、假日，也不安排在双方禁忌日。选择宴会日期，要与主宾进行商定，然后再发邀请。

（2）地点的选择，也要根据规格来考虑，规格高的安排在高级饭店。一般规格的则根据情况安排在适当的饭店进行。

3. 邀请。宴会一般都要用请柬正式发出邀请。这样做一方面出于礼节，一方面也是请客人备忘。请柬内容应包括：活动的主题、形式、时间、地点、主人姓名。请柬要书写或打印清晰美观。请柬一般应提前发出，太晚了不礼貌。

4. 安排席位。宴会一般都要事先安排好桌次和座次，以便参加宴会的人都能各就各位，入席时井然有序。席位的安排也体现出对客人的尊重。

桌次地位的高低，以距主桌位置的远近而定。以主人的桌为基准，右高、左低，近高、远低。

座次的高低，考虑以下几点：

（1）以主人的座位为中心，如果女主人参加时，则以主人和女主人为基准，近高远低，右上左下，依次排列；

（2）把主宾安排在最尊贵的位置。即主人的右手位置，主宾夫人安排在女主人右手位置；

（3）主人方面的陪客，尽可能与客人交插而坐，便于交谈交流，要避免自己人坐在一起，冷落客人；

（4）翻译安排在主宾右侧；

（5）席次确定后，座位卡和桌次卡放在桌前方或桌中间。

5. 拟订菜单和用酒。拟订菜单和用酒要考虑以下几点：（1）规格、客人身份、宴会范围；（2）精致可口、赏心悦目、特色突出；（3）尊重客人饮食习惯、禁忌；（4）注意冷热、甜咸、色香味搭配。

## 二、参加宴会的礼仪

宴会是否成功，主人处于主导地位，主人要以客人的需要、习惯、兴趣安排一切。而应邀赴宴的客人的密切配合也是不可忽视的，因而有必要了解参加宴会的礼仪。

1. 应邀。接到邀请后，不论能否赴约，都应尽早作出答复。不能应邀的，要婉言谢绝。接受邀请的，不要随意变动，按时出席。确有意外，不能前去的，要提前解释，并深致歉意。作为主宾不能如约的，更应郑重其事，甚至登门解释、致歉。应邀出席宴会前，要核实宴会的时间、地点，是否邀请了配偶以及主人对服装的要求等，以免失礼。

2. 到达时间。赴宴不得迟到。迟到是非常失礼的，但也不可去得过早。去早了主人未准备好，难免尴尬，也不得体。

3. 抵达。主人迎接握手，应及时向前响应，并问好、致意。

4. 入席。在服务人员的引导下入座。注意在自己的座位卡入座，不要坐错了位置。

5. 进餐。入座后，主人招呼后便可以开始进餐。

6. 交谈。边吃边谈是宴会的重要形式，应当主动与同桌人交谈，特别注意同主人方面的人交谈，不要总是和自己熟悉的人谈话。话题要轻松、高雅、有趣，不要涉及对方敏感、不快的问题，不要对宴会和饭菜妄加评论。

7. 祝酒。作为主宾参加宴请，应了解对方祝酒习惯，即为何人祝酒、何时祝酒等等。碰杯时，主人和主宾先碰，人多可同时举杯示意，不一定碰杯。祝酒时注意不要交叉碰杯。在主人和主宾致辞、祝酒时，应暂停进餐，停止交谈，注意倾听，也不要借此机会抽烟。主人和主宾讲完话与贵宾席人员碰杯后，往往到其他各桌敬酒，遇此情况应起立举杯。碰杯时，要目视对方致意。

8. 宽衣。在社交场合，无论天气如何炎热，不能当众解开钮扣脱下衣服。小型便宴，如主人请客人宽衣，男宾可脱下外衣搭在椅背上。

阅读资料

**宴会礼仪小常识**

1. 碰杯的位置也是有讲究的，一般你敬酒给前辈的话，你的杯子要稍微低一些，以显谦卑；如果对方刻意要求的话可以平头，切不可高于对方的杯子。

2. 关于座位的问题，在高档酒店会用酒杯中叠放成不同造型的餐巾来区别主次，主位的花形通常比较高，而且只有一个，除主位之外的餐巾花形都是一样的；如果是在不同酒店的话，一般人们把面向南的位置定为主位，其他为次位，但是由于现代人的方向感不是很好，一般把面向包间进门的位子定为主位（因为门一般是朝南开的），其他为次位。

3. 敬酒者必须自己先干为敬，可以显示你的诚意及豪爽，中国人喜欢在餐桌上谈生意，所以一个人的酒德也会成为你生意伙伴的参考指标，一般人们会觉得豪爽的人脾气比较耿直，是比较可以信赖的人。

（资料来源：金正昆：《社交礼仪》，北京大学出版社 2005 年版。）

9. 纪念物品。有的主人为每位出席者备有小纪念品或一朵鲜花。宴会结束时，主人招呼客人带上。遇此，可说一两句赞扬小礼品的话，但不必郑重表示感谢。有时，外国访问者，往往把宴会菜单作为纪念品带走，有时还请同席者在菜单上签名留念。除主人特别示意作为纪念品的东西外，各种招待用品，包括糖果、水果、香烟等，都不要拿走。

10. 退席。用餐完毕，应起立向主人道谢告辞。

### 三、餐桌上的礼仪

#### （一）餐姿

餐桌前的坐姿和仪态很重要。身体与餐桌之间要保持适当的距离，太远不易于处理食物，太近则易使手肘过弯而影响邻座。坐姿要自然端正，不要太僵硬，也不要往后倒靠在椅背上。肘不要放在餐桌上，不要托腮，眼光随势而动，不要紧盯菜盘。

用餐时一般不要把桌面弄得非常凌乱。适度的文雅与细心，可以防止餐桌上许多尴尬事情的发生，也能获得他人的欣赏与尊重。

#### （二）餐巾

当主人拿起餐巾时，自己便也可以拿起餐巾，打开放在腿上。餐巾是用来防止菜汤滴在身上和用来擦拭嘴角的，不可用来擦餐具，更不要用来擦脖子抹脸。

用餐完毕或离席时，将餐巾放于座前左边，不可胡乱扭成一团。

#### （三）餐具

中餐的餐具主要是碗、筷，西餐则是刀、叉、盘子。通常宴请外国人吃中餐，亦以中餐西吃为多，既摆碗、筷，又有刀、叉。刀、叉的使用是右手持刀，左手持叉，将食物切成小块，然后用叉送入嘴内。欧洲人使用时不换手，即从切割到送食均以左手持叉。美国人则切割后，把刀放下，右手持叉送食入口。就餐时按刀、叉顺序由外往里取用。每道菜吃完后，将刀叉并拢排放盘内，以示吃完。如未吃完，则摆成八字或交叉摆，刀口应向内。吃鸡、龙虾时，经主人示意，可以用手撕开吃，否则可用刀叉把肉割下，切成小块吃。切带骨头或硬壳的肉食，叉子一定要把肉叉牢，刀紧贴叉边下切，以免滑开。切菜时，注意不要用力过猛撞击盘子而发出声音。不容易叉的食品，可用刀把它轻轻推上叉。除喝汤外，不用匙进食。汤用深盘或小碗盛放，喝时用汤匙由内往外舀起送入嘴，即将喝尽，可将盘向外略托起。吃带有腥味的食品，如鱼、虾、野味等均配有柠檬，可用手将汁挤出滴在食品上，以去腥味。

**（四）进餐**

进餐时要文明、从容。闭着嘴细嚼慢咽，不要发出声音，喝汤要轻啜，对热菜热汤不要用嘴去吹。骨头、鱼刺吐到筷子上、叉子上，再放入骨盘。吃剩的菜，用过的餐具、牙签，都应放在盘内，勿置桌上。

嘴里有食物时不要说话，剔牙时，用手遮住。就餐时，不得解开纽扣，松开领带。取菜时，不要盛得过多。盘中食物吃完后，如不够，可以再取。如由招待员分菜，需增添时，待招待员送上时再取。如果本人不能吃或不爱吃的菜肴，当招待员上菜或主人夹菜时，不要拒绝，可取少量放在盘内，并表示"谢谢，够了"。对不合口味的菜，勿显露出难堪的表情。

同席客人尚在饮食时应避免向其问话或敬酒。

喝茶（或咖啡），如愿加牛奶、白糖，可自取加入杯中，用小茶匙搅拌后，茶匙仍放回小碟内，通常牛奶、白糖均用单独器皿盛放。喝时右手拿杯把，左手端小碟。

吃梨、苹果，不要整个拿着咬，应先用水果刀切成四、六瓣，再用刀去皮、核，然后用手拿着吃，削皮时刀口朝内，从外往里削。香蕉先剥皮，用刀切成小块吃。橙子用刀切成块吃，桔子、荔枝、龙眼等则可剥了皮吃。其余如西瓜、菠萝等，通常都去皮切成块，吃时可用水果刀切成小块用叉取食。

在宴席上，上鸡、龙虾、水果时，有时送上一小水盂（铜盆、瓷碗或水晶玻璃缸），水上漂有玫瑰花瓣或柠檬片，供洗手用（曾有人误为饮料，以致成为笑话）。洗时两手轮流沾湿指头，轻轻涮洗，然后用餐巾或小毛巾擦干。

冷餐、酒会中，招待员上菜时，不要抢着去取，待送至本人面前再拿。周围的人未拿到第一份时，自己不要急于去取第二份。勿围在菜桌旁边，取完即退开，以便让别人去取。

**（五）遇到意外情况**

宴会进行中，由于不慎，发生异常情况，例如用力过猛，使刀叉撞击盘子，发出声响，或餐具摔落地上，或打翻酒水等等，应沉着冷静。餐具碰出声音，可轻轻向邻座（或向主人）说一声"对不起"；餐具掉落可请招待员再送一副；酒水打翻溅到邻座身上，应表示歉意，协助擦干（如对方是女士，只要把干净餐巾或手帕递上即可，由她自己擦干）。

**案例分析**

10月15日，中国BG钢铁集团总经理接到澳大利亚FMG铁矿石集团即将于10月17日到访的通知，BG钢铁集团的公关部立即开始投入相关的接待和谈判准备工作。

**一、做好接待准备**

通过传真、电话联系确定到访人员的人数、性别、姓名和职位。中国BG钢铁集团公关部以帮助客户代订返程机票和酒店为由，向客方索取了来宾的护照传真件，因而得到了来访者的详细个人信息。澳方来华谈判小组一行共五人：

安德鲁·福克斯先生，58岁，澳大利亚FMG集团总裁，本次谈判负责人。

马克·罗斯威尔先生，45岁，澳大利亚FMG集团副总裁，亚太区总经理。

贝琳达女士，40岁，澳大利亚FMG集团亚太区财务经理。

随员两名，男性，年龄为28～30岁之间。

根据澳大利亚FMG铁矿石集团谈判代表来华具体时间、航班号和具体的到达时间，确定以下事项：

迎送规格：安德鲁·福克斯先生是FMG集团的第二号人物，在集团的职位仅次于董事长霍华德先生。根据身份对等原则，中国BG集团应由集团常务副总经理率队到机场迎接客人。

**二、接待准备**

住宿安排。根据公关部事先与澳方的沟通，客人来访时需要帮助预订宾馆，公关部按照客人的要求，结合本公司的接待标准，为澳方来宾预订了本市五星级酒店的5间商务客房（如国外客户无特别要求，应遵循一人一房的原则）。

通过事先与国外客户沟通，为客户制订了初步行程计划。本次澳方谈判小组于10月17日上午抵达本市，17日下午至20日为预计谈判时间，21日为参观时间，22日安排客人返程。公关部于15日预订客人10月22日的回程机票5张。

**三、迎接客人的安排**

1. 接机人员和车辆的安排。根据公关部门的申请和建议，BG集团派出以下成员到机场迎接客人：

杨海洲先生，55岁，BG集团常务副总经理。

史学军先生，40岁，BG集团供应部经理。

冯雪玲女士，35岁，BG集团公关部经理。

以上领导成员带领4名接待员到机场迎接客人，另外，安排四部由专职司机驾驶的商务轿车作为接机的交通工具。具体的乘车安排为：

杨海洲先生与安德鲁·福克斯先生同乘一车，配备随行翻译一名，兼接待员职责。

史学军先生与马克·罗斯威尔先生同乘一车，由于史学军先生精通英文，配备随行接待员一名。

冯雪玲女士与贝琳达女士同乘一车，由于冯雪玲女士精通英文，配备随行接待员一名。

本公司接待员一名陪同澳方来宾的两名随员同乘一车。

2. 接机牌准备。考虑到本市空港出站口较多，公关部制作了四面标有醒目的“FMG”公司标记和外方领导安德鲁·福克斯先生名字的接机牌，计划届时由接待人员手持接机牌在各个出口守候。具体接机牌的制作本着醒目、简洁的要求，印制了“AUSTRALIA FMG GROUP”和“MR. ANDREW FOX”字样。

3. 接机时间。根据客户事先通知和对本市机场的最后查询落实，澳方客人乘坐的CA173次航班，将于10月17日上午10点抵达本市机场。根据本市通往机场的道路交通状况，一般一个半小时可以抵达。为慎重起见，公关部决定己方的接机人员于8点整从公司出发。

接待人员的服装准备。公关部决定，要求专职司机统一穿着公司配发的中式驾驶员制服，四名接待人员穿着公司统一制作的深蓝色西式高级套装或套裙。杨海洲副总经理、供应部史学军经理、公关部冯雪玲经理的服装由个人自定。

商务名片准备。驾驶员和专职接待人员不发名片。3位领导成员使用公司统一制作的名片。

（资料来源：本案例根据钢铁网相关资料整理。）

**案例思考：**

1. 参照上述有关资料，分别设计出BG钢铁集团到机场迎接客人之后的乘车座次，并说明原因。

2. 通过互联网和图书资料查找相关商务服饰礼仪的常识，为以下三位领导提出着装建议：

杨海洲先生，55岁，BG集团常务副总经理，BG集团党委副书记兼组织部部长，上海大学客座教授。

史学军先生，40岁，BG集团供应部经理，复旦大学博士。

冯雪玲女士，35岁，BG集团公关部经理，上海公共关系学会副秘书长。

3. 根据下列资料，结合上面的个人信息，为杨海洲、史学军、冯雪玲设计涉外商务名片。

公司名称：中国BG钢铁集团

总部地址：中国上海市宝山区密云东路115号；邮政编码：200085

## 技能训练

1. 情景模拟训练。分小组事先寻找相关的资料，以小组为单位，独立设计情景，模拟商务会晤时的介绍、握手、递名片和交谈的姿态等四项内容。一个小组在进行任务模拟时，其余小组为其打分。

2. 设计签约仪式方案。以小组为单位，独立设计情景，制订出包括情景设置、签约程序、会场布置草图在内的签约仪式方案。

# 第七章
# 推销与推销人员

**学习目标**

- □ 了解推销的基本概念、特征以及三要素
- □ 了解推销人员应履行的职责
- □ 理解推销人员素质的内涵
- □ 明确推销人员的职业能力要求及推销人员的工作礼仪

## 案例导入

一个老太太上集贸市场买李子，碰到第一个小商贩，这个小商贩热情地招呼老太太："来买又大又红又甜的李子！"老太太正兴冲冲向他走过来，一听到这个停下来又摇摇头走了。

这个老太太又向第二个小商贩走过去。第二个小商贩完全不同了，首先很亲切地迎上来问了一句话："老太太想买什么？"老太太说："我想买一点李子。"小商贩回答说："那您可来对了地方，我这里是李子专卖店，什么李子都有，您要哪一种？"老太太问："你有没有酸的李子？"小商贩答："有啊，可以酸得让您掉牙。"老太太一咬真的好酸，牙都快掉了，"行，买一斤吧。"

老太太继续向前走，第三个小商贩看到了这一幕，热情地和老太太打招呼："大娘，一般人买李子都是买大的甜的，您怎么会买小的酸的李子呢？吃酸李子对牙齿不好。"老太太说："不是我要吃李子，是我儿媳妇怀孕了，想吃酸李子。"小商贩说："恭喜您啊老太太，要当奶奶了！不过您知道吗，孕妇怀孕的时候，比较缺乏维生素C，在这些水果里，猕猴桃是含维生素C最多的水果，而且还非常有助于孕妇排铅，您买几斤给儿媳妇吃，到时候一定给您生个健健康康的大胖孙子"。

老太太一听乐得合不拢嘴，于是又买了几斤李子和猕猴桃。

（资料来源：http：//www.51callcenter.com，2008年6月6日。）

**案例思考：**

1. 什么是推销？推销的真谛是什么？
2. 三个小商贩对顾客需求的理解有何不同？

## 第一节 推销概述

### 一、推销的基本概念

1958年，海因兹·戈德曼《推销技巧》一书的问世，标志着现代推销学的诞生。

那么，什么是推销呢？

- 广义的推销是一种说服、暗示的活动，也是一种沟通、要求的过程。即推销的主动发起者一方通过信息传递的方式，最终使得推销对象接收并实施推销内容的活动过程。广义的推销是指推销者希望推销对象接受的有形或无形的标的物，如产品、服务、思想、专利、设计方案以及形象、权利、感情等，包罗万象。
- **狭义的推销是指推销员以满足双方利益或需求为出发点，运用各种技巧，向推销对象传递产品或劳务的有关信息，使推销对象接受并购买相关产品或劳务的活动过程。**狭义的推销是以企业或推销员为推销的主动发起者，以产品或劳务为推销内容。本课程所阐述的内容是以狭义的推销定义为基础的推销技术。

#### （一）推销的内涵

1. 推销是一个活动过程。推销经历了寻找顾客、顾客资格审查、接近准备、接近顾客、面谈、解决异议、成交等环节，因此推销是一个活动过程。推销过程通过传递产品信息、企业信息、服务信息等，从而刺激顾客的购买欲望，最终达到销售目的。

2. 推销的目的在于促成购买行为，推销的手段在于帮助和说服。推销的最终目的就是为了能把东西销售给顾客，然而这种目的建立在满足了顾客需求的平台上，建立在双赢的基础之上。也就是说，我们给顾客带来了方便、快捷、高质量的生活，同时也完成了我们的推销任务。

#### （二）推销的特点

1. 特定性。推销是企业根据市场营销的策略，在特定的市场环境中为特定的产品寻找买主的商业活动，必须准确地确定谁是潜在顾客，然后有针对性地进行说服。任何推销人员的推销活动都具有这种特定性特点。

2. 灵活性。虽然顾客是特定的、环境是特定的、产品是特定的，但是推销人员的推销方式是灵活的，是把不同的推销技巧进行灵活的组合。

案例

**不同的结论**

两个鞋子推销人员同时发现了一座孤岛，孤岛上居住了一群从不穿鞋子的人。其中一位推销人员认为，这个岛上一点市场潜力也没有，因为他们都没有穿鞋的习惯；另一个推销人员却认为这个岛上有着巨大的市场潜力，因为他们从来没有穿过鞋，不知道鞋子的好处。

同样的环境、同样的产品、同样的顾客群，不同的推销员为什么得出了截然不同的结论？

（资料来源：杨群祥：《商务谈判与推销》，东北财经大学出版社 2007 年版。）

3. 双向性。推销是一个信息的双向传递过程，一方面推销人员向顾客提供产品、服务信息，另一方面顾客也在反馈着自己的看法，自己的建议，帮助企业进行改进。

4. 互利性。推销是一种互惠互利的过程，推销人员完成了推销任务，顾客也得到了自己需要的产品。只有实现双赢，才是推销成功。

5. 说服性。推销的工作重点是人而不是物，推销的过程是一个争取顾客信任、得到顾客认可的过程。

相关链接

**推销、营销、促销的区别**

- 营销是战略，推销和促销都是营销的具体战术；
- 推销、促销都比较重视产品，重视卖方需要，而营销重在服务，重在买方需要；
- 推销和促销都是先生产后销售，营销注重先需要后生产；
- 推销、促销重在销量上，营销重在利润上；
- 推销通过销售来获得利润，营销通过顾客满意来获得利润；

因此，从某种程度上说，推销是战术，促销是战术的支援，营销则为战略规划。

## 二、推销三要素

“推”这种活动体现出一种主动性，推销活动必然有一个活动的主动发起者，同时还会有一个接受对象。此外，这个活动必然为某一个推销内容服务，即推销客体。因而推销主动发起者、推销对象以及推销内容构成了推销三要素（见表 7－1）。

**表 7－1　推销三要素**

| | |
|---|---|
| 推销人员（推销主体） | •专业素质　•心理素质　•文化层次　•个人仪表　•服务水平　•个性　•气质 |
| 推销品（推销客体） | •质量　•包装　•价格　•特色　•品牌 |
| 顾客（推销对象） | •需求　•个性　•动机　•喜好　•习惯 |

具体到狭义推销的范畴中，推销三要素分别是推销员、顾客、企业的商品和劳务。其中每一个要素都对整个推销工作的成功与否产生影响作用。

**（一）推销人员**

推销人员是推销三要素中最关键的一个要素，因为他是推销活动的主动发起者，是推销主体。推销员个人的为人、素养以及风格都直接影响到顾客的购买决策。很多推销人员误以为自己是在推销产品，其实不然，真正的推销首先推销的是自己而不是产品。职业的推销员能够以特有的技能赢得顾客的欣赏与赞誉，从而促成商品的销售，为企业创造利润。

**（二）推销品**

推销品是推销人员向顾客推销的各种有形或者无形商品的总称。推销品包括了商品、服务和观念。商品的推销活动，是对有形商品与无形商品的推广过程，是向顾客推销某种物品的使用价值的过程，是向顾客实施服务的过程，是向顾客宣传、倡议一种新观念的过程。

**（三）顾客**

顾客即接受或购买推销品的个人或团体，也称个体购买者和组织购买者。个体购买者购买或者接受某种推销品是为了个人或家庭成员消费使用；组织购买者购买或接受某种推销品是为了维持日常生产经营、转售或开展业务需要，通常有营利或维持正常业务的动机。

## 三、推销的功能

推销是商品经济活动中一个必不可少的组成部分，对推动商品经济的发展起着十分积极的作用。推销作为一种企业行为，更是决定着企业的生死存亡。商品推销的功能可以归纳为以下几个方面：

1. 销售商品。销售商品是推销的基本功能。推销的过程就是推销员通过寻找顾客、接近顾客、推销洽谈，进而达成交易的过程，实际上就是实现商品所有权的转移，从而完成了商品销售。

2. 传递商品信息。由于科学技术的进步和生产的发展，新产品层出不穷，顾客常常需要得到有关的商品信息，以便比较、评价和选择满意的商品。所以推销员不仅要满足顾客对商品的需要，也要满足顾客对商品信息的需要，及时地向顾客传递真实、有效的信息。

3. 提供服务。在商品同质化越来越严重的今天，服务成为商家竞争的核心点。推销员不仅是把商品销售给顾客，而且是通过提供各种服务，帮助顾客解决各种困难和问题，满足顾客多层次、多方面的需求。在推销过程中，企业和推销人员为顾客提供的服务有售前服务、售中服务、售后服务。企业和推销人员通过提供各种服务，可以赢得顾客的信赖，提高企业的声誉，扩大产品的销售。

4. 反馈市场信息。推销是一个信息的双向沟通过程。推销人员是企业通往市场的桥梁，同时也是企业获取情报的重要渠道。在促销的四种方式中，只有推销是直接与市场、顾客接触，能及时、准确地搜集市场信息的。推销人员向企业反馈的市场信息包括顾客信息、市场需求信息、竞争者信息等。

## 第二节 推销职业的特点与要求

### 一、推销人员的职责、素质与能力

#### （一）推销人员的职责

在日常推销活动中，由于推销对象和推销产品的不同，推销人员工作的具体内容以及具体的职责也存在差异。例如推销人员要寻找新的顾客，就要进行更多的市场调查；如果是推销新产品，就要介绍新产品的特点；如果是推销原有的老产品，则要求指出老产品的优势；面对老客户时，则主要收集客户的产品使用意见或建议，处理顾客的异议，搞好售后服务工作。但无论推销员的工作内容有哪些差异，一些带有共性的基本工作责任和工作义务是所有推销员都必须完成的。

**推销人员的一般工作职责**主要包括以下具体内容：

1. 进行市场调研。开展市场调查研究，是企业经营活动中的重要组成部分，也是企业经营决策信息的来源。企业要生存，就必然要把握市场需求变化的各种信息数据，而这些数据只能来自于市场调查研究。推销人员的工作性质决定了他们最贴近市场，最熟悉市场上消费者的需要变化，最有条件进行市场调查研究。因此，优秀的企业推销人员要时刻保持强烈的市场意识，利用自己接近市场的有利条件，有意识、有目的地开展市场调查研究，为企业的生产经营活动提供及时可靠的市场信息数据，成为企业的信息员和调研员。

2. 搜集信息。市场调查研究是在宽泛的范围内进行数据搜集，为企业经营决策提供依据，而搜集信息资料，则是针对企业生产经营活动的具体需要以及实际推销中的具体问题，在小范围内展开的。推销人员通常搜集一些与企业经营相关的资料，例如企业当前的销售目标、经营方式、生产能力、交货期限，以及产品知识、产品优势或特点、维修保养知识等；同时推销人员还要了解竞争对手的生产能力、产品特点、服务优势与市场战略，以便于面对顾客的疑虑和问题，推销人员要能够准确地说明购买和使用本企业的产品所能获得的利益、售后服务，包括优于对手产品和服务的实际利益。

3. 制订销售计划。销售计划是结合经验以及市场调查结果对未来销售情况作出预测。推销人员应根据本企业生产的产品特征、价格和所处的技术层次，以及产品效用的满足范围和程度、顾客对现有产品的满意度等，结合经济环境分析、产业布局分析、民族习俗和消费习惯分析等，预计有开发潜力的市场，通过市场分析预测后，大致确定产品推销的重点发展区域，有针对性地制订出切实可行的销售计划。同时，对于推销过程中顾客可能提出的问题，事先设计出答疑方案。

4. 推销产品。推销是替客户带来实际利益和价值的工作，但要把产品和服务推销出去，推销人员自己要从内心深处热爱、接受、信任自己的产品和服务。再者，推销人员要设法引起顾客对所要推销的产品和服务的注意和兴趣，让顾客清楚地知道产品或服务能够给他们带来的实际利益，通过产品的现场展示、演示和介绍等方法，激发顾客的购买兴趣和欲望，取得顾客对推销员和产品的信任，妥善处理好现场顾客的各种疑问和反面意见，运用适当的技巧和策略促成现场交易。

5. 售后服务。在商品同质化越来越高的今天，售后服务几乎成为企业竞争的焦点。客户对企业的产品和服务能否保持一定的忠诚度，除了取决于产品与服务的质量本身，还取决于售后服务质量的优劣和及时性。因此在产品或服务售出之后，推销人员应现场建立客户档案，留下客户具体的联系方式，记录顾客的要求和建议，及时反馈给企业有关部门，采取改进措施，调整服务方式，满足顾客对所购买的产品和服务能够发挥功能的期望。

**相关链接**

**推销人员四层次**

参照美国推销心理学者罗伯特·P. 德格鲁特的观点，推销人员可分为以下四个由低到高的层次：

1. 销售办事员。这类人员是订单接受者。他们仅具备基本的商贸知识和对公司产品、价格、服务等方面的了解，在顾客要了解情况或要求订货时，予以介绍或办理手续。在推销工作中，销售办事员几乎是一个全面被动的工作人员。

2. 销售助理。这类人员具备推销工作中所需的一方面或几方面的知识和技能，但尚不全面。他们能协助或代替其他人员进行推销中的某一阶段的工作，但还不能完全独立工作；他们往往缺乏和顾客进行商谈并促进其成交的技巧，在推销工作中常常处于被动地位。

3. 推销工程师。这类推销人员在接到公司推销产品的任务后，能够对推销工作进行全面的分析和规划，并加以实施；具备独立进行推销所需的全部技能，尤其是促使顾客成交的技能；在推销工作中基本处于主动者地位，但往往受到产品和公司规章的局限。

4. 推销大师。推销大师具有娴熟的推销技能，并能创造性地进行工作；能够针对不同的产品、顾客得心应手地进行推销工作，在产品和公司规章与顾客要求的矛盾之间，创造性地解决问题；他们还能指导他人和利用他人来完成推销工作，在工作中全面主动。

（资料来源：张旬："推销人员二、三、四"，《销售与市场》，2000 年 6 月 30 日。）

### （二）推销人员的职业素质

**职业素质是指人们从事某一职业应当具备的基本的修养和品行。**推销职业是市场经济的产物，一个推销人员要想获得成功，除了依靠本企业过硬的产品质量、良好的社会信誉外，还要具有较高的职业素质。与其说推销是实务的，不如说推销是艺术的。这种艺术性表现在推销人员不仅要推销产品，还要向顾客推销自己，并与顾客建立信任、友好的联系；不仅要让顾客喜欢所推销的产品，还要让顾客喜欢推销人员。推销工作的特殊性，对推销工作的从业人员提出了特殊的职业素质要求。

1. 坚定的敬业精神。推销人员要对所从事的工作充满热情，有高度的责任感，热爱自己的职业，并体现出对推销工作的执着精神。正如一个演员要想感动观众，必须首先要感动自己一样，要想取得推销工作的成功，就要对所从事的职业充满自豪感，没有坚定的敬业精神，就没有面对挫折的勇气，就没有克服困难的决心。

**案例**

**“推销之神”原一平**

日本“推销之神”原一平曾经做过艰苦的推销访问工作。原一平从事保险工作已是他退休以后的事。他当时的推销对象是一家大汽车公司。每次去汽车公司，原一平需要6小时的时间。这样的访问有300多次，时间长达3年之久。3年后原一平终于迎来了盼望已久的成功。这一年，原一平刚好72岁。可以说，没有执著的精神，这样的业务是根本无法谈下去的。正是凭着这种坚忍不拔的毅力，原一平才能取得辉煌的成就，人们才会把“推销之神”的桂冠送给他。

（资料来源：伍洲：《原一平营销谋略全书》，新世界出版社2006年版。）

2. 高度的服务意识。许多企业都把“顾客至上”作为自己的价值观之一，却没有在实际工作中真正体现出来并发挥应有的作用，原因之一就是这些企业并没有真正地将“顾客至上”的意识融合于企业文化之中，也没有让全体员工认同并从根本上接受这种价值观。推销人员在外代表企业开展工作，如果没有站在顾客的立场上，处处为顾客着想，成为顾客的消费顾问和可信赖的朋友，顾客就不会接受推销人员，也就当然不会接受他推销的产品。

3. 健康的体魄。推销工作是创造性和开拓性的，需要推销人员身体力行去实现。毫无疑问，推销工作是兼具体力和脑力劳动的高强度工作，企业的产品推销需要推销人员长途奔袭、舟车劳顿、日夜兼程，有时还要携带样品，为客户进行安装服务和维修服务，劳动强度大，非常辛苦，没有良好的身体素质是难以胜任推销工作的。

4. 过硬的心理素质。在所有与人打交道的工作中，推销工作是最容易遭到顾客拒绝的，也是最难以在短期内取得良好成绩的。有许多推销人员刚加入到推销行列时充满热情，但经历了几次拒绝后就丧失了信心。推销人员一定要培养自己的第二天性，那就是自信。自信是推销成功的第一秘诀。这种自信取决于推销人员良好的心理状态。因此，推销人员必须具备良好的心理承受能力，才能胜任推销工作。

5. 良好的个人形象。推销人员在一定程度上是企业的形象代表，顾客多是通过与推销人员的接触来了解企业和产品的。如果推销人员的形象不佳，就有可能影响产品的销售，甚至影响企业形象。需要说明的是，推销人员的外貌要求并不单纯是指长相，而是包含一个人的衣着、气质、言谈举止、精神面貌、文化修养等多方面的内容。被誉为日本"推销之神"的原一平，身高不足1.5米，长相也非常普通，却照样成就了推销神话，就是因为他具有良好的内在职业修养和敬业精神。

6. 扎实的专业知识。推销人员工作中的自信源于扎实的专业知识。在知识经济时代，产品的科技含量越来越高，顾客的消费经验和商品知识越来越丰富，面对形形色色的顾客，推销人员如果没有扎实的专业知识，不能解答顾客的相关问题，就不会被顾客信任。可以这样说，推销能否成功，取决于推销人员知识的广度与深度。

### （三）推销人员的能力

**职业能力是指一个人顺利完成各种职业活动必须具备的个性心理特征。**在理论上，通常将能力分为一般能力和特殊能力，推销人员除了要具备一般能力外，还应具备以下能力：

1. 创新能力。推销工作是具有高度智慧性的脑力劳动与体力劳动，是具有开拓性、创造性、前瞻性、后续性以及挑战性特征的复合性工作。只有推销人员具备了很强的创新能力，才能在实际工作中随机应变，捕捉稍纵即逝的市场机会。如果因循守旧，墨守成规，将很难取得令人满意的结果。

2. 观察能力。是指推销人员在工作现场通过认真观察顾客细微的外部表现去判断顾客购买心理变化的内在原因的能力。推销工作的创新建立在观察、研究、判断顾客心理变化的基础之上，细致的、高质量的观察既需要丰富的知识，如心理学知识、行为科学知识等，又需要科学的方法，如自上而下、由表及里的观察等。科学的方法能让推销人员及时而准确地获取顾客信息，丰富的知识则能让推销人员快速而理性地了解顾客的真实意图，从而有的放矢。

3. 决断能力。推销人员多数情况下是在现场独立地开展工作的，在推销现场遇到的所有问题，都需要推销人员现场作出判断，并及时地予以处理。推销人员在工作现场遇到顾客的问题和拒绝时，要善于分析和判断虚假的表象，了解问题或拒绝的本质，发现问题或者拒绝的漏洞，作出正确的判断，抓住问题的关键，并作出正确的行为反应和行动选择。

4. 社交能力。推销界有一句老话，是说推销人员"没有不认识的朋友，只有来不及结交的客户"。由于推销工作是开放性的，决定了推销人员要养成随时推销的习惯，也就决定了推销人员的性格是开放性的。从事推销工作需要有高水平的社交能力，在朋友或社交圈中要以自己独特的人格魅力、丰富的社会经验和广博的知识，成为人们关注的焦点。

培养推销人员良好的社交能力，要求我们努力做到待人诚恳热情，言行举止大方，体谅他人苦衷，能够换位思考；态度热情而不轻浮，言语自信而不自负，讲究逻辑而不强词夺理，坚持主见而不盛气凌人；遇事沉着冷静，处理问题坚决果断。这种能力需要长时间的培养和锻炼，需要我们从现在做起。当推销人员有了一定的社交能力之后，就会发现，原来客户就在身边。

5. 表达能力。表达能力是建立在语言知识的基础之上的，但有了语言知识不等于就有了表达能力。通俗地讲，表达能力是指人们熟练地运用语言艺术，通过与他人进行交流、传递思想并被对方理解和接受的过程。需要说明的是，语言艺术不独指口头语言，还包括肢体语言。

6. 应变能力。在现代市场上进行实际推销，有时难免会遇到意想不到的情况，如果推销人员没有随机应变的能力，推销工作有可能陷入困境。应变能力，实际上是要求推销人员在不违背国家的法律法规、企业基本利益和行业基本规范的前提下，巧妙灵活地实施应变行为，以适应现场突发情况，达到推销的目的。

7. 环境适应能力。一个优秀的推销人员还要有比较强的环境适应能力。推销人员要能够迅速适应特定地区的人文环境、经济环境、消费习惯等，这依赖于推销人员长期的工作经验积累。

## 二、推销人员的基本礼仪

### （一）个人礼仪

无论是推销活动还是普通的人际交往，都要遵守基本的道德规范，以讲文明、有礼貌的方式待人接物，使自己的言谈举止大方得体，态度和蔼可亲，衣着庄重整洁，处处体现出一个人良好的修养。商务活动中的个人礼仪主要包括：

1. 言谈。推销过程中的言谈礼仪对于整个推销的成败有着决定性意义。推销员与顾客/客户交谈时要注意以下几点：

- 要有热情，注意语言的规范性；
- 不攻击竞争者，也不要挖苦别人；
- 注意倾听顾客的谈话和提问，要给别人发表意见的机会，并且不能轻易打断别人的谈话；
- 语气始终要委婉、表情自然、语言得体、手势适度；
- 对方发言时，不能心不在焉，左顾右盼，眼睛要盯住对方的鼻梁，并不时点头、轻声地回应；或调动各种适当的面部表情（肢体语言）表示欣赏、赞同、惊讶、疑虑或重视；
- 不能经常看表，或显出不耐烦的样子，伸懒腰、打呵欠、玩东西；
- 一般不要谈论私人问题和宗教问题，对方不愿意回答的问题不要寻根问底，穷追不舍；
- 不要与顾客争论，更不要与顾客随便开玩笑。

总之，恰当、礼貌的交谈方式不仅能增进双方的了解、友谊和信任，而且能促使推销工作更加顺利、有效地进行。因此，推销人员必须注意讲究和遵守交谈中的语言礼仪，平时注意自身语言和表达能力的训练，积累交谈技巧，掌握语言艺术。

2. 举止。推销人员的举止要自然大方，从容不迫，显示适当的风度。不夸张，不做作，在推销的特定场合要正确运用具有特殊礼貌意义的举止，准确表达自己的意愿，例如点头、举手表示打招呼，起立或双手与对方相握表示敬意，尤其注意不能双腿抖动、挤眉弄眼、擤鼻涕、挖耳朵、随地吐痰等。举止包括的内容比较多，这里不作详细介绍。

3. 衣着。美国有一项调查表明，80%的客户对推销人员的不良外表持反感态度，因为推销人员的着装相当于销售商品的包装，包装粗糙，里面的商品即使是昂贵的，也会被人视为便宜货。因此，推销人员应重视自己的服饰，注意衣着要与自己的年龄、体形、肤色、职业以及所处的场合相适应，并注意服饰色彩及其整体的搭配，以体现推销人员的审美情趣，给顾客留下良好的第一印象。

**案例**

**推销员合适的着装**

人们总觉得推销员应是“雪白的衬衫，笔挺的西装，佩戴协调的领带……”好像西装是推销员的制服。其实不然，根据商品和对象的不同，情况可能完全相反。一家汽车零件批发公司的经理了解到，该公司的推销对象90%是小企业、小工厂，而这些小企业、小工厂的老板总是身穿工作服在汽车修理厂现场指挥。于是，他要求该公司推销员们也要穿上与老板们相同的蓝色工作服去访问对方。推销员们虽有异议，但还是服从了，结果反应很好。推销员们终于明白了经理的苦衷，他们的目的是推销产品，而不是在服装上与对方一争高低。此时，工作服有西装难以匹敌的优越性，因为大家衣服相同，所以备感亲切。工作服与西服的不协调感消失了，老板们也强烈地感到了推销员们的热情干劲，穿着有油污的工作服的推销员，因为不怕脏，所以容易和工人打成一片。选择交际服装应有目的性，要针对交际对方的特点而选择。

（资料来源：霄云著：《人缘学》，地震出版社2006年版。）

### （二）拜访礼仪

拜访是推销人员经常性且又是十分重要的工作。一般而言，推销人员的实际推销，都要在事前对客户的有关信息进行一定的了解，并进行必要的沟通，才能使推销达到预期的目的。拜访客户要注意以下礼仪：

1. 预约时间。推销人员多半是通过登门拜访，来实现与客户交流并介绍产品的。选择什么时间登门，要事前与客户进行预约，以便客户能安排适当的时间。一般不选择周一和周末，不选择刚上班或快下班的时候，不选择重大节假日前后，而以对方相对比较空闲的时间进行预约为宜。预约后一定要遵守预约时间，不能无故失约；遇到非失约不可的意外事件，一定要设法提前通知对方并致歉，并再次预约时间。

2. 拜访准备。推销人员在约定时间后到拜访对方之前，要做相应的拜访准备。例如要设法了解对方的基本信息，如兴趣爱好、家庭状况、婚姻状况等。拜访客户不能等同于推销，这一过程实际上是与客户增进交流、建立感情的阶段，如果没有充分的事先准备，不能与对方进行广泛的交流，达成彼此的了解和信任，接下来的推销工作就比较困难。必要时，可以根据对方的兴趣爱好，准备一份适当的礼物，但注意不要太贵重，以免弄巧成拙。

3. 尊重主人。在约定的时间拜访客户时，一定要注意尊重对方。推销人员来到拜访对象门前，必须先轻轻敲门或按门铃，并后退一步等待主人开门；主人开门后应主动行握手礼（女主人例外），首先向主人致以问候并主动作自我介绍，待主人允许后方可进门。进门后，待主人示意请坐时应礼让主人先坐下，然后再坐下来，在进入主人家门后，要迅速看一眼主人家里的陈设，为即将开始的拜访留下寻找话题的伏笔。记住未经主人许可，不能擅自参观主人家居，也不要在落座后东张西望。

### （三）会谈礼仪

在实际生活中，推销活动有时候要通过邀请重要客户或大客户到企业进行参观、考察来实现，并就产品的特殊性要求、交货时间、运输条件、价格优惠、信贷条件、合作期限等双方关系的问题交换意见，双方高层管理者之间要会晤和具体商谈，这就涉及到会谈的一般礼仪问题。会谈礼仪中的主要内容有：

1. 会场准备。会场的布置，应体现出礼仪的规范和对来客的尊重，还要体现适当的隆重。通常情况下，会场一般安排在正式的专用会谈室，也可以安排会议室或办公室，使用长方形或椭圆形的会议桌，宾主各坐一方。如果对方来人不多，也可以只设沙发，不需要桌子。较为正式的会谈，事前还要与对方就会谈的具体事宜如会谈的目的、内容、时间、双方参加人员等进行磋商，以便作更为妥当的安排。

2. 合影礼仪。合影礼仪通常被忽略。合影时，一般是主人居中，主人右边为主宾，客方在主人和主宾两边依次站立，主方人员站两旁。如果人员较多，分两排以上时，第一排人员要考虑身份，从中间由身份高者依次向两旁排开。

3. 时间安排。双方时间确定后，主方应提前到达准备，客人到达时要到正门或会议室门前迎接，也可安排迎宾、工作人员在会场大楼前迎候并引领到会谈地点，主人在会谈室门口迎接。会场内要安排足够的座位，在座位的前方安放座位卡（外宾要有中英文）。如合影安排在会议室，则应在合影后再入座。

4. 座位安排。座位安排所体现的礼仪，是双方座位的位置和座次的安排。通常主宾相对而坐，一般面对正门一方为上座，应安排客方面对正门就座、主方背对正门就座为好。座次安排则由双方的主谈人员居中，其他人员按礼宾顺序左右安排就座。后排是记录人员或译员（国际营销时有的译员安排在主宾之间，或安排在主谈者右侧）。

### （四）宴请礼仪

推销工作中，有时需要安排一些宴请活动，或在客户参观企业时安排，或在推销所在地安排。宴会形式有宴会、招待会、茶话会或工作餐，一般根据需要视情况而定，但不同的宴会形式有不同的礼仪。

1. 宴会。宴会是较为正式的宴请，分为早宴、午宴和晚宴，而以晚宴最为正式和隆重。一般又分为正式宴会和便宴两种。正式宴会用于规格较高的宴请，讲究宴会的排场和气氛，对于餐具、酒水、陈设等要求严格，有时要在请柬上注明对参加宴会者的服饰要求，甚至对服务员的服饰也有特别要求。在宴会上，宾主要按身份就座，并且在宴会前有一个简短的仪式，如宾主致辞等。便宴多用于规格较低或日常往来客户的非正式招待，不需要有太多的讲究。

2. 招待会。招待会在形式上有冷餐会、酒会、茶会和工作餐，一般用于各种非正式和较为灵活的宴请。宴请形式一般不排座位，可以自由走动，其中又以冷餐会和酒会最为常见。

3. 宴会组织。宴会的组织工作最能体现礼仪礼节知识。中国的饮食文化源远流长，在社会交往中只要有需要，都会举行宴请活动。但是宴会组织一旦出现疏忽，结果是“香火敬了，却把菩萨得罪了”。因此，一个成功的宴会，一定要有细致的宴会组织。

**案例**

**中国宴会组织的基本程序**

1. 明确宴请目的。是属于迎来送往、纪念（喜庆）节日、开业庆典，还是为了增进了解、发展友谊、合作成功等。

2. 明确宴请对象。邀请什么人参加宴会，由谁来出面邀请，要根据主人的身份和宴会的规格来确定。例如，一个村办企业开业，由业主亲自出面邀请村长和乡长就够了，不必非得邀请县长、市长（除非创业者与他们有特别的关系，或者所办企业是非常特殊的）。谁来出面邀请客人是有讲究的，邀请人身份低了，易给对方造成受到冷落、宴会规格不高或不尊重客人的印象，而邀请人身份过高，则会使受邀者感到无所适从。

3. 明确邀请范围。宴会邀请范围的确定要考虑多方面的因素，一般应考虑宴请性质、主宾身份、主人身份及宴请惯例等。

4. 明确宴请形式。宴请形式取决于所在地区的习惯。中国地区差异虽大，但宴请习惯并无太大差异。如果考虑国际营销中的宴请，则要尊重国际习惯。

（资料来源：刘澜江著：《宴会设计》，中国商业出版社 2005 年版。）

4. 赴宴礼仪。一些资深推销人员有时也会受到客户的宴请邀请，无论能否出席，都要尽早回复对方，以便主人进行安排。其次要掌握好出席宴会的时间，因为到达宴会地点时间的迟早、逗留的时间长短，在一定意义上反映了对主人的尊重程度。除非你的身份高，否则应提前到达宴会地点。当然，要根据习惯或者宴会性质来掌握好时间。

5. 入座与进餐礼仪。到达宴会地点后，应首先向主人问好、祝贺或致谢，然后遵照主人的安排在指定的桌次与座位就座，不宜随便就座。就座后如果左右邻座已有客人，应主动与他们打招呼；如果几乎同时就座，则应主动帮助他们先就座，特别是对长者和女士，然后自己再入座，且应从座位的右侧入座。待主人招呼后，方可进餐；如果有多桌客人，则应等待主宾席开始进餐后才能进餐，不能自己先进餐。

### （五）参观礼仪

在一些大型成套设备推销和长期产销合作关系建立的推销活动中，有时要通过参观对方企业、或邀请对方来自己的企业进行参观，来了解企业的经营管理水平、技术装备水平、员工素质状况、企业的生产规模和产品供应能力等。参观一般有两种情形，一是通过参观是为了洽谈业务，应邀或邀请对方来参观企业，无论哪种情况，事先都应坦率说明参观的目的和要求，让彼此了解参观的真实意图，并在参观中如实介绍有关情况；二是通过参观来增长知识。商业目的的参观中要注意的礼仪问题有：

1. 事先要约定参观时间。未经事先的约定，一般是不能贸然参观的，需要征求原企业的同意。在国际营销中，外商一般不欢迎你参观企业，除非他们非常乐意或急于与你做生意。

2. 坦率说明参观目的。在某种程度上说，商业目的的参观实际上是一种企业实力或资信调查，并不代表就一定可以合作。要求参观对方企业时要说明，对方来本企业参观时也要理解这一点。

3. 尊重企业的特殊要求。参观过程中要尊重企业的某些规定，例如许多企业不允许拍照，不允许与员工私下交谈，不允许了解生产工艺、不允许在厂区吸烟等，要注意尊重这些规定。如果参观时有上述要求，一定要事先征得对方同意。

推销人员在实际工作中会遇到许多具体需要注意礼仪礼节的问题，例如馈赠礼品、电话商谈、信函往来、合同签署、休闲活动安排等，这里不详细介绍。只要在工作中注意随时学习和认真观察，有许多问题我们几乎是可以无师自通的。

## 案例讨论

小王是一个很细心的推销员，每次他走进客户办公室前，总是先到洗手间去一下，对着镜子整理自己的仪容仪表，把手洗干擦干，然后才去敲客户的门和客户握手寒暄。

（资料来源：本案例根据业务员网 www.yewuyuan.com 相关资料整理。）

**案例思考：**小王为什么这样做，你认为小王这样的做法重要吗？

## 技能训练

**训练项目一：**

【游戏目的】通过游戏，培养大家的观察能力。

【游戏内容】

（1）找一个身边的学员结成伙伴。

（2）背对背，给 3 分钟时间，各自在自己身上作出 4 种变化。

（3）回过头，彼此找出对方的变化。

（4）再背对背，这次给 5 分钟时间，在身上作出 10 种变化。

（5）回过头，彼此找对方的变化，双方都找出的即为观察能力强的。

**训练项目二：**

将学生分组，进行礼仪训练。

【演练目的】坐、立、走等基本仪态及举手投足间，力求协调、昂扬、文明、美感；符合身份、情境的要求。

【演练口号】让你的举止、形态和谐得像一支动人的旋律，带给人意气风发、朝气蓬勃的快感。

# 第八章
# 推销心理与推销模式

**学习目标**

- □ 掌握推销方格理论以及顾客方格理论，能够在推销实践中运用推销方格理论和顾客方格理论分析问题
- □ 掌握爱达斯、迪伯达、爱德帕和费比推销模式
- □ 明确每种推销模式的适用范围及其应用技巧

**案例导入**

某大百货商店老板曾多次拒绝接见一位服饰推销员，原因是该店多年来经营着另一家公司的服饰品，老板认为没有理由改变固有的供应关系。后来这位服饰推销员在一次推销访问时，首先递给老板一张便笺，上面写着："您能否给我十分钟就一个经营问题提一点建议？"这张便条引起了老板的好奇心，推销员被请进门来。他拿出一种新式领带给老板看，并请老板为这种产品报一个公道的价格。老板仔细地检查了每一件产品，然后作出了认真的答复。推销员随后进行了认真的介绍。眼看十分钟时间快到，推销员拎起皮包要走。然而老板要求再看看那些领带，并且按照推销员自己所报价格订购了一大批货，这个价格略低于老板本人所报价格。

（资料来源：http：//tieba. baidu. com。）

**案例思考：**这位服饰推销员如何有效掌握和利用了顾客心理？

## 第一节 推销心理

推销活动过程中，推销的双重主体——推销员和顾客在交易过程中必然伴随着大量的心理活动过程。这些心理活动决定着双方的交易行为，并成为决定推销成败的关键性因素。

**推销心理是指推销活动中推销人员和顾客的心理反应，是客观现实在推销人员和顾客头脑中的反映**。把握好这些心理活动的规律和特征，有助于推销员有针对性地开展推销工作，完成推销任务，实现企业经营目标。

一般说来，我们对推销心理的研究可以分为推销员心理和顾客心理，顾客的消费心理研究是推销心理研究的重点。

### 一、推销心理的特征

#### （一）互动性

**推销过程是推销员和顾客之间的双向沟通协商过程**。推销人员的心理对顾客的心理有着非常重要的影响。比如：有时推销人员的过分热情反而会导致推销工作的失败；而推销人员的冷漠则会使得顾客转身离去。推销心理的互动性，要求推销人员用自己的热情去鼓舞顾客，用自己的知识去说服顾客，用自己的信心去感染顾客。

#### （二）趋同性

推销心理各不相同，但也有某些共性。比如相同籍贯的顾客在性情上表现出一定的趋同性，北方人豪爽、直率，南方人含蓄、精明；在职业上更是这样，从事服务行业的顾客较为时尚，而公务人员则比较保守。

#### （三）差异性

差异性主要是指推销员和顾客的个体差异性，是由于不同的受教育水平，不同的生活环境，不同的年龄所反映出来的一种不同心理特征。比如推销活动中，年轻人接受新产品较快，老年人接受能力则较慢。

#### （四）不对等性

不对等性表现在推销员和顾客之间存在很多的个性、环境、时机和观念等差异，彼此的心理上表现出相应的不对等性。比如很多高科技含量的产品，推销人员要对顾客进行很多的引导教育，但顾客的心理却接受不了。

## 二、顾客心理

### （一）顾客心理活动过程

顾客对推销员以及推销品，从认识到认可，从认可到购买，经过了一个复杂而又有规律的心理活动过程，我们可以将其划分为三个互相区别又互相联系的阶段：认知过程、情绪过程和意志过程。

1. 顾客购买的认知过程。顾客在采取购买行为之前，总是要从对商品的认知开始。因为如果顾客对一个产品一无所知，他是绝对不会采取购买行动的。对产品的基本认知是顾客购买心理活动过程最初级、最基础的阶段。我们又可以将其分为感性认知阶段和理性认知阶段。

（1）感性认知阶段。顾客对商品的认知是从感觉开始的，顾客通过感觉来接受商品不同的信息，颜色、大小、形状、气味等，把这些加以综合，最后得出一个整体性的结论，就是顾客的知觉阶段。感性认知是人类认识客观事物最基础的方式。

（2）理性认知阶段。理性认知包括了思维想象和记忆等一系列复杂的心理活动。顾客为了加强对商品的认识，会借助记忆把过去生活中的经验在头脑中反复回忆，顾客经过这些心理活动来掌握商品的本质属性及其规律性的联系，运用各种分析、比较、判断的思维方式，去理解商品的制作材料、制作过程、制作方法及制作原理。

2. 顾客购买的情感过程。顾客经过认知阶段以后，仍不一定会购买，这是因为人们处于复杂的社会环境中，顾客购买的情感过程会受到许多因素的影响。推销人员在推销过程中，应该注意和顾客建立良好的情感基础，比如信任感、亲切感、自豪感等。

3. 顾客的购买意志过程。顾客经过了认知过程和情感过程之后，是否要实施购买行为还受到意志的影响。意志是一个过程，是人们在认识和变革现实的过程中，自觉地确定目的，有意识地根据目的、动机等来调节支配行动，努力克服困难实现目标的心理过程。意志通过行为表现出来，也就是说在购买之前，顾客的意志还有一个思索的过程或者说一个思想斗争的过程。我们可以把它分为三个阶段：

（1）作出购买决定。再次确定自己的购买动机和购买目的，这是意志活动的初始阶段，在这个阶段顾客根据自己的支付能力和商品的供应状况，从自身的需求出发，来决定是否购买。

（2）执行购买决定。从决定购买到实际购买实质上仍然是一个较为复杂的阶段，它要排除各种外部的障碍，将主体意志转化为主题行动。实施购买决定，是真正体现意志的中心环节。

（3）体验执行效果。在实施购买行为之后，顾客的意志过程并未结束，顾客将通过自己对商品的体验来评价自己的购买决定是否明智。一般人们对所购买的商品都会有一个期望值，购买之后，他会对这个商品进行更进一步的考验：性能是否良好，使用是否方便……顾客将以此决定是否重复购买或永远拒绝购买。通常，顾客会将购前期望与购后感受进行比较，若一致则满意，否则会产生不满。

**（二）顾客需要及购买动机**

1. 需要。人是自然属性和社会属性的统一体，对其自身和外部生活条件有各种各样的要求，当某种要求缺乏时，个体就会感觉到一种心理或者生理的不平衡，同时感觉到需要的存在，继而人们会通过努力使得需要得以满足，从而恢复个体的平衡。

马斯洛的“需要层次论”把人的需要看做一个多层次的组织系统，由低级向高级逐渐形成和实现。马斯洛认为人的需要是由以下五个等级构成的：生理需要、安全需要、归属和爱的需要、尊重需要以及自我实现需要。

马斯洛认为，这五种需要由低级到高级按层次组织起来，当较低层次的需要得到一定程度的满足之后，较高层次的需要才会出现并且起主导作用。也就是说，人只有吃饱穿暖，才会有安全的需要。

需要是人类行为的源动力，人一旦产生某种需要，就会想方设法来满足。在物质生活日益丰富的今天，人们的生活水平普遍提高，通常都会通过购买的方式来满足自己的需要。推销人员应该根据消费者的心理需要，提供相应的产品和服务。

2. 动机。**动机是指推动和指引人们去从事各种活动的内部动因或动力**。动机以需要为基础，当人们的某种需要没有得到满足时，就会推动人们去寻找满足需要的对象，从而产生付诸行动的动机。有人把动机比喻为汽车的发动机，动机给人动力，人们的各种活动都是动机引起的。

## 第二节 推销方格理论

推销的过程是一个推销人员和顾客之间的沟通和交流的过程。由于推销人员与顾客的根本利益不同，因而对推销和购买会产生不同的认识，对彼此的关系也会有不同的看法，这些不同的认识和看法，直接影响到推销效果。美国著名管理学家布莱克和蒙顿在其管理方格理论的基础上，根据推销员与顾客之间的关注程度，提出了推销方格理论。该理论建立在行为科学的基础之上，着重研究推销人员与顾客之间的人际关系和买卖关系。

### 一、推销方格理论

推销方格理论可以帮助推销人员更清楚地认识自己的推销心态，看到自己推销工作中所存在的问题；推销方格理论还有助于推销人员更深入地了解自己的推销对象，掌握顾客的心理活动规律。推销人员只有深刻地认识自己和推销对象的心理态度，才能正确地把握推销工作的分寸，恰当地处理与顾客之间的关系，争取推销工作的主动权，提高推销效率。

推销方格理论认为，推销人员在进行推销工作时至少有两个明确的具体目标：一是千方百计说服顾客，完成商品销售的任务；二是竭力迎合顾客心理，以求建立良好的人际关系。推销人员对待这两个目标的态度与关心程度就构成了“推销态度理论”，用图形将推销人员对上述两个目标的关心程度及形成的态度表现出来，就是“推销人员方格”（图8－1）。

在图8－1中，横坐标表示推销人员对完成推销任务的关心程度，纵坐标表示推销人员对顾客的关心程度。两个坐标值都从1逐渐等值增大到9，坐标值越大，表示关心的程度越高。方格中的各个交点，分别代表各种推销人员的不同的推销心理活动状态与态度。

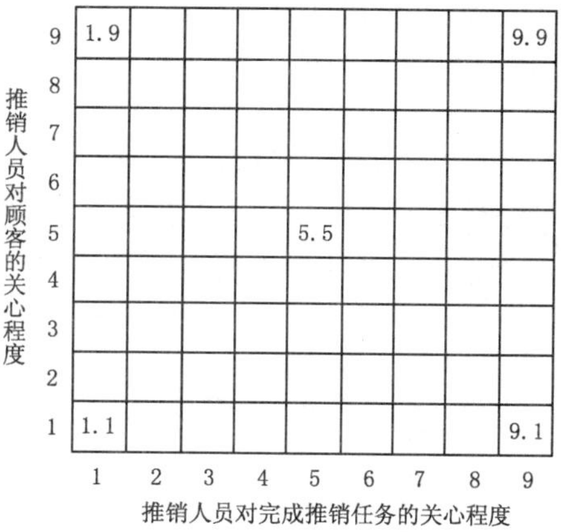


图8－1　推销方格

**（一）事不关己型（1，1）**

这类推销员有着既不关心自己的推销工作，也不关心顾客的心态。具有这种心态的推销人员不是合格的推销员，这样的推销员的推销成效也最差。他们缺乏责任心和工作的成就感，对顾客的需要视而不见，对企业的推销工作也毫不在意，抱有混日子的态度。这种推销员可能是因为本身没有进取精神或者企业疏于管理所造成的。

**（二）顾客导向型（1，9）**

这类推销员只关心顾客，而不关心推销任务的完成。这种类型的推销员处处顺从顾客心理，把建立和保持良好的人际关系作为自己推销工作的首要目标，不考虑或极少考虑企业的销售工作。这是一种较为极端的心态，单纯重视并强调人际关系，但忽视推销技巧，不关心或羞于谈起货币与商品的交换。这种极端的心态不是良好的推销心态。

**（三）强销导向型（9，1）**

这类推销员与“顾客导向”型恰好相反，他们十分重视与关心推销任务的完成，往往通过向顾客施加压力来达到目的。持这种心态的推销人员忽视商品交换背后的人际关系沟通，从而走向重买卖、轻人情的另一个极端。为了达到推销的目的，他们甚至可以败坏职业道德，不择手段地推销商品，但却很少了解顾客的需要，分析顾客心理。这种推销员虽然从短期来看可以把商品销出去，但从长期来说恰恰是损坏了企业和产品的长远利益。因此，这种心态也是不可取的。

**（四）推销技术导向型（5，5）**

这种心态较为折中，既关心销售，又不非常重视推销；既关心与顾客沟通，但不求完全听从顾客，他们注意两者在一定条件下的充分结合。这种类型的推销采取比较可行的推销战术，当他们与顾客产生异议时，就会采取折中的立场，尽量避免出现不愉快的情况。在推销活动中具体表现在具有较好的业绩，口碑不错，能用比较折中的方式使顾客接受订单；他们注重技巧、注重顾客的心理状态、注重说服艺术，但是却并不重视顾客的真正需求。从现代推销理论分析，持有这种心态可能成为成功的推销员，但却难以创新，不易成为推销专家或取得突破性进展。

### （五）解决问题导向型（9，9）

这种类型的推销员会展开有针对性的推销，帮助顾客解决实际问题，同时完成自己的推销任务。在实践中具体表现为，能够针对顾客的问题提出解决的答案，能最大限度地满足顾客的需求。这种心态是理想的推销心态，所以他们对自己产品十分的了解，且投入全力研究推销技巧，关心推销效果，又重视最大限度地解决顾客困难，注意开拓潜在需求和满足顾客需要，使商品交换关系与人际关系有机地融为一体。这正是我们所提倡的推销风格。

## 二、顾客方格理论

按照同样的方法也可以把顾客进行分类。顾客方格理论认为顾客在整个推销活动过程中也至少关心两个内容：一方面，顾客关心自己购买任务的完成与否；另一方面，顾客出于人际关系的影响，对推销人员以及推销活动也有着自己的态度。那么根据这两个方面就可以把顾客进行分类，如图 8－2 所示。

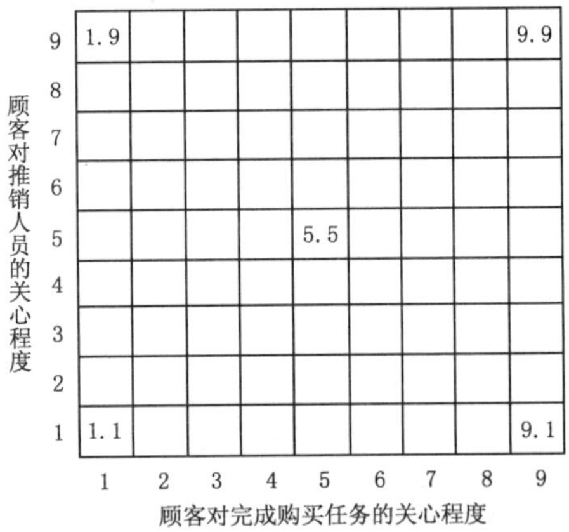


图 8－2　顾客方格

### （一）漠不关心型（1，1）

该类型顾客既不关心购买行为也不关心推销人员。持有这种心态的顾客对待购买工作不负责，他们把购买行为本身看成是应付差事，尽量避免作出购买决策，经常设法逃避推销人员。一般这种类型的顾客都是受命于人，自己没有绝对的购买决策权。

### （二）软心肠型（1，9）

该类型顾客非常关心推销人员，对于自己的购买行为与目的则不太关心。该类顾客往往感情重于理智，对商品本身则考虑不多。具体表现为极易被推销人员说服，一般都不会拒绝推销产品。这类顾客十分重视好的推销氛围，而对于推销决策本身不很重视。

### （三）防卫型（9，1）

该类型顾客可以说是十分难以接近的，他们对其购买行为十分关心，对推销人员则存有戒心。持有这种购买心态的顾客可能是由于传统的偏见或是有过购买不良商品的教训所致，具体表现在对推销人员十分冷淡，认为他们都不诚实，本能地采取防卫的态度。所以对于这类顾客，应该首先以消除防备心理、建立信任感开始，不应该过早地进行推销介绍，这样容易招来反感。

**（四）干练型（5，5）**

该类型顾客既关心自己的购买行为，也关心与推销人员的人际关系。持有这种购买心态的顾客一般都比较自信，甚至具有较强的虚荣心，他们购买的目的有时甚至是为了抬高自己的身价。具体表现在购买过程中十分的冷静，既重感情又重理智，而且十分的自信。这类顾客一般比较容易受消费流行的影响。对这类顾客，推销员应该摆事实讲道理，让顾客自己来作决定，这样他们比较容易获得一种满足感。

**（五）寻求答案型（9，9）**

该类型顾客既高度关心自己的购买行为，又高度关心与推销人员的人际关系。该类型顾客通常有较高的购买技术，他们的购买行为非常理智，会根据自己的实际需要来决定是否购买。而且他们十分清楚自己的需求，甚至十分了解市场行情，属于成熟型的消费者。在推销活动中，如果他们的疑问得到了满意的答复，一般都会购买推销品。

## 三、推销方格与顾客方格的关系

不同的推销员态度与不同的顾客态度的相互组合会产生不同的推销效果。管理学家布莱克和蒙顿经过细心的观察总结，把推销方格和顾客方格结合起来，设计了一个简明有效的组合表（表 8－1），初步总结了推销员和顾客的心态与推销能否顺利完成的关系以及基本规律。在表 8－1 中，用“＋”表示完成推销任务，“－”表示未有效完成推销任务，“0”表示介于上述两种情况之间。

从表 8－1 中我们可以看到，只有（9，9）类型的推销员，无论面对什么样的顾客，都可以获得推销工作的成功，面对任何问题都可以迎刃而解；但是（1，1）类型的推销员，无论碰到什么样的顾客，都不能完成推销任务。因此不同心态的推销人员的工作业绩相差非常之大，根据西方学者调查，具有解决问题导向性心态的推销人员创造的业绩相当于事不关己型推销员的 75 倍，比强力推销型高 7.5 倍，比顾客导向型高 9 倍。

**表 8－1　推销方格关系**

| 推销方格＼顾客方格 | 1，1 | 1，9 | 5，5 | 9，1 | 9，1 |
|---|---|---|---|---|---|
| 9，9 | ＋ | ＋ | ＋ | ＋ | ＋ |
| 9，1 | 0 | ＋ | ＋ | 0 | 0 |
| 5，5 | 0 | ＋ | ＋ | － | 0 |
| 1，9 | － | ＋ | 0 | － | 0 |
| 1，1 | － | － | － | － | － |

值得特别说明的是，由于外界以及自身多种因素的影响，推销员和顾客的心态是多变的，并不能完全精确地划分。毫不夸张地说，有多少个推销员就有多少种推销心态，有多

少名顾客，就有多少种购买心态。因此方格理论只是对两种心态的大致概括。另外要注意的是，推销员是可以通过培养去塑造的，而顾客则相对有自主的空间来保持个性。因此，推销员无论遇到什么样的顾客，都应该从容面对。

## 第三节 推销模式

应该说，推销活动的最大魅力也是最大的困难恰恰在于它的多变性和复杂性。推销人员必须面对不同的顾客、不同的市场环境，但是在这复杂和多变的活动之中，仍然存在着一些规律性的东西。推销模式就是推销工作者和一些著名的推销专家，根据推销活动的特点以及对顾客购买活动各阶段的心理演变应采取的策略，归纳出的一套程序化的标准推销形式。这些模式对我们的推销活动起着一些指导性的作用，但是推销人员不应该被程式化的标准所束缚，而应该结合具体实践，掌握这些模式、规律并创造性地灵活运用它们。

### 一、爱达模式

爱达模式是世界著名的推销专家海因兹·姆·戈德曼在《推销技巧——怎样赢得顾客》一书中首次总结出来的推销模式。它被认为是国际成功的推销模式。“爱达”由英文字母 Attention（注意）、Interest（兴趣）、Desire（欲望）、Action（购买）的第一个字母组成。爱达模式比较适用于店堂推销，如柜台推销、展销会推销；适用于一些易于携带的生活用品和办公用品的上门推销；适用于新推销人员以及面对的是陌生推销对象的推销。爱达模式的四个步骤是：

**第一步，Attention——吸引注意力。**

从心理学的角度上来说，注意是人们心理活动对一定事物的集中和指向。推销人员只有先引起顾客的注意才有可能进行下一步的产品介绍。

我们可以把顾客的注意分为两种：有意注意和无意注意。前者是指顾客在主观上能动地对推销活动产生注意，而后者是指顾客不由自主地对推销活动产生注意。我们在这里说的“唤起顾客的注意”，主要是指对无意注意的唤起。一般说来，顾客在推销人员接近以前，大多处于对周围环境的麻木状态，推销员要积极努力做到使顾客的注意力从自我或者其他地方转移到推销员和推销品上来。

人是通过感觉器官感受周围的世界的，所以推销人员可以通过推销活动作用于顾客的感觉器官，从而引起其注意。可以引起注意的具体操作方法有很多，如服饰吸引、广告吸引、口才吸引、表演吸引等，应该灵活运用。1915 年巴拿马世界商品博览会上，贵州茅台因为包装简朴无人问津，于是推销人员假装失手打碎一瓶茅台，酒香四溢，引起全场关注，茅台酒从此享誉海内外。可见推销成功靠的是知识和智慧两重因素。

**案例**

一个推销人员面对顾客的开场白总是："我是××公司的销售代表，这是我的名片。我们公司生产的××产品，性能优良，质量稳定，希望你考虑购买我们的产品。"这种开场白使顾客感觉到围绕话题的中心是推销人员及推销品，与顾客无关，由此会导致推销人员总是遭受拒绝和冷遇。如果在一开始就让顾客感觉到自己是被关注的中心，那么气氛就会不同。"久闻大名，希望能为您做点事情。这是我的名片，希望能为您效劳。"最冷漠的顾客也会有所触动，从而将注意力集中起来。

（资料来源：李海琼：《现代推销技术》，高等教育出版社 2001 年版。）

**第二步，Interest——引起顾客的兴趣。**

一般情况下，人们对某一事物的注意力不会持续太长的时间，除非对这个产品有了更深一步探索的积极态度，我们把这种对一定事物抱有的积极态度称为"兴趣"。兴趣常常是在注意的基础上发展起来的，因此，在这个环节，推销员必须向顾客证实推销品的实际效用和它可能带来的利益。常用的方法有两种：示范和表演。

1. 示范。所谓"百闻不如一见"，示范是引起顾客兴趣最有效的办法，是指推销员通过对产品功能、性质、特点的展示及使用效果的示范表演，使顾客看到购买产品后所能获得的好处和利益。

在条件允许的情况下，推销人员可以尽量让顾客参与到示范中来，效果更佳，这样给顾客留下的印象更深。

在示范过程中，推销员的新奇动作也会有助于提高顾客的兴趣。比如，一般推销干洗剂的推销员会携带一块脏布，当着顾客的面将干洗剂喷涂在上，假若推销员先将穿在自己身上的衣袖弄脏一小块，然后再洗干净它，这样的示范效果一定要好于前者。

要注意的是，在示范过程中，推销员一定要做到动作熟练、自然，给顾客留下利落、能干的印象，同时也会对自己驾驭产品产生信心。推销员做示范时一定要注意对产品时常流露出爱惜的感情，谨慎而细心的触摸会使顾客在无形中感受到商品的尊贵与价值，切不可野蛮操作。当遇到示范出现意外时，不要急躁，更不要拼命去解释，此时，你可用幽默化解这一切，让顾客了解这只是个意外罢了。

2. 表演。表演是指推销员运用动作、色彩、音效等艺术形式向顾客进行示范，以增强示范的效果。所以严格地说，表演是示范的一种特殊形式，但是由于表演的艺术性，往往会收到比普通示范更好的效果。比如，服装公司为了展示服装带给人们的美感，特地聘用服装模特展示表演；又如推销员拿着一根点燃的火柴说："您看，我们的冰箱在工作时非常安静，就像这根火柴在燃烧时无声无息。"

**小思考**

你在推销钢化玻璃，你的示范动作是举起铁锤砸玻璃，理想状态是玻璃安然无恙。谁知恰恰相反，玻璃碎了。这时你该怎么办呢？

（资料来源：根据业务员网 www.yewuyuan.com 相关资料整理。）

**第三步，Desire——激发顾客的购买欲望。**

当对一个事物有了兴趣之后，顾客还是不一定会购买。推销人员必须趁热打铁把这种兴趣继续加深，上升为一种购买欲望。当顾客觉得购买产品所获得的利益大于付出时，就会产生购买欲望。在现实生活中由于购买能力的限制，人们只能把有限的支付能力投入到需求最迫切、欲望最强烈的商品上面。因此，推销中非常重要的一点是要使顾客相信，他购买的产品正是他最需要的。推销员可以充分摆明理由，提出例证，激发顾客的购买欲望。

激起顾客购买欲望的方法有很多，我们在这里有两点建议：首先，产品具有满足顾客需求的使用价值是激起顾客购买欲望的物质基础，这种需求可能是生理，也可能是心理的，或者是自我实现方面的。推销人员要根据顾客的需求有针对性地介绍商品，使顾客认识到推销品的购买利益。其次，购买欲望多来自情感而非理智，所以推销人员要提出有吸引力的建议，通过情感进行感染。比如，不要讲过去与现在而要大说将来，让顾客在对未来的憧憬中激发购买欲望。总之，情理并重、以情感人、以理服人，才能最大限度地强化与维持欲望。

**第四步，Action——促成顾客的购买行动。**

推销的最终目的是要顾客“购买”商品。促成购买是指推销人员不失时机地促进顾客进行关于购买的实质性思考，帮助顾客强化购买意识，进一步说服顾客，促使顾客实际进行购买。很多顾客在产生购买欲望之后，会自己作出购买决定；而有些顾客在购买之前仍然犹犹豫豫，无法作出决定。这时推销人员可以运用一些技巧来促成顾客快速作出购买决定。比如对产品的真正价值进行重复，对于顾客的购后利益再次进行渲染，比如以赞扬的方式增强顾客的购买信心等。最重要的是，推销人员不要坐失良机，要注意识别顾客的成交信号，即顾客有成交的意识表现。成交信号一般有四类：语言信号、动作信号、表情信号和事态信号。

爱达模式的具体内容可以用一句话来概括：一个成功的推销员必须把顾客的注意力吸引或者转移到所推销的产品上，使顾客对所推销的产品产生兴趣，这样，顾客的购买欲望也就随之产生，然后再促使顾客作出购买行为。

在对爱达公式的应用中，人们对它又有了进一步的充实，即“AIDAS”公式，“S”代表了“Satisfaction”，即满意。也就是说，我们不能把顾客的购买作为推销活动的结束，还要让他们在使用的过程中十分满意，感受到满意的顾客可能会为你介绍来更多的新顾客。在技术不断进步、同质产品越来越多的今天，许多企业都在依靠售后服务来争夺市场，售后服务包括了为顾客提供维修保障、安装保证、质量保证等内容，人们把服务的提供称为产品的“二次销售”。

## 二、迪伯达模式

迪伯达（DIPADA）模式是世界著名的推销专家海因兹·姆·戈德曼从实践中总结出来的另一套行之有效的推销模式，这是继爱达模式之后的又一次创新。DIPADA 是英文 Definition（发现）、Identification（结合）、Proof（证实）、Acceptance（接受）、Desire（欲望）、Action（行动）的缩写。

迪伯达模式最大的特点在于紧紧抓住了“消费者的需要”这个十分关键的环节，使得整个过程更加有的放矢。此模式主要适用于生产资料市场产品的推销；适用于对老客户及熟悉客户的销售；适用于工业品、复杂成套设备、办公设备以及保险、技术服务、咨询服务、信息产品等无形产品的销售；适用于客户属于有组织购买即单位购买者的销售。因为此模式比爱达模式复杂、层次多、步骤繁，但其销售效果较好，因而受到销售界的重视。迪伯达模式包含以下步骤：

**第一步，准确地发现（Definition）顾客有哪些需要与愿望。**

顾客的需要是推销工作成功的前提，顾客不需要的东西，无论你用如何美妙的语言、生动的语调也不会打动顾客的心。所以推销人员首先应该对顾客的需要进行鉴别和判断，而不是急急忙忙地向顾客介绍产品。

**第二步，把顾客需要与要推销的产品结合（Identification）起来。**

在这个环节，我们首先必须清楚我们的产品是否能够满足顾客的需要。当确信我们的产品就是顾客所需要的产品，则可以进行推销介绍了。把顾客的需求和我们的产品结合起来，让顾客觉得我们可以帮助他们解决问题。一个杰出的、成功的推销人员必须抱着这样的一个信念：我不是来销售商品的，我是来帮助顾客解决实际问题的。

**第三步，证实（Proof）推销的产品符合顾客的需要和愿望。**

事实上，这个环节的工作常常和第二个环节同时进行。顾客对产品或服务有自己的看法，对于推销员说的话也常常抱有怀疑的态度，所以在介绍的同时要拿出充分的论据来向顾客证明，让顾客看到，推销品确确实实能够满足他们的需求。这些证据可以包括人证、物证，还有一些企业的例证。当然，这些证据必须是真实的，如果被顾客发现有伪造的迹象，那么不要说推销产品了，就连整个企业的形象都会被完全破坏了。

**第四步，促使顾客接受（Acceptance）所推销的产品。**

顾客接受产品是指顾客真正了解与认识了产品，达到了在认识上同意与认可产品、肯定与欣赏产品的程度，对产品产生了积极的心理定势。促进不是等待，促进接受要遵循以顾客为主的原则和继续努力原则。所以在大致介绍了产品并且出示了相关的证据之后，最好再继续详细地向顾客进行进一步的解释说明，引导他们进行提问，并回答他们提出的问题，邀请顾客试用，来加深顾客对推销品的印象，促使他们接受推销品。

**第五步，刺激顾客的购买欲望（Desire）。**

**第六步，促使顾客采取购买行动（Action）。**

第五、六步与第三、四步一样，不再赘述。

### 三、埃德帕模式

埃德帕（IDEPA）模式是迪伯达模式的简化形式。IDEPA 是英文字母 Identification（结合）、Demonstration（示范）、Elimination（淘汰）、Proof（证实）、Acceptance（接受）的第一个字母。埃德帕模式适用于有着明确的购买愿望和购买目标的顾客，是零售业推销比较适用的模式。当顾客主动来到零售商店，提出他要购买哪些产品，或者手里拿着购货清单，此时应使用埃德帕推销模式。

**第一步，把推销的产品与顾客的愿望结合（Identification）起来。**

由于“埃德帕”模式主要适用于有明确购买目标的顾客，因此不用费力去发现和寻找顾客的需要，因为顾客自己会主动陈述自己的购买愿望。推销人员应该做的是：按照顾客的购买愿望和需求标准，尽量提供给顾客较多的选择。对于原来顾客没有购买意向的商品，也可以把它和顾客的购买目的联系在一起进行介绍。

**第二步，向顾客示范（Demonstration）合适的产品。**

在把产品和顾客的需要结合在一起之后，推销人员要诚实地对产品在生产中的种种问题进行详细的解释、说明和示范，从而让顾客更深刻地了解产品，并且确信产品能够满足他的需要，符合他的愿望。示范一般情况下根据顾客的要求进行，如果是单一产品，推销人员进行有针对性地介绍就可以了；如果清单上产品名目较多，则要按照清单的目录一一示范，不要怕麻烦。同时，推销人员还可以依据自己的实践知识，站在顾客的角度上提出比较有创意的建议，这样推销成功的可能性会更大。

**第三步，淘汰（Elimination）不合适的产品。**

不合适的产品不一定是次品，而是指产品不能满足顾客的需求，不符合顾客的购买愿望。比如某产品可能品质非常优良而且十分时尚，但是由于价格较高，不适于顾客的消费水平，反而不好销售。所以推销人员应该帮助顾客把这些不合适的产品筛选掉、淘汰掉。

**第四步，证实（Proof）顾客的选择是正确的。**

一般情况下，经过推销人员初步的介绍和筛选之后，顾客就会有一个初步的购买选择。但是如果来购买的顾客是中间商，他们对产品的赢利性十分的关心，所以此时很有必要采用证实的方法向顾客证明能够赢利以增强顾客的信心。迪伯达模式中的证实是向顾客证明自己所说的是真实的，而埃德帕模式中的证实，是指向顾客证明顾客的选择是正确的。

**第五步，促使顾客接受（Acceptance）推销的产品，作出购买决定。**

迪伯达模式中我们也提到了接受，但由于提出接受的阶段不同，所以迪伯达模式中的接受更偏向于心理上的接受，而埃德帕模式中的接受不仅仅指心理上更指的是顾客在行动上的接受。所以这个阶段当顾客要实施购买活动之前，必然要对实际的交易事宜进行了解和沟通，诸如合同的签订、交货期限、运输的安排、售后服务等事项。

### 四、费比模式

费比模式是由台湾中兴大学商学院院长郭昆漠博士总结并推荐的。“费比”是 FABE 的译音，是英文字母 Feature（特征）、Advantage（优点）、Benefit（利益）、Evidence（证据）的第一个字母。其推销步骤是：把产品的特征详细地介绍给顾客→充分分析产品优点→尽数产品给顾客带来的利益→以证据说服顾客。

**第一步，把产品的特征（Feature）详细介绍给顾客。**

通常只有在顾客对产品的各种情况详细了解之后，才有可能购买该产品。所以该模式要求推销人员在见到顾客之后，要以准确的语言向顾客详细介绍产品的特征，比如产品的性能、结构、作用、外观优点及价格等。特别当推销品是新产品的时候，更应该详细地介绍产品的详细情况；当产品的加工工艺发生改变的时候，也应该介绍清楚。但是往往因为这些内容比较复杂，推销人员很难即时地把这些内容条理清楚地表达出来，所以这个方法要求推销人员事先把这些内容打印成广告式的宣传材料或卡片，以便在向顾客介绍的时候将材料和卡片交给顾客。

**第二步，充分分析产品优点（Advantage）。**

费比模式要求推销人员针对顾客的需求，结合产品的特征，寻找其特殊的作用或者特殊的功能，特别是如果推销品是新产品的时候，则务必要讲清楚产品的新功能、开发目的、开发背景、设计的指导思想、比市场上同类产品的优势。当面对的是专业顾客时，应该使用较为专业的语言。

**第三步，尽数产品给顾客带来的利益（Benefit）。**

应该说这个环节是费比模式中最重要的一个步骤。推销员应该把产品能够带给顾客的利益一一陈述，包括产品外表的、内在的、附加的一切利益，最好这些利益和顾客的需求是吻合的。在讲解的时候要注意顾客的反应，以便及时提出成交需求。

**第四步，以证据（Evidence）说服顾客购买。**

这个步骤贯穿在整个推销的过程。推销人员在运用费比模式时，要时刻注意用真实的案例、数据、证书、实物、示范等来解决顾客的各种疑虑，促使顾客购买。

费比模式与其他几个模式相比，有一个十分明显的特色：事先把产品特征、优点及带给顾客的利益等罗列出来，印在纸上或写在卡片上，这样就能使顾客更好地了解有关的内容，节省顾客产生疑问的时间与减少顾客异议的内容。正是由于费比模式具有这一特色，它受到不少推销人员的大力推崇。

### 五、吉姆模式

吉姆（GEM）模式是推销模式中的一个特例，适用于所有的推销。吉姆模式与其说是一种推销行为模式，不如说是一种心理要求。吉姆模式是从心理学的角度揭示了成功推销的三个要素：推销师一定要相信自己的产品（G）；推销师一定要相信自己所代表的公司（E）；推销师一定要相信自己（M）。

**第一，推销人员首先要相信自己推销的产品。**

推销品作为推销活动的物质基础，对于推销的成功起着关键的作用。美国推销专家齐格拉指出：推销是一种感情的转移，你对顾客所做的有关产品性能的任何有证据的说服工作，都比不上你对自己产品的自豪感和信任感所起的作用。推销人员对自己产品的热爱和赞赏，使得它能够在介绍产品的时候始终怀着一种赞赏之情，这种感情是可以通过沟通传递的，通过对自己产品的信任、赞扬，推销员能够成功地唤起和带动顾客对产品的尝试欲望，并付诸行动。

推销人员对产品的信心，不是一种盲目的推崇，也不是一种无根据的自以为是，而是来自于对产品的真正认识和了解。所以，企业要对员工进行相关的培训，让他们了解产品的功能、特征、价值、生产工艺、检测标准、市场前景等，还要了解和掌握产品的维修、保养、使用方法，树立起他们对产品的信心，使得他们可以胸有成竹地向顾客做推销介绍。另外，推销员也应该培养自己了解产品的好习惯，学会欣赏自己的产品，并试着用热情的语调来做推销介绍，这对于自己业绩的提高有十分重要的意义。

**第二，推销人员要相信自己的企业。**

公司是推销人员的归宿，只有当推销员能够与企业同呼吸共命运的时候，他们才会倾尽全力地为企业开拓市场，创造效益。一方面，推销员要对公司的业务尽心尽力，对企业的经营以及发展充满信心；另一方面，要重视推销员并尊重他们的工作，为员工提供良好的工作氛围。

**第三，推销人员要相信自己。**

自信是一切活力的源泉，是工作的动力，是成功的基石。推销人员的旅途充满着艰辛和泪水，每个推销员都吃过闭门羹，干过徒劳的工作，所以每一个推销人员都承受了许多的心理压力。只有自信可以帮助我们在面对困难和冷眼的时候，迎难而上，不仅自觉而且快乐地迎接挑战。首先，推销人员应该正确认识自己的工作，培养深厚的职业感情，热爱自己的推销工作；其次，推销人员要相信“世上无难事，只怕有心人”的道理，在实践中磨练自己，培养自己拥有亲和力、责任感、乐观、自我激励等优良品质，这些品质可以帮助你成为一个受欢迎的推销员。

## 案例分析

### 送水“风波”

某品牌纯净水厂在一社区设点销售纯净水，宣称其水质纯净、无污染，含多种有益元素，实行上门送水服务，其价格也较市场同类产品低1/3。王先生当场买了一年的水票。当天，送水工按王先生要求的时间把水送到，送水工穿着肮脏的工作服和皮鞋，径直走进王先生铺着地毯的客厅，动作幅度很大地把水桶放在饮水机上，溢出的水从饮水机上溅到地上。一不小心，送水工又把黑乎乎的手印印在王先生洁白的墙面上。王先生恼怒地说了送水工几句，双方争执起来。王先生一怒之下要求退票，厂方不允。后几经周折，方退回八成票款。王先生接受教训，转而购买另一知名品牌纯净水。该厂送水工进门之前，拿出自带的鞋套套在脚上走进房间，小心而熟练地将水放在饮水机上，又拿出挎包里自带的抹布擦拭饮水机和水桶。做完这一切，礼貌地告辞。这一次，王先生开心地笑了。

（资料来源：钟立群主编：《现代推销技术》，电子工业出版社2005年版。）

**案例思考：**是什么原因使得王先生中断了与某品牌纯净水厂已经发生的购买行为，转而去购买另一知名品牌纯净水？这个案例告诉我们销售过程中应重视哪些方面。

## 技能训练

**训练目的：**学会运用不同推销模式。

**训练内容：**将学生进行分组，选择一种商品，各组使用不同的推销模式来有针对性地进行现场推销，互相指出推销过程中的问题。

# 第九章
# 推 销 接 近

**学习目标**

- □ 熟悉约见的具体事宜
- □ 掌握并且灵活运用寻找顾客的方法
- □ 掌握针对不同的推销对象使用的不同接近方法

## 案例导入

### 乔·吉拉德的失败

闻名世界的汽车推销员乔·吉拉德，以连续12年平均每天销售6辆轿车的惊人业绩，被《吉尼斯世界纪录大全》收录，并荣获“世界最伟大的推销员”的称号。然而，就是这样一位成功的推销专家也有着失败的经历。

有一次，一位顾客来跟吉拉德商谈买车，吉拉德向他推荐了一种新型车。一切进行得很顺利，眼看就要成交，就在吉拉德给顾客开票的时候，对方突然决定不买了。吉拉德百思不得其解，后来终于忍不住给那位顾客打了电话，非常诚恳地道歉并追问原因。顾客很生气地回答说：“今天下午你为什么不听我说话？就在签字之前，我提到我的儿子将进入密歇根大学就读，我还跟你说他的运动成绩和将来的抱负，我以他为荣，可你根本没有听我说这些话！你宁愿听另一位推销员说笑话，根本不在乎我说什么！我不愿意从一个不尊重我的人手里买东西！”

（资料来源：李津：《乔·吉拉德》，中央编译出版社2009年版。）

**案例思考：**顾客更喜欢什么样的推销员？

## 第一节
## 寻找顾客

推销活动总是从寻找顾客开始的。如果找不到买主，推销工作就无从进行，所以寻找到准确的目标顾客对于整个推销活动的进行有着决定性的意义。

### 一、寻找顾客概述

#### （一）顾客

要掌握寻找顾客的技巧和方法，首先必须清楚顾客的含义。我们在日常生活中所说的“顾客”一词含义是比较含糊的，无论购买或者不购买，只要他们走进商店或者对产品进行了解，都被称为“顾客”。但是从推销角度来讲，我们根据顾客的购买状态将其分为以下几类：

• 潜在顾客，是指具备了购买条件，有可能成为目标顾客的群体，我们也常常称之为“引子”。

• 目标顾客，我们也称之为“准顾客”，即推销人员从潜在顾客中筛选出来，认为有接近可能和接近价值的个人或者组织。

• 顾客，指经过推销人员的推销介绍，目标顾客中对产品达到基本了解并购买了产品的个人或者组织，才能算是严格意义上的顾客。当顾客多次并且经常地购买产品之后，就成了企业的忠实顾客，我们称之为“老顾客”。

#### （二）寻找潜在顾客的基本思路

寻找潜在顾客，是实质性推销的第一步。如何以最快的速度、最低的成本找到最有价值的顾客呢？我们认为首先应该有一个清晰的寻找推销对象的正确思路，其次是要掌握一些寻找推销对象的有效方法。

1. 确定顾客范围。

首先，根据商品因素确定顾客范围，也就是根据商品的特征提出能够成为目标顾客的基本条件。在初步确定准顾客范围时，考虑商品因素非常重要，因为任何推销成功的前提必然都是所推销的品种应能够满足顾客的需要。比如：一个未婚青年不会对婴儿“尿不湿”感兴趣；没有水电的山区，没有人会购买洗衣机。这种需要应从商品的款式、性能、质量、花色、品种、时尚度等各个方面考虑，进行全面分析。商品的性能越优越，相对先进性越明显，其客户范围就越广，如彩色电视机比黑白电视机的客户范围要广；商品所具有的有用性与消费者的消费观念和价值观念越吻合，客户的范围也就越广。

其次，结合企业的特点，通过市场调研、市场细分等多种途径进一步的确定客户范围。尽管从理论上来讲，经过商品因素所确定的顾客都可以作为推销人员接近的对象，但是在实践中，由于空间、自然、社会等方面的因素限制，使得有些个人和组织无法接近。同时，不同市场上的不同消费群体的消费需求和消费习惯有着一定的差异，用同样的产品可能无法满足他们一些较为细微的要求。所以，这就要求推销人员经过认真的调查研究、分析比较、寻找开发、严格筛选才能准确定位。企业也应该根据自己的人力、物力、财力等条件，运用地理标准、社会经济标准、心理标准、行为标准等市场细分指数来从较大的市场上筛选出适合企业和推销品发展的细分市场。

2. 整理资料，建立初步的客户档案。在经过了大量的定位顾客范围的工作之后，推销人员已经对顾客有了相应的了解，应该及时把相关的资料进行整理，拟订潜在顾客名单，为后面的顾客资格审查做好准备工作。这个客户档案虽然不是最终客户资料，但是对整个推销工作仍然十分的重要。

## 二、寻找顾客的基本方法

寻找顾客主要指寻找潜在顾客，它是推销工作的第一道关口。

### （一）地毯式访问法

地毯式访问法，也叫“挨门挨户访问法”。这种寻找顾客方法的理论根据是“平均法则”。其原理是，如果访问是彻底的，那么总会找出一些准顾客，其中有一定比例会达成交易。

**地毯式访问法**并不是无目的的瞎撞。采用地毯式访问首先要挑选好一条比例合适的“地毯”。也就是说**推销员应该根据自己所推销商品的各种特性和用途，确定一个比较可行的推销地区或推销对象范围**。例如医药品应该到医院推销给一些大夫，肥皂等一些家用品应该去一些小区向家庭主妇推销，这样成功率才较高。因此，在开始地毯式访问之前，推销员应该先确定理想的推销范围，做好必要的访问计划。此法适用于推销各种生活消费品，尤其适用于推销必备的日用工业品和人人必需的各种服务，例如推销各种家庭用品、火灾保险服务等。实践证明，只要推销员善于掌握时机，灵活运用，这也是一种无往而不胜的成功方法。

### （二）连锁介绍法

**连锁介绍法，是指推销人员依靠他人特别是依靠现有顾客，来推荐和介绍他认为有可能购买产品的潜在顾客的一种方法**。据美国的一份调查报告显示：在寻找新顾客的各种途径中，由现有顾客推荐而取得成功者占38%，而其他方法均在22%以下。所以，在西方推销学著作里，连锁介绍法常常被看做是最有实效的寻找顾客的方法之一。有的推销学者甚至把连锁介绍法说成是“推销王牌”，主要原因是：

1. 每个人都有一张关系网，每个企业都有一张联络图，相关的研究表明，日常交往是耐用品消费者信息的主要来源，有50%以上的消费者是通过朋友的推荐而购买产品的，有62%的购买者是通过其他消费者得到新产品的信息的。

小资料

**"250 定律"**

曾经推销过 13000 多辆汽车的美国汽车推销大王乔·吉拉德的一句名言是："买过我汽车的顾客都会帮我推销。"他的 60% 的业绩都来自老顾客及老顾客所推荐的新顾客。乔·吉拉德根据经验提出了著名的"250 定律"：在每个顾客的背后都有 250 人，这些人是他们的亲戚、朋友、邻居、同事，如果你得罪了 1 个顾客，就等于得罪了 250 个顾客；反之，如果你能利用 1 个顾客，就等于得到 250 个顾客关系。这 250 个关系中，就可能有要购买你的产品的顾客。

（资料来源：李津：《乔·吉拉德》，中央编译出版社 2009 年版。）

2. 连锁介绍法能够增加推销成功的可能性，因为这样可以提高顾客对推销人员的信任度。通常，顾客对推销员是存有戒心的，如果是熟人推荐，就增加了可信度。研究表明：朋友、专家及其他关系亲密的人向别人推荐产品，影响力高达 80%；向由顾客推荐的顾客推销比向没有人推荐的顾客推销，成交率要高 3 ~5 倍。

运用此法的具体办法有很多，推销员可请现有顾客人为推销商品，转送资料，也可以请现有顾客以书信、名片、信笺、电话等手段进行连锁介绍。总之此法是一种行之有效的办法，但推销员必须注意先取信于现有顾客，运用灵活多样的方式进行连锁介绍，而且推销员应该随时和原介绍者联系，一方面表示谢意，另一方面引起原介绍者的关心，继续进行连锁介绍。

### （三）中心开花法

**中心开花法，就是推销员在某一特定的推销范围里发展一些具有影响力的中心人物，并在他们的协助下把该范围里的个人或组织都变成推销员的准顾客。**利用此法寻找顾客，关键在于发掘出"中心人物"并取得他们的信任和合作。这些中心人物了解其周围环境并能对其他消费者产生一定的影响，比如知名人士、高层领导、医生、教授、名牌大学和知名企业的人员等。推销员要想取得这些中心人物的信任和合作，就必须使对方了解自己的工作，使对方相信推销员的推销人格和商品，同时要与对方进行合作。

运用此法，推销员可以集中精力向少数中心人物做细致的说服工作，比较节省精力。但是应该注意的是，这些"中心人物"往往难以接近，如果他们不愿意与推销员合作，就会失去很多顾客，使得推销人员比较被动。而且，有时难以确定谁是真正的"中心人物"，选择错误反倒有可能弄巧成拙。

### （四）个人观察法

**个人观察法，是指推销员根据自己对周围生活环境的直接观察和判断，寻找潜在顾客的方法。**这是一种古老的也是最基本的方法。实际上，无论在什么地方，做什么事或和什么人谈话，推销员都必须留心观察。利用此法寻找顾客，关键在于培养推销员个人的职业素养。一个优秀的推销人员应该随时运用耳、眼、心洞察周围，处处留意，察言观色，从细微之处捕捉机会。

### （五）委托助手法

**委托助手法，也称为“猎犬法”，就是推销中委托或者雇用有关人员寻找顾客，以便为那些高级推销员节省精力，使得他们专门从事较为具体的推销访问工作。**具体操作程序为：由委托人利用一系列的方法发现潜在顾客，当他们找到了潜在顾客，立即通知高级推销员或上司安排推销访问。

运用这个方法，可以使专业推销员把更多的时间和精力花在有效的推销工作上，而且可以使专业推销员及时获得有效的推销情报，有利于开拓新的推销区，克服地域及风土人情差异。西方国家的汽车推销员往往雇请汽车修理站的工作人员当“猎犬”，负责介绍潜在的汽车购买者，车主很可能就是未来的购车人，这些推销助手发现有哪位修车的车主打算弃旧换新时，就立即介绍给汽车推销员。所以，他们掌握的情报稳、准、快，又以最了解汽车性能特点的内行身份进行介绍，容易取得准顾客的信任，效果一般都比较好。但是运用此法，最大的困难在于确定推销助手，如果助手选择不当，不但无法寻找到合适的顾客，而且还有可能影响企业的形象。同时，如果推销员与推销助手配合不好，或者推销助手同时兼任几家同类公司的信息员，那会给本公司带来不利的竞争因素。

所以，推销员必须给推销助手提供必备的推销用具和必要的推销训练。同时，切记选好助手，不能频繁更换。

**阅读资料**

**乔·吉拉德的“猎犬计划”**

乔·吉拉德认为，干推销这一行，需要别人的帮助。乔的很多生意都是由“猎犬”（那些会让别人到他那里买东西的顾客）帮助的结果。乔的一句名言就是“买过我汽车的顾客都会帮我推销”。

在生意成交之后，乔总是把一叠名片和“猎犬计划”的说明书交给顾客。说明书告诉顾客，如果他介绍别人来买车，成交之后，每辆车他会得到25美元的酬劳。几天之后，乔会寄给顾客感谢卡和一叠名片，以后至少每年顾客会收到乔的一封附有“猎犬计划”的信件，提醒他乔的承诺仍然有效。如果乔发现顾客是一位领导人物，其他人会听他的话，那么，乔会更加努力促成交易并设法让其成为“猎犬”。实施猎犬计划的关键是守信用——一定要付给顾客25美元。乔的原则是：宁可错付50个人，也不要漏掉1个该付的人。

1976年，“猎犬计划”为乔带来了150笔生意，约占总交易额的1/3。乔付出了1400美元的“猎犬”费用，收获了75000美元的佣金。

（资料来源：李津：《乔·吉拉德》，中央编译出版社2009年版。）

### （六）广告开拓法

**广告开拓法，是指推销员利用各种广告媒介寻找顾客的办法**。利用广告宣传攻势，向广大的消费者告知有关产品的信息，刺激或诱导消费者的购买动机，然后，推销人员再向被广告宣传所吸引的顾客进行一系列的推销活动。

根据传播方式不同，广告可分为开放式广告和封闭式广告两类。开放式广告又称为“被动式广告”，如电视广告、电台广告、报纸杂志广告、招贴广告、路牌广告等，当潜在顾客接触或注意其传播媒体时，它能被看见或听到；封闭广告又称为“主动式广告”，它的传播直接传至特定的目标对象，与开放式广告相比，具有一定的主动性，如邮寄广告、电话广告等。一般来说，对于使用面广泛的产品，如生活消费品等，适宜运用开放式广告寻找潜在顾客；而对于使用面窄的产品（如一些特殊设备、仪器）和潜在顾客范围比较小的情况，则适宜采用封闭式广告来寻找潜在顾客。

利用此法寻找顾客，关键在于正确地选择广告媒介。选择广告媒介的基本原则是最大限度地影响潜在的顾客。广告开拓法具有传播速度快、范围广的优点，节约人力、物力和财力，但广告费用较高，且企业难以掌握顾客的反应。

### （七）市场咨询法

**市场咨询法，是指推销员利用社会上各种专门的市场信息咨询服务部门所提供的有偿咨询服务来寻找顾客的办法**。在信息时代里，社会上出现了许多专门搜集市场信息的咨询机构，通过这些机构往往能获得许多有价值的信息。因为在这些市场咨询机构里，一般都聘请了各方面的专家学者，这些有影响的“中心人物”往往是各个消费领域里的领袖，他们更了解消费者的心理，更熟悉市场行情，更清楚谁是真正的顾客。如果推销员能充分利用这些专家的知识优势，一定会取得理想的推销效果。

利用此法寻找顾客时，推销员一定要谨慎地选定市场咨询机构，详细介绍有关推销品的基本情况和特点，密切配合，相互协作，同时还要并用其他各种方法，以取得最佳的推销效果。但是由于咨询费用较高，该方法的使用往往受到限制。另外，如果推销员完全依靠市场咨询人员提供信息，容易丧失开拓精神，会失掉许多推销机会。同时由于咨询机构所提供的信息具有间接性，夹杂着咨询人员的主观看法，因此，不可避免地存在许多主观片面的因素。

### （八）竞争分析法

**竞争分析法，就是在寻找顾客过程中，推销人员从竞争对手的角度进行分析，从中获取有益的线索，找到目标顾客。**

运用这种方法，首先应该了解竞争对手产品的购买对象是哪些顾客，然后强化自己的竞争手段，以“挖墙脚”的方式，把竞争对手的顾客“抢”过来。

采用这种方法的一个关键点在于推销人员手中的产品和销售条件要优于竞争对手，这样就可以有目的地加入市场竞争，运用适当的推销方法和技巧，把对方的顾客拉过来。但这种方法可能会影响市场的正常竞争秩序，而且会损害同行之间的人际关系。

**案例**

日本钟表厂为了打入美国市场，对其进行了认真的调研。他们了解到，31%的美国人寻求优质名表，而46%的消费者则喜欢性能较好而价钱适中的手表，还有23%的顾客对价格较敏感，而对表的品质要求不高。美国本地的泰梅克斯等大公司的产品主要满足第一类细分市场，另外两类细分市场却被忽略了。日本钟表商自知不敌泰梅克斯的高档表，于是就选定了中、低档手表市场作为自己的突破口，推出了价廉物美的产品，乘虚攻入了这两类市场，获得了很大的市场份额。待到泰梅克斯醒悟过来，反攻中、低档表市场时，日本人已经站稳了脚跟，大局已定。

（资料来源：邱汉南：《学推销——王牌推销员点津》，中原农民出版社2003年版。）

**（九）网上寻找法**

**网上寻找法就是借助互联网寻找潜在顾客的方法。**它是信息时代的一种非常重要的寻找顾客的方法。使用该方法时，推销人员应该及时保存顾客资料，另外网络模糊了客户的身份，推销人员在进行洽谈时，一定要对顾客的身份格外小心，认真求证。

## 三、顾客资格审查

通过对潜在购买者的寻找，推销员会获取包括许多潜在顾客在内的一份名单，但是，所有这些潜在顾客是否都值得花费时间与精力去进行接触或拜访，这是推销员制订推销计划时必须考虑的一个关键性因素。为了避免出现盲目推销的情形，推销人员应该选择拜访那些有较大可能会成为买主的顾客，才能提高推销的工作效率。因此，在开始实际的推销约见与洽谈前，应进行推销对象的选择。推销对象的选择过程就是对潜在顾客进行评审的过程，我们把这个称为“顾客资格审查”。顾客资格审查是推销人员对可能成为顾客的某个具体对象进行审查，以确定该对象成为准顾客的可能性。一般而言，只有那些对产品有真实需求、有货币支付能力和有购买决策权的顾客，才能成为现实意义上的顾客，才是合格的顾客。对顾客资格的审查主要应围绕以下几个方面展开：

**（一）顾客需求审查**

顾客需求审查，就是推销员经过再次审定已确定顾客是否真正需要推销品。应该说，以市场为导向、以顾客需求为依据，是推销的首要原则。一位优秀的推销员应该善于了解顾客需求，并可以对症下药。

我们可以把顾客的需求分为现实需求和潜在需求。**现实需求**就是顾客客观存在的并且自己已经认识到的需求。对于现实需求，推销员只需要证明你所推销的产品能够满足顾客的需求。**潜在需求，**是指那些已经存在的，但是顾客没有意识到的需求。对潜在需求，推销员则要首先激发顾客的需求欲望，使顾客相信其确确实实地存在着某种需求，然后引出推销品。

潜在顾客需要推销品的可能性很大，但是不一定就是合格的目标顾客，推销需求量也是一个很重要的考虑因素。如果付出的推销成本比较大，但是购买量较小，得不偿失，那么该顾客则不是合格的目标顾客。所以对于推销需求的审查应该用一个较长远的眼光来看待。

#### （二）顾客支付能力审查

购买力的有限性使得人们的许多需求都无法实现。对于推销人员来说，其任务不仅仅是把产品卖出去，更重要的是把货款收回来。所以审查顾客支付能力，判断能否按时收回货款就显得十分重要。

对于单个顾客，我们审查其支付能力只需要对其家庭收入情况进行考察，评价其现有职业、发展前景、稳定情况，从而考察其支付能力。

而对于企业，考察其支付能力则相应较为复杂一些。我们可以根据企业的生产经营状况、贷款量的多少、库存量的多少、固定资产的投入等数据，来分析企业的偿债能力和支付能力。除此之外，还应该对该企业的商业信誉进行考核。有些企业可能具备了偿债能力，但是总是寻找各种各样的借口来拖欠款项，作为推销员也应该事先调查清楚。

#### （三）购买决策权审查

单个顾客在购买上不存在太大的决策权问题。一般情况下，每个家庭在不同物品的购买上都有自己的决策人，所以比较易于寻找，只要推销员善于察言观色，就能够判断。但是，以企业作为推销对象时，如何判断具有决策权的人却比较复杂。购买决策权审查的主要目的在于进一步缩小顾客的范围，明确推销对象。所以要求推销员在推销之前，要尽量搞清楚推销对象的组织机构状况，掌握用户内部各部门之间主管人员的相对权力、各部门的权力分布，同时还要注意各部门的购买权限。

#### （四）购买人资格审查

**购买人资格审查**是指购买人作为市场经营主体的行为能力审查，其中包括了客户的营业执照、行业证照、专营证照、特种行业许可证、企业的等级规定等。我国还有许多限制集团购买权限的规定，有些单位虽然有需要也有支付能力，但没有取得有关部门的批准，也不能购买。一个推销人员，必须熟悉自己推销品的各种限制措施，否则即使达成了购买条款，也无法最终实现销售。

## 第二节 约见顾客

### 一、约见概述

**约见，又称为“商业约会”，是推销员事先征得顾客同意接见的行为，是推销接近的**

先行程序。随着推销环境、推销工具以及推销对象的改变，直接上门访问越来越不为顾客所接受，特别是一些大的集团公司，门卫制度森严，使得接近顾客变得十分艰难。因此，为了有目的地接近顾客，通常应事先约见。

约见是推销中的重要环节，但并不是必需的环节。有些成功的推销员就从来不约见顾客，因为他们认为约见留给了顾客思考拒绝理由的时间，所以他们选择趁其不备时直接上门。而另外一些推销员，他们认为约见是非常必要的，因为他们认为这样更尊重顾客、更能赢得顾客的信任。而且，事先约见有利于推销人员制订合理的推销计划并能对事件进行合理安排，有利于推销员对推销工作进行周密计划。因此，是否约见客户，要由推销员根据自己职业敏锐性，结合周围环境、客户的性格等来判断。

无论推销人员如何选择，约见工作都是不可低估的。约见过程中可问问好、聊聊天，为进一步交易奠定良好的基础。如果双方在闲谈中能够找到互相欣赏的特性或共同的话题，对促进交易有着绝对的积极作用。

在约见之前，推销员应做好约见的准备工作。虽然约见比较随意，但是在随意之中却更能够体现一个人的素质和水准，所以推销人员应该有备而约。对于顾客的姓名、性别、职业特征、家庭状况、民族禁忌、出生地、工作经历以及企业的经营状况、组织结构、采购习惯等资料推销员都应该提前知晓。

**案例**

**如何应对“看门人”**

有一次，一家公司的总经理约保险推销员原一平某天去他办公室洽谈，原一平应约赴会。来到总经理办公室门前，他一边与女秘书打招呼一边脱大衣，以为预先约定的会面肯定没有问题，岂料遭女秘书挡驾。原一平说：“是总经理亲自打电话约我来的。”女秘书的话也不容置疑：“对不起，他今天确实有特急事务。”原一平继续请求：“如果总经理确实忙，那你就让我进去 1 分钟，我只向总经理问候一声，证明我依约来了立即就走。”秘书终于应允。原一平进入总经理室时，总经理正背对着门坐在安乐椅上。他听到有人进来，就把椅子转了过来：“呵，早上好！原先生，请坐。”原一平向总经理问候了几句，转身就告辞。总经理感到惊奇，满腹狐疑地问：“怎么刚进门就要走了？”原一平说：“你的秘书小姐只给我 1 分钟的时间。真抱歉，时间到了，我不得不告辞了。明天上午八时，我再来拜访吧！”说着开门离去。

分析：也许这位总经理早把自己邀请别人的事忘得一干二净。但原一平明白，作为一个推销员要信守诺言。第二天早上，原一平又依约前来了，他得到了女秘书和总经理的热情接待，并顺利成交了一笔生意。

（资料来源：〔日〕原一平：《原一平给推销员的十一个忠告》，同心出版社 2004 年版。）

## 二、约见的方式

约见从实质上来讲，就是为了方便顾客，以示尊重，以便能够给顾客留下一个良好的印象，为后面的推销活动打好基础。那么，约见的方式就比较重要了。在什么样的情况下，选择什么样的方式，直接决定了约见的成败。因此，推销员在约见顾客时，不仅要考虑约见对象、约见时间和地点，还必须讲究约见方式和技巧。通常有以下几种约见方式：

### （一）当面约见

**当面约见是指推销员和顾客面对面地约定下次见面的时间、地点、方式等的一种约见方式。**当面约见的机会很多，比如社交场所不期而遇、酒会以及订货会等，同时推销人员也可以自己制造一些见面的机会，这就要求推销人员时时留心，了解重要顾客的生活习惯、兴趣爱好，创造机会与顾客见面，进而约定正式见面的时间。

当面约见的优点是，可以快速得到顾客的答复，增加双方的亲近感，而且一般情况下，面对面提出邀请，顾客一般碍于面子都不会拒绝。而且面对面比较坦诚，易于消除顾客的疑虑，传递信息准确并且易于取得顾客的信任。当然，当面约见也有一定的局限性：一是受地理限制，远距离的顾客往往很难有机会面约；二是受时机的限制，有时很难恰好遇到所要面约的顾客；三是一旦当面约见遭到顾客拒绝后，推销人员便处于被动局面，比较尴尬无法挽回败局；四是面约花费推销员的时间与精力较多，顾客多了就很难在短时期内办到。

### （二）电话约见

电话约见是推销员以电话为媒介约见顾客的一种方式。由于电话约见是典型的“只闻其声，不见其人”，所以，电话约见成功的关键在于推销人员必须懂得打电话的技巧，除了语调、语言、声音等以外还有以下几点要注意：（1）精心设计开场白，激起对方足够的好奇心，使他们有继续交谈的愿望；（2）约见事由要充分，用词简明精练，以便于能在电话中用很短的时间阐述清楚；（3）掌握电话约见的基本步骤，电话约见的一般步骤包括：问候、介绍自己和公司、感谢顾客倾听、道明约见目的、确定约见时间和地点、再次致谢；（4）利用电话进行约见，务必在短时间内吸引对方或给对方以良好的印象。

电话约见是现代推销活动中常用的约见方法，它的优势在于能在短时间内接触更多的潜在顾客，是一种效率极高的约见方式。但电话约见也有明显的缺点：由于推销人员与顾客没有直接见面，容易遭到顾客的拒绝。

**案例**

下面是两位推销员电话约见某电视机厂刘厂长的对话：

推销员1：“刘厂长，我什么时间去拜访你为好？”

推销员2：“刘厂长，我是星期三下午来拜访您，还是星期四上午来呢？”

试对以上两种电话约见方式进行点评。

（资料来源：邱训荣主编：《推销技巧》，东南大学出版社2004年版。）

### （三）信函约见

这是销售人员利用书信约见顾客的一种方法。具体的信函方式有：个人书信、会议通知、社交柬帖、广告函件等，其中采用个人通信的形式约见顾客的效果为最好，因为这种方式最能表达诚意。当然，书写个人信函一般要在与对方较熟识的情况下采用，否则，则有可能产生消极的结果。如碰到并不熟悉的顾客，寄去柬帖、会议通知、参观券或广告函等则是比较理想的方式。目前，随着电子信息技术的普及以及电子商务的不断发展，电子函件作为一种约见方式使用率极高。

信函约见十分的方便、易于掌握，而且能够表现出对客户的重视，但花费的时间和精力比较多，通常引不起客户的重视，信函往往一去不返。为了提高信函约见的成功率，销售人员在写约见信函时应注意以下几个问题：（1）措辞委婉恳切，往往能博得顾客的信任与好感，也使对方同意会面；（2）应尽可能言简意赅，只要把约见的时间、地点、事由写清即可，切不可长篇大论，不着边际；（3）尽可能自己动手书写，而不使用打印稿；（4）信封上最好不要盖“邮资已付”的标志，要动手贴邮票，这样更正式；（5）在信函发出一段时间后，最好打电话联系，询问顾客的想法与意见，把电话约见与信函约见结合起来使用，可大大提高约见效果。在使用电子函件时，一定要注意规范的、整洁的排版。

### （四）委托约见

**委托约见是指推销人员委托第三者约见顾客的一种方法**。受托人不但与推销员有着一定的人际交往（可以是推销员的同学、老师、同事、亲戚、朋友、上司、同行、秘书、邻居等，也可以是各种中介机构），而且受托人一般与访问对象本人有一定社会关系或社会交往。与访问对象关系密切的人员或对其有较大影响的人士最适合作为受托人。

委托约见的优点是可以通过第三者与目标顾客的特殊关系对其施加影响，从而克服约见障碍，消除疑虑，有利于进一步的推销接近与洽谈。但是，委托约见也受推销人员社交圈大小等因素制约，要视情况采用。

### （五）广告约见

**广告约见是指推销员利用各种广告媒体约见顾客的方式**。广告约见比较适用于约见顾客较多或约见对象不太具体、明确，或者对象姓名、地址不详，在短期内无法找到等情况。利用广告进行约见，可以把约见的目的、对象、内容、要求、时间、地点等准确地告诉广告受众。

广告约见有很多优点：一是约见对象较多，覆盖面大，越是受欢迎的媒体，就拥有越多的观众；二是能够吸引顾客主动上门约见，推销人员处于一个比较主动的地位；三是节省推销时间，提高约见效率，同时可以扩大推销员的影响，树立企业形象等。广告约见也有一定的局限性，比如针对性较差、费用高、很难引起目标顾客的注意等。

## 三、约见的内容

我们把约见对象、约见事由、约见地点、约见时间统称为“约见的内容”，也称为“约见活动四要素”。

### （一）约见对象

**约见对象指的是对购买行为具有决策权或对购买活动具有重大影响的人。**推销员需要事先弄清楚约见的对象究竟是谁，避免浪费太多的时间在那些无关紧要的人物身上。对于企业而言，约见对象最好是企业的决策者，比如：公司的董事长、经理、企业厂长等，推销人员若能成功地约见这些决策者，将为以后在该企业或组织里的推销铺平道路。但这些决策者常常无法直接约见，这时推销人员则应该想办法约见决策者的助手，比如：助理、顾问、秘书、办公室主任等。这些人虽无决策权，但他们接近决策层，可以在公司中行使较大的权力，对决策者的决策活动有直接的影响。

### （二）约见事由

约见顾客要有明确的目的，一方面让顾客感到约见的必要性，另一方面也使推销人员的推销访问有针对性。具体的推销事由通常有以下几个：

1. 推销产品。这是最主要的、最常见的约见事由。当以产品推销作为约见事由时，推销人员要着重介绍产品的性能和特征以及给顾客带来的实质性利益，以引起顾客的注意和兴趣。若顾客的确需要推销的产品，自然会欢迎推销员的来访，并给予合作；若顾客确实不需要，推销人员最好不要强求。通常，直接以推销商品为事由约见顾客，往往不受欢迎，因此推销人员在约见时应根据顾客态度，选择顾客喜欢的一些事由，比如以上门检修等作为事由来约见顾客。

2. 市场调查。市场调查是推销人员的重要职责之一，通过对客户及其所在地市场情况的调查，推销人员可以搜集和掌握真实、可靠的市场信息，为进一步推销做好准备。同时，以此为事由的约见，由于不需要顾客实际地购买，易于让对方接受，容易赢得顾客的信任、合作与支持。另外，通过调查研究性的访问，还可以了解到其他潜在顾客的需要信息，扩大推销调查范围。

3. 提供服务。以上门提供服务作为约见事由，应该说是十分受欢迎的一种约见事由。因为这并不需要顾客付出什么就可以享受有益于自己的服务，尤其是高新技术产品、高档耐用品以及生产资料产品的销售等方面，顾客十分需要优良的服务工作。通过这种方式既可以完成推销任务，又可扩大企业影响，还能和顾客建立良好的关系，并为进一步推销奠定较好的基础服务。

4. 走访客户。在市场竞争日益激烈的今天，对于一些大客户、老客户，推销人员要有计划地进行走访，以增进双方的感情，保持长期的友好合作。推销人员要积极地了解顾客的近期信息，包括顾客的合理化建议与忠告等反馈信息，以改进自己的产品，为进一步的推销奠定基础。

5. 签订合同。推销人员与顾客经过多次推销洽谈，经双方协商，最终达成交易，签订合同便顺理成章地成为推销人员下次约见顾客的事由。

6. 收取货款。收回货款是推销人员一个非常重要的任务。有经验的推销人员在推销开始之前，就应对顾客的资信状况开展调查，在推销过程中与顾客明确货款收付的具体问题，从而保证货款的及时回收。但是，以收回货款作为约见事由常常不能成功。此方法比较适用于一些长期合作的老顾客。

除了以上的事由以外，推销人员还可以借慕名求教、礼仪拜访、代转口信等事由来约见顾客，都非常有效。总之，推销人员应根据具体情况，创造各种机会约见、接近顾客，达到预期的推销目的。

**（三）约见的时间**

约见顾客的时间安排是否合适，会影响到约见顾客的效率，甚至关系到推销洽谈的成败，有经验的推销人员都非常重视约见时间的安排。推销员应该根据约见对象的特点选择最佳约见时间，最好不要在顾客工作较忙、心绪不佳或休息时间等情况下安排约见。

合适的约见时间，还应该考虑约见的事由。比如：以推销产品为约见事由，应该选择比较易于成交的时机，如节日前推销节日礼品、开学之前推销文具、季节性的服饰应选择在当季或者季节之前推销；以提供服务为事由的，必须选择顾客真正需要服务的时候，比如，顾客刚刚买了新产品，不能三天两头地上门服务，否则顾客会厌烦，也会怀疑产品的质量。

约见时间还应该和约见地点配合起来，如果约在公司见面，就应该选择顾客上班的时候访问；如果选择在顾客家里，所约的时间就应该在顾客下班之后，同时又不影响顾客休息和晚餐的时间。

**小资料**

下面几种情况，可能是推销人员最佳拜访约见客户的时间：

1. 客户刚开张营业，正需要产品或服务的时候。
2. 对方遇到喜事吉庆的时候，如晋升提拔、获得某种奖励等。
3. 顾客刚领到工资，或增加工资级别，心情愉快的时候。
4. 节假日之际，或者碰上对方厂庆纪念、大楼奠基、工程竣工之际。
5. 客户遇到暂时困难，急需帮助的时候。
6. 顾客对原先的产品有意见，对你的竞争对手最不满意的时候。
7. 下雨、下雪的时候，更容易感动顾客，但不要弄得顾客那里一团糟。

（资料来源：李海琼主编：《现代推销技术》，浙江大学出版社 2004 年版。）

**（四）约见的地点**

选择与确定约见地点应坚持方便顾客，最好能够请顾客主动提出约见地点，要本着有利于约见和推销的原则，这样才能让顾客更愿意接见。

事实上，并不存在完全固定的约见场所。从推销实践来看，办公室推销和家庭推销是最主要的推销方式。以顾客工作单位为约见地点，适用于生产资料产品的推销约见或洽谈；也可以选择推销人员的工作单位作为约见地点，此种选择方式可以增进顾客对公司的了解，从而增强其对公司和产品的信赖感，但要求事先进行一些相应的准备和策划，这样推销的成功机会比较大；如果推销的产品是日常消费品，通常以顾客居住地为约见地点，既方便顾客，又显得亲切、自然。推销人员也可以根据具体情况，利用各种社交场合和公共场所作为约见顾客的地点，如咖啡馆、酒店、公园等。

## 第三节
## 推销接近

当约见成功之后，推销员应该按照约定的时间、地点与顾客见面，推销活动便进入了接近阶段。接近顾客是推销过程中的一个重要环节，它是推销人员为进行推销洽谈与目标顾客进行的初步接触。所谓的接近，包含了地理位置上的接近和心理距离上的接近。

**在接近阶段，推销员的主要任务是引起顾客注意、激发顾客的兴趣并引导顾客自然而然地转入面谈**。证实洽谈开始的时候，接近工作就成功结束了。

### 一、接近准备

“凡事预则立，不预则废。”要想成功地完成接近阶段的任务，需要精心策划和准备，机会总是偏爱有准备的人。最初的几秒钟应该说什么，如何介绍自己，怎样寻找共同语言，怎样培养良好的气氛，怎样顺利地转入面谈，都应该在开始便策划好，有备而去。接近准备工作也有助于推销员再一次对顾客的资格进行审定。

#### （一）进一步审查目标顾客的资料

在顾客资格审查中，推销员已经对潜在顾客的购买欲望、支付能力、购买资格等进行了审查，这使推销接近工作更加富有针对性和效率。但在接近之前，还有必要对顾客的详细资料再进行准备，如顾客的姓名、年龄、性别、民族、教育程度、职称、信仰、家庭成员的职业、单位、收入、兴趣爱好、购买能力、购买行为等；团体顾客的基本情况如：法人全称、地址、产品、产量、购买习惯等资料，这些对接近的成功都有促进作用。

#### （二）做好必要的物质准备

为避免与顾客见面时手忙脚乱，接近前必须做好必要的物质准备。具体的物品包括仪表准备、物品准备两个方面。推销员的仪表应当整洁大方、干净利落、庄重而又有气质，这样会给顾客良好的第一印象；物品准备根据每次访问的内容不同有所改变，通常有：产品目录、名片、顾客资料、样品、价格表、发票、合同、笔记本和笔等。把这些东西放在包里你能记得的地方，需要的时候准确地抽出来递给顾客，不要等到需要的时候才手忙脚乱地在包里翻，顾客会觉得你没有准备，和你做生意很没有保障。

#### （三）拟订推销方案

推销方案就是推销员进行推销活动的行动方案，不一定非要以书面的形式表达，也可以是一种设想。推销员在接见顾客的时候，应该怎样开场、怎样接近、怎样展开面谈等，事先都应该认真考虑、精心设计。具体包括：选择时间地点、选择接近方式、列出商品介绍的主要要点、顾客可能会有什么样的异议和问题、这些问题应该如何去解决等。推销方案的制订，可以帮助我们把问题考虑得更加周到，推销接近中的许多障碍就会迎刃而解了。

### （四）接近前的精神准备

在接近顾客前，我们最容易犯的毛病就是信心不足，总是有着各种各样的担心：是否会搅乱被访者的正常生活？顾客是否会接受推销访问？顾客拒绝成交怎么办？这种无形的"恐惧"必然会被带到推销的言行举止中，会使顾客丧失对你个人及你所推销产品的信心。被拒绝有什么可怕的？美国推销员协会曾对推销员的拜访进行了长期的调查研究，结果发现：48%的推销员在第一次拜访遭遇挫折之后，就退缩了；25%的推销员在第二次拜访遭遇挫折之后，也退却了；12%的推销员在第三次拜访遭遇挫折之后就放弃了；5%的推销员在第四次拜访遭遇挫折之后，也打退堂鼓了；只剩下10%的推销员锲而不舍，毫不气馁，继续拜访下去。结果，80%的推销成功的案例，都是由这10%的推销员连续拜访5次以上所达成的。此调查研究可说明：视挫折为家常便饭，以平常心待之，而后锲而不舍地拜访，才是推销成功的钥匙。

## 二、接近的主要方法

推销人员在正式接近顾客时，能否争取主动，使顾客有继续谈下去的热情和信心，还得掌握一定的接近方法和技巧。最常见的接近方法和技巧有以下几种：

### （一）介绍接近法

**介绍接近法是指推销员通过自我介绍或经由第三者介绍而接近推销对象的办法。**介绍接近法按介绍主体不同，可分为自我介绍法和他人介绍法；可以采用口头介绍也可以是书面的介绍。

- **自我介绍法**是指推销员自我口头表述，告知顾客自己的姓名、年龄、身份、来访目的等，然后用名片、身份证、工作证等来辅佐达到与顾客相识的目的。这是推销员最常使用的方法。口头介绍可以详细解说，弥补一些书面文字或材料无法了解清楚的问题，利用语言的优势取得顾客的好感，打开对方的心扉；利用工作证、身份证，可以使顾客更加相信自己，消除心中的疑虑；名片交换非常普遍，给对方递上自己的一张名片也同样可以弥补口头介绍的不足，并且便于日后联系。但是，这种方法很难在一开始就引起顾客的注意和兴趣。因此，这种方法通常还要与其他方法配合使用。
- **他人介绍法**是推销员利用与顾客熟悉的第三者，通过打电话、写便条或当面介绍的方式接近顾客。在推销员与所拜访顾客不熟悉的情况下，托人介绍是一种行之有效的接近方法。但有时这种方法也有弊端，顾客可能并不想见面，但是碍于面子很不情愿地见了一面，这就使得他们有一种先入为主的消极思想，对推销员抱有一种应付差事的态度，反倒不利于推销的进行。

### （二）产品接近法

**产品接近法**也称“实物接近法”，**是指推销员直接把产品、样本、模型摆在顾客面前，利用产品引起顾客的注意与兴趣，进而与人面谈的接近方法**。产品接近法也是推销员与顾客第一次见面时经常采用的方式。

顾客购买产品时，真正最为注意的是产品本身，产品的性能、品质、用途、造型、颜色等。所以产品接近法更靠近顾客的购买目的。让产品自己做自我推销，给顾客一个亲自摆弄产品的机会，以产品自身的优良特性来吸引顾客的注意和兴趣，同时又达到了了解商品的目的，这是产品接近法的最大优点。

这种方法的关键之处在于，要凭借产品的用途、性能、色彩、造型、味道、手感等特征来取代推销人员的口头宣传。所以，这种方法最适合具有独到特色的产品，或者一些在色彩、性能、用途上有特别突破的产品；同时这种方法也要求推销品精美轻巧、便于携带；再者，推销品必须品质优良，不易损坏或者变质，使用效果比较容易看见，这样才经得起顾客反复推敲，而且比较容易激起顾客的注意和兴趣。

### （三）赞美接近法

赞美接近法也称为“夸奖接近法”。著名人际关系专家卡耐基在《人性的弱点》一书中指出：“每个人的天性都是喜欢别人赞美的”。**赞美接近法是指推销员利用顾客的自尊心理来引起顾客的注意和兴趣，进而转入正式洽谈的接近方法。**

推销人员应该把自己培养成一个赞美的高手，通过赞美来消除顾客的戒备心理，并达到信任推销员的效果。赞美接近法的赞美对象很多，可以是办公室的装潢、办公环境、产品质量、经营业绩、顾客的外表、举止谈吐、顾客家人、顾客欣赏水平等。赞美绝对不能信口开河、胡乱吹捧，应该适度，要诚心诚意，把握分寸。事实上，不合实际的、虚情假意的赞美，只会使顾客感到难堪或不屑，甚至导致顾客对推销员产生不好的印象。推销员应该针对不同的顾客选择不同的赞美方式，比如：对于内向型的顾客，应该赞美得比较含蓄，体现出一种内心的认同；对于较外向型的顾客，则可以赞美得稍微夸张一些等。

### （四）利益接近法

**利益接近法是指推销员抓住顾客追求利益的心理，并以顾客所追求的利益为中心，满足顾客的需要，达到正式接近顾客目的的一种方法**。利益接近法着重渲染推销产品能给顾客带来的好处，符合顾客追求利益和满足需要的心理，因而能引起顾客的注意和兴趣，这是利益接近法的最大特点。

许多顾客在购买产品时不愿意显示自己求利的心理，不愿意主动询问产品所能提供的利益保障。如果推销人员能够用精练的语言把产品的优点与顾客最关心的问题和利益联系起来，往往能取得比较理想的效果。运用这个方法应该注意，对产品的陈述应尽量地生动，能够打动顾客，但这并不等于推销人员可以信口开河、夸大其辞，对于利益的陈述，最好有科学的推算或者有实例来证明，并能够向顾客出示相关的技术分析报告、技术鉴定证书等有效的文件。

**案例**

一位油漆推销员，为了扩大自己产品的销路，来到一家用漆大户，想找采购部的经理谈谈生意。但连续几次都被秘书挡在门外，说经理没空。推销员实在耐不住，就设法向秘书打听是什么原因，秘书告诉他，这个星期六是经理儿子的生日，这两天经理正忙着为儿子收集喜欢的邮票，许多推销员都被打发走了。听完秘书的话，推销员转身走了。第二天，他又来求见经理，秘书照样不让进，推销员解释说："我这次来不是推销油漆，而是来送邮票的。"推销员见到经理后首先将自己收集的一些邮票放在经理面前，经理欣喜不已，顾不得询问来人的身份，就同推销员谈起邮票来。两个小时很快过去了，推销员要起身告辞，经理才如梦初醒，忙问："对不起，你贵姓？找我是不是有事？"推销员介绍完之后，经理说："这好办，明天请你带上合同来找我。"

（资料来源：吴健安：《现代推销技巧学》，东北财经大学出版社 2002 年版。）

**案例思考：**推销员是采用什么方法去接近顾客的？

**（五）问题接近法**

问题接近法，也称"问答接近法"或"讨论接近法"。**问题接近法主要是推销人员通过提问的形式直接面对顾客，激发顾客的注意力和兴趣点，进而顺利过渡到正式洽谈的一种方法**。这种方法常常和其他方法配合使用。例如：好奇接近法、利益接近法等都可以以提问作为开始。推销人员向顾客提出问题，有助于推销员了解顾客真实的想法，并直接促使顾客思考有关问题，继而引发讨论，顾客的真实需求、意见、观点等就比较容易得到表露。所以，问题接近被推销界公认为一种有效的方法。

问题接近法虽然是比较有效的方法，但其要求也较高。推销人员在提问与讨论中应注意对提出的问题表述明确，一针见血、有的放矢，避免使用含糊不清或模棱两可的问句，以免顾客听来费解或误解。例如："你愿意节省一点成本吗？"这个问题就不够明确，很难引起顾客的注意和兴趣。而"您希望明年节省 7 万元材料成本吗？"这个问题就比较明白确切，容易达到接近顾客的目的。一般说来，问题越明确，接近效果越好。再者，提出的问题应突出重点，推销员提出的问题，重点应放在顾客感兴趣的主要利益上。同时，应当提出顾客比较愿意回答的问题，避免提出伤感情和顾客不愿意回答的问题。

**（六）好奇接近法**

**好奇接近法是利用顾客的好奇心理接近顾客的方法**。例如，某推销员对顾客说："我这里有一份资料说明了贵公司上个月销售量下降 20% 的原因。"顾客的态度立即发生转变。好奇接近法需要的就是推销员发挥创造性的灵感，制造好奇的问题与事情。

采用好奇接近法，应该注意引起顾客好奇的方式必须与推销活动有关，包括了推销人员的语言、动作或者其他方式都应该注意相关性，否则将很难重新转入推销洽谈。引起顾客好奇的手段必须合情合理，奇妙而不荒诞，故弄玄虚反倒容易使顾客失去兴趣；同时还应该考虑到顾客的个人素养，要避免推销人员认为十分奇特而顾客却觉得平淡无奇、枯燥乏味，反倒弄巧成拙。

### （七）求教接近法

**求教接近法是指推销人员利用向顾客请教问题的机会，以达到接近顾客目的的一种方法。**推销员可以是慕名拜访，可以上门求教。实践证明这种接近方法的成功率比较高。尤其是在实际推销工作中，推销员可能遇到一些个性高傲的顾客，这类顾客自高自大，目空一切，很难接近。但是，一般说来，顾客不会拒绝虚心求教的推销员。对于这类顾客，推销员若能登门求教，自然会受欢迎。如："赵工程师，您是电子方面的专家，您看看我厂研制投产的这类电子设备在哪些方面还有待提高？"

求教接近法对那些刚涉足推销生涯不久的年轻人来说，是一个比较好的方法。请教的内容可以围绕产品，也可以请教经营问题，还可以请教哲学或者其他问题。但是推销员应该注意求教的问题必须是顾客的长项，如果推销员的问题顾客回答不了，则会非常尴尬，也会引起顾客的不快，使得推销效果适得其反。同时还应该遵循几个原则：美言在先、求教在后；求教在前、推销在后；虚心诚恳，洗耳恭听。

### （八）馈赠接近法

**馈赠接近法是指推销人员把一些小巧精致的礼品赠送给顾客，进而和顾客认识并接近顾客的一种方法。**推销员接近顾客的时间往往十分短暂，利用赠送礼品的方法来接近对方，既对企业产品作了宣传，又传递了推销员的浓浓友谊，从而引起顾客的注意和兴趣，效果非常明显。当然，送什么、送给谁、怎么送、何时送、何地送都应该策划好，才能发挥这个方法的优势。

使用馈赠接近法首先应该了解顾客会不会接受礼品，顾客对赠送礼品行为的看法是什么。一般的小礼物顾客都不会拒绝，也有些顾客从不愿意接受推销人员的礼物；应该注意慎重选择馈赠物品，设法了解顾客的喜好，了解顾客的需要。一般来说，礼物不应该太贵重，否则会让顾客产生怀疑；礼物最好经久耐用，不要选择那种即用即丢的产品，这样顾客只要看见就会想到推销员和推销品；还要确定礼品赠送的对象，可以直接送给决策人，也可以送给"守门人"，或者是给大办公室里的所有人，应该根据情况来确定。

### （九）震惊接近法

**震惊接近法，是指推销人员利用某种令人吃惊或震撼人心的事物来引起顾客的兴趣，进而转入面谈的接近方法。**人们通常对生活中的许多事物熟视无睹，推销员要用生动的方法让顾客注意到这些事实。例如：某人寿保险推销员把一位顾客的照片请摄影师加以修描，使照片里的主人看起来更衰老。推销员走进那位准顾客的办公室，递上那张修描过的照片，问道："先生，今天您打算为这位老人做点什么呢？"顾客仔细观察以后，震惊万分。推销员利用顾客震惊后的震撼心理，适时地提出方案，往往会收到良好的效果。还有一位戒烟器推销员，他总是把一些肺癌病人的彩色肺部透析片拿给顾客，告诉顾客那些黑黑的肺叶和气管就是抽烟留下的致癌物所造成的，看过的人无不动容。

推销员在使用这种方法时应该特别注意以下几个问题：推销员利用有关客观事实、统计分析资料或其他手段来震撼顾客，应该与该项推销活动有关，这样才能更让顾客震撼；使顾客震惊，必须结合顾客的特征，仔细研究具体方案，达到确实使人触目惊心的目的；使顾客震惊应该适可而止，令人震惊而不引起恐惧，绝对不可以用恐吓等方式来逼迫顾客购买；必须讲究科学，尊重客观事实，切不可为震惊顾客而过分夸大事实真相，更不应信口开河，用封建迷信的故事来迷惑顾客。

## 复习思考题

1. 约见顾客的基本内容包括(　　)。
   A. 确定约见对象　　B. 明确约见目的
   C. 安排约见时间　　D. 选择约见地点
2. 常见的约见方法包括(　　)。
   A. 电话约见　　B. 网上约见
   C. 信函约见　　D. 委托约见
3. 下列(　　)不是寻找推销对象的方法。
   A. 介绍接近法　　B. “地毯式”搜寻法
   C. 连锁介绍法　　D. 网络搜寻法
4. 对顾客资格的审查主要应围绕以下(　　)几个方面展开。
   A. 潜在顾客的需求愿望　　B. 潜在顾客的购买能力
   C. 潜在顾客是否有购买决策权　　D. 潜在顾客的购买资格
5. 问题接近法适用的时候，应该注意(　　)。
   A. 问题表述明确　　B. 问题应该和顾客利益相联系
   C. 问题应该有针对性　　D. 问题应该和推销活动紧密联系

## 案例分析

刘伟是某管理学院的三年级学生，刚刚接受了一份阳光岛度假村俱乐部的暑期工作。刘伟第一次参加销售会议，女经理谭园阐述了她对销售人员的希望：

谭园：我知道当你们被聘时就已经知道需要做什么。但是，我还想再次就有关事情作进一步说明。现在你们的第一项工作是销售阳光岛会员卡。每一张会员卡价值为 2 000 元人民币。如果你们有什么问题，直接提问。

刘伟：每笔买卖我们可以提取多少佣金？会员卡包括哪些服务呢？

谭园：每销售一张会员卡，你们可以拿到 10% 也就是 200 元。会员卡赋予会员很多权利，包括每年可以到太阳岛度假村免费入住 2 天，届时可以享受度假村的桑拿浴与健身，可以获得两份免费早餐。若会员平时到度假村度假的话，住宿、餐饮、娱乐、健身等都可以享受 50% 的优惠折扣。而且，你们还可以从会员的所有费用中提取 5% 的报酬。销售得越多，提取的佣金就越高。

刘伟：我到哪里去寻找太阳岛度假村的会员呢？

谭园：你完全可以自己决定如何做。但是，寻找潜在顾客是你成功的关键。根据以往的经验，每10个你找到的潜在顾客中，你将会与其中的3个顾客面谈，最后与1个顾客成交。还有问题吗……可以从你的亲朋好友开始。

（资料来源：重庆工商大学应用技术学院《商务谈判与推销技巧案例集》。）

**案例思考：**

1. 刘伟应集中于哪一个目标市场？
2. 刘伟应该怎样寻找潜在顾客？
3. 刘伟应如何制订访问计划呢？

## 技能训练

**模拟训练**

1. 以小组为单位，分析不同职业顾客的基本特征——教师、医生、煤矿工人、私企采购部经理、国有企业采购部经理等（具体的角色可由教师根据情况选择）。
2. 要求同学分别选择不同的角色、制作名片。
3. 模拟推销员接近不同类型的顾客。分组演示，其他小组找出问题并予以指正。

# 第十章
# 推销洽谈

**学习目标**

- □ 了解推销洽谈准备阶段的工作内容
- □ 了解和掌握推销洽谈的概念、原则和步骤
- □ 掌握推销洽谈的方法、策略和技巧

**案例导入**

### 一名推销员的成功拜访

有一位推销员，在拜访一位客户之前打听到这位客户非常挑剔，总喜欢提出异议。于是，他经过精心准备之后，满怀信心地去拜访这位客户。一见面，这位推销员就很礼貌地说："我知道您是一位非常有主见的人，对于我的推销一定会提出不少好的建议。"一边说着，一边将事先准备好的36张卡片摊在客户面前，说："请随便抽出一张来。"客户随手抽出一张卡片，上面写的正是一条异议。等这位客户把36条异议读完后，这位推销员说，请把卡片翻过来读一下。每张异议的背后都标明了对异议的理解和解释，客户忍不住笑了起来。于是，双方成交了。

（资料来源：吴健安主编：《现代推销理论与技巧》，高等教育出版社2005年版。）

**案例思考：**

1. 该推销员采用了什么样的开局方法？
2. 该推销员针对顾客异议采用了什么样的策略？

第一节

# 推销洽谈概述

推销工作是以完成交易为目的的，推销洽谈在推销过程中起着至关重要的作用。推销人员要想使顾客自愿地完成购买行为，就必须很好地与顾客洽谈交流。推销人员在推销的过程中，不但要通过洽谈了解和掌握顾客的心理，同时还要重视洽谈的方式方法，以及各种洽谈技巧的运用。

## 一、推销洽谈的概念和原则

**推销洽谈是指推销人员运用各种方式、方法和手段向顾客传递推销信息，说服顾客购买推销品的过程。**推销洽谈的目的在于通过向顾客传递推销信息，诱发顾客的购买动机，刺激顾客的购买欲望，并使得顾客采取购买行动。

推销洽谈的参与方一般为买卖双方，参与人员往往带有很大的随机性。参与人不同，采用的洽谈方式不同，产生的洽谈效果就会不同。但无论是什么人参与洽谈，或者是采取什么样的洽谈方式，推销人员取得较好的洽谈效果、进而达到推销商品的目的是明确的。

推销人员在与顾客洽谈活动中应遵循一定的原则：

1. 自愿原则。推销洽谈活动的进行，是以推销人员与顾客双方的地位平等和自愿参与为先决条件的，任何一方不得将自己的意志强加给另一方。

2. 有效性原则。是指推销洽谈必须具有明确的针对性和指向性。这就要求推销人员时刻不忘记推销目标，开展目标明确、针对性强的有效推销洽谈活动。

3. 参与性原则。推销洽谈的过程不仅仅是推销人员单方面的宣传活动，而应是推销人员设法引导顾客积极参与洽谈交流，是洽谈双方共同参与和意思表示的过程，也是推销信息双向互动沟通的过程。在此过程中要注意掌握洽谈的主动权，有效地控制推销洽谈的进程。

4. 满足需求原则。在推销洽谈中，应该将满足双方需求作为洽谈的终极目标。当然在双方谈判的过程中，谈判主体的需求有可能是会调整的，但洽谈顺利进行的前提务必是双方需求同时得到满足。

5. 鼓动性原则。是指推销人员要在洽谈的过程中，充分运用自己的热情、自信、知识去感染对方，并结合顾客的特点和促销品的实际用途，说服顾客达成购买行为。

## 二、推销洽谈的内容

一般来说，推销洽谈的内容由洽谈议题、洽谈时间、洽谈地点和洽谈行为四个要素组成。

### （一）洽谈议题

**推销洽谈的议题**，就是指洽谈双方共同关心的、并通过洽谈希望解决的问题，它是推销双方利益博弈的具体体现。它的内容十分广泛，而且会因为洽谈地点、目的、对象等因素的变化而产生差异。但无论如何，推销洽谈的最终目的，是解决推销双方存在的问题和分歧，促使洽谈双方最终协商一致，顺利达成交易。因此，推销洽谈的议题应遵循有效性原则，紧紧围绕谈判双方所关心的问题来确定，主要涉及推销品的质量、价格、销售服务、装运、保险、产品检验、结算条件和其他保证性条款等。

### （二）洽谈时间

推销洽谈之前，双方要就洽谈的时间或期限进行选择和约定，合理科学地安排洽谈时间，对于洽谈任务的完成是必不可少的，对于后续有效地安排洽谈的内容，选择洽谈策略，达到有效的洽谈效果都是大有裨益的。

### （三）洽谈地点

推销洽谈的双方不仅要对洽谈的时间作出选择，而且也要对洽谈的地点进行确认。确认洽谈地点通常有四种方式：主场谈判、客场谈判、主客场轮流谈判、中间地谈判。以甲乙两方进行推销洽谈为例，洽谈的地点可以选择甲方所在地，这样对于甲方而言，就是主场谈判，甲方要承担接待和安排布置谈判具体场所的义务；而对于乙方而言，则是客场谈判。对于持续时间较长、需要分多轮进行的推销洽谈，可以在洽谈双方所在地之间轮流进行，这种方式称为“主客场轮流谈判”。推销洽谈还可以选择不在洽谈双方任何一方所在地的第三地进行，这种方式称为“中间地谈判”。在推销洽谈中，推销双方所处的地位不同，所承担的义务和费用开支也会有差异。

### （四）推销洽谈行为

**推销洽谈的行为**，主要是指谈判的行为主体围绕谈判议题而进行的一系列有意识的活动。比如，交流谈判信息、商定推销洽谈的程序等，是解决推销洽谈中“谈什么”、“怎么谈”的问题，是推销洽谈的内容、方法、策略的体现。

## 三、推销洽谈的步骤

推销洽谈是一个通过信息交流、沟通协商，以期完成推销交易的复杂过程，要想增强和提高谈判的整体效果，就必须选定一套科学的程序，合理地作出计划，将推销洽谈的各个阶段或环节有机地结合起来，使得每个阶段和环节都服务于洽谈的终极目标。

### （一）推销洽谈的准备阶段

推销洽谈是一项复杂的推销业务工作，它受众多因素的影响，特别是一些规模较大、涉及问题比较多或技术性较强的推销洽谈，局面会更加复杂多变。要有效地应对各种局面，就必须将可能发生的情况事先预计到，做好行前充分的准备，这样，才有可能有效地实现推销洽谈的预期目的。

1. 洽谈方案准备。推销洽谈方案是推销人员的推销谈判计划，是事先对洽谈过程的规划和安排。推销洽谈方案一般应包括以下内容：

（1）推销洽谈的目标。推销洽谈的目标是谈判方对洽谈所要达到的结果的设定，是制订推销洽谈方案时首先要明确的事项。推销洽谈的目标一般有三个层次：

• 最优目标。是通过洽谈达到的最理想的目标，能最大限度地满足谈判方的利益和需求。比如，最优价格目标、最优销售量目标、长期合作目标等。这一类目标在实际推销洽谈中很少有实现的可能，一般作为谈判的起点，俗称"发盘"。最优目标作为己方利益和对谈判要求的集中概括，为谈判者的行动指明了方向。

• 中等目标。是比较实际的、有实现可能的谈判目标，在特定力量对比下最大限度地满足了自己的利益。在实际推销洽谈中，只要环境允许，谈判方要力争实现这一目标，不要轻易放弃。

• 最低目标。是推销洽谈中必须保证达到的最基本的目标，是洽谈的最低界限，比如，最低或最高价格、分期付款的次数和期限、交货期限等。只有实现这一目标，谈判方才能获得一定的利益。最低目标是一个下限目标，是宁愿谈判破裂也不能放弃的要求，所以，也称为"底线"。

（2）推销洽谈的主要策略。主要策略是遵循洽谈原则，根据己方具体的谈判目标，在充分了解和分析对方的情况下，为了实现己方各级谈判目标而制订的措施和对策。

（3）推销洽谈的内容。通常包含以下几个方面：商品、价格、质量、服务、结算以及其他方面。

（4）推销洽谈的地点和期限。由于洽谈的地点不同，洽谈双方在洽谈中所处的地位也不一样，各自承担的责任与费用开支也有差异，所以谈判地点也是谈判方案中需要确定的一项重要内容。谈判期限是指谈判方从着手进行洽谈准备到谈判结束的时间节点。由于谈判所涉及的议题一般具有时效性，因此在推销洽谈方案中合理确定谈判期限，对于掌握谈判进程，提高谈判效率，适时评估谈判的得失非常必要。

（5）谈判人员。推销洽谈方案应对谈判负责人及其组成人员作出明确的规定，同时应明确各成员在洽谈中的角色、职责分工和权限，便于在谈判中明确分工、取长补短、团结协作。

2. 人员准备。推销洽谈的人员是洽谈方案的具体执行者，是企业利益的维护者，因此，选择优秀的谈判人员并加以恰当配备，组成优化的谈判班子，是推销洽谈成功的重要组织保证。在组建谈判小组时，要做到谈判人员之间权责清晰、分工明确，知识结构和性格结构配合良好，还要考虑费用与成本的经济性以及整体配合的精干与高效等问题。

### （二）推销洽谈的开局阶段

推销洽谈的开局阶段是指谈判各方走到一起直到提出各自的基本要求、立场的过程。在这一阶段，谈判各方要处理好几个环节：建立恰当的谈判气氛，明确谈判的议题，初步表示自己的意向和态度。

推销洽谈开局气氛在很大程度上受到见面最初时间内所发生事情的影响，谈判各方相见的一瞬间是决定谈判气氛的关键阶段，它能决定谈判气氛是温和、友好还是紧张、强硬。因此，推销人员应对开局阶段高度重视。推销人员作为谈判的主体，在形成良好的洽谈气氛中需要充分发挥自己的主观能动性，为了实现交易，洽谈应建立在谋求一致、互惠互利的基础上，洽谈气氛应是和谐、坦诚、友好和富有创造性的。创造良好的洽谈气氛，推销人员一定要讲好开场白，应注重自己的形象，给对方留下良好的第一印象。

在建立了良好的谈判气氛后，双方的话题就要转移到谈判的有关事项上，如谈判的主要议题、具体安排等。在正式谈判开始后的开场白中，双方要就有关的谈判事宜进行重申，以便达成共识，使谈判沿着预定的、明确的方向进行。

当谈判双方就有关的洽谈事项达成共识后，双方正式进入了谈判的议题。在这一阶段，谈判双方要进行开场陈述，各方将自己的立场、要求作全面、概括的叙述，同时听取对方的陈述。陈述的主要内容有：己方对有关问题的理解、己方的利益、己方为了合作可以采取何种努力、己方的立场等。开场陈述点到为止，是原则性的、非具体的。陈述时要求简明扼要，使对方能很快明白理解并提出问题，从而开展交流与沟通。

### （三）推销洽谈的报价阶段

报价阶段是推销洽谈双方分别提出达成协议的具体交易条件，是开局阶段开场陈述的具体化，它涉及谈判各方的基本利益。

谈判一方在向另一方报价时，首先应弄清楚报价时机与报价原则。一般而言，在对方对推销品的使用价值有所了解后才报价；对方询问价格时是报价的最佳时机；报价应遵循最高可行价原则，即出价既要尽可能地高以最大限度地实现己方的利益，又要有被对方接受的可能性。在报价时应做到：表达清楚、明确；态度坚定、果断；对报价不加解释和说明。

### （四）推销洽谈的磋商阶段

推销洽谈的磋商阶段又称“讨价还价”阶段，是指谈判双方为了各自的利益，寻求双方利益的共同点，并对各种具体交易条件进行切磋和商讨。在此阶段各方都极力阐述自己的立场、利益的合理性，运用各种技巧，说服对方接受自己的主张、意见，或作出一定程度的让步，是各方利益矛盾的交锋阶段，也是推销洽谈过程中相当关键的阶段。

在这一阶段，谈判双方的分歧在所难免，它是影响双方顺利达成交易的障碍。因此，双方要积极采取各种有效的策略和方法，谋求分歧的解决，而积极的、充分的、恰到好处的妥协与让步是解决彼此分歧、达成协议的一种基本技巧和手段。妥协与让步从根本上来讲就是以退让的方式来实现进取的目的。因此，在任何情况下的妥协、退让都应是积极的，应与己方特定的洽谈目标相联系，都应该是调动对方趋向己方以实现己方利益的手段。在没有真正把握对方意图和想法的时候，不可轻易作出妥协让步。让步应坚持的基本原则是：不作无利益的让步；不作同等幅度的让步；不过早地让步；每次让步的幅度不宜太大、太快。

### （五）推销洽谈的成交阶段

推销洽谈的成交阶段是谈判的最后阶段。当谈判双方进行实质性的磋商后，经过彼此的妥协、退让，意见逐步统一，最终双方就有关的交易条件达成了共识，推销洽谈就进入了成交阶段。

当买方明确表示愿意成交时，推销方应对最后成交的有关问题进行归纳和总结，以扫清办理签约手续时的障碍。最后归纳总结的内容通常应包括：涉及交易的所有条款是否谈妥，是否有遗留问题以及有关遗留问题的处理；最后的让步项目以及让步幅度；最后的成交价格；双方的履约责任等。

在归纳总结双方的共识后紧接着就要签订协议，协议的条款应该具体、明确、规范、严密，价格、数量、质量要准确，支付方式、交货期限、售后服务及履约责任要明确，标的名称要标准化、规范化。协议起草之后，谈判双方都要对协议的每一个项目进行认真审核，以免因一时的疏忽而影响协议的正常履行，甚至造成无法挽回的损失。当谈判协议审核通过之后，洽谈各方都要履行正式的签约手续。各方在洽谈中所获得的利益只有用书面的形式确定下来，才能受到法律法规的保护。

## 第二节 推销洽谈的方法

推销洽谈不仅是一门技术，更是一门艺术。在推销过程中，推销人员要针对不同的产品、不同的顾客，灵活地、有针对性地采用合适的推销洽谈方法。推销人员可以使用的推销洽谈方法很多，常用的有提示法和演示法。

### 一、提示法

**提示法是指推销人员通过言语和行动，提示顾客使其产生购买动机，促使其作出购买决策及购买行为的推销洽谈方法。**提示法又分为以下七种：

### （一）直接提示法

**直接提示法是指推销人员直接向顾客传递商品信息并直接劝说客户采取购买行为的一种提示法。**采用这种方法，推销人员直截了当，开门见山，有利于节省时间，提高推销效率。直接提示法是使用最多、应用范围最广的一种推销洽谈方法。

应用直接提示法应注意以下几个问题：

1. 突出推销重点。不仅要重点提示推销品与众不同的特色和优势，而且要把顾客的主要需求与购买动机同推销品的优势特征相结合，以满足顾客需求，解决顾客的问题。

2. 尊重顾客个性，避免冒犯。

3. 要实事求是地陈述推销活动的有关信息，推销品必须确实是具备了可以被顾客接受的明显特征，这样才能赢得顾客的信任、支持与合作。

### （二）间接提示法

**间接提示法是指推销人员采用间接的信息传递与接收方法向顾客传达推销品信息，从而间接劝说顾客购买推销品的一种方法**。间接提示法有助于营造良好的洽谈气氛，利于推销异议的解决。在运用间接提示法时，推销人员要根据不同的推销对象、不同的购买动机、不同性格类型的顾客，有针对性、有区别地使用。

**案例**

洗发产品推销员对顾客说：“您看，现在的年轻人都喜欢追潮流，前几年流行离子烫，今年又流行什么空气灵感烫。”顾客说：“是啊，赶不上年轻人喽。”推销员说：“您有所不知，这样折腾头发其实特别容易损坏发质，久而久之，头发容易断，而且会没有弹性和光泽。”顾客说：“是啊，我的头发现在好像也没有光泽。”推销员趁机说：“我们公司生产的洗发产品是专门针对受损发质的，效果很好，您要不试试？”

（资料来源：李世宗：《现代推销技术》，北京师范大学出版社 2007 年版。）

使用间接提示法，必须注意针对性。推销员应该有针对性的选择不同的顾客使用不同的提示方法，有些顾客喜欢直来直去，对于这样的顾客应该使用直接提示法；有些顾客自尊心强，甚至有点刚愎自用，适合采用间接提示法。同时间接提示法适合用含蓄委婉的语气表达，这样容易让顾客接受。

### （三）积极提示法与消极提示法

1. 积极提示法。是指推销人员运用积极的方式劝说顾客购买推销品的方法。它是推销人员从积极的角度，用肯定的、正面的明示或暗示来提示顾客购买推销品后可以获得的利益等，从正面调动顾客心理活动的积极因素，从而促成顾客购买。

2. 消极提示法。是指推销人员运用反面的、消极的、否定的暗示法提示顾客注意不购买推销品，可能会带来的反面效应或产生的消极作用，从而激发顾客的购买动机，达到促使顾客购买的推销洽谈方法。

**案例**

“欢迎您乘坐本公司高级游览车观光，既舒适又安全！”——推销人员直接提示顾客注意该公司高级游览车及其好处，正面提示了舒适和安全的特点，积极诉诸顾客的求安、求乐的购买动机，一般会产生明显的正效应。如果推销人员提示：“乘坐本公司高级游览车观光，不会感到不舒服，也不会发生意外事故！”就是消极提示。尽管两种提示的内容是完全一致的，而这两种提示在顾客心里所产生的心理效应则是大不相同的。由于消极提示的暗示作用，使顾客产生不舒服、不安全及其他各种不愉快的联想，从而可能拒绝购买该公司的车票。

（资料来源：李世宗：《现代推销技术》，北京师范大学出版社 2007 年版。）

**（四）明星提示法**

明星提示法是指推销人员利用顾客对名人的崇拜心理，借助一些有名望的自然人、法人或其他团体组织购买、使用推销品的事例，来劝说顾客采取购买行为的一种提示方法。如推销人员利用名家的声望来推销书籍。“这本书是著名经济学家于光远推荐出版的佳作，书中提出了许多独到的见解……”

运用明星提示法应注意以下几点：

1. 所提示的明星必须是在一定的区域有较高的知名度，为顾客所知晓、所认同的明星。推销人员切不可自以为是，把自己心目中的偶像强加于顾客身上。

2. 所提示的明星与推销品之间有一定的内在联系，以增强推销洽谈的感染力与说服力，如选择体育明星为运动品牌作代言，电影明星为服装、化妆品代言等。

3. 所提示的明星与推销品之间要存在真实的关系，不能弄虚作假，欺骗顾客。在推销洽谈中，所提供的明星与推销品之间的使用关系必须是真人真事，不得招摇撞骗。

**（五）联想提示法**

联想提示法也叫“暗示法”，**是指推销人员通过向顾客提示或描述与推销有关的情景，使顾客产生某种联想，进而刺激顾客购买欲望的洽谈方法**。联想提示法要求推销人员善于运用语言的艺术去表达、去描绘，避免刻板、教条的语言，这样，提示的语言方能打动顾客，感染顾客，让顾客觉得贴切可信。

**案例**

一个叫汤姆的年轻人在一家报纸上看到卖车的广告，这种外形美观的新式自行车售价不高，他便兴冲冲地找到那家自行车行看货，店主兴致勃勃地给汤姆作了介绍。汤姆仔细看了自行车以后问老板：“车上没有灯？”老板：“没有。”“可是你们广告上的自行车是有灯的啊。”老板毫不迟疑地说：“但是车灯不包括在车的价格里，要车灯就要加钱，如果广告上有灯，车灯就应该包括在售价之内的话，那么小伙子，我们广告上还有一位小姐，是不是也应该免费送给你啊？”

（资料来源：李海琼：《现代推销技术》，高等教育出版社 2001 年版。）

使用联想提示法进行洽谈时，要提供可信、可靠的提示物，不能欺骗顾客，不能恶意地用一些不存在的提示物去影响或者刺激顾客的欲望，造成很多不必要的误解。

**（六）逻辑提示法**

**逻辑提示法是指推销人员利用逻辑推理来说服顾客购买推销品的一种方法**。它是通过向顾客摆事实、讲道理来启发、引导顾客进行分析、思考与判断，使顾客逐步认识到推销品的功能、利益等，心悦诚服地信任推销品，从而采取购买行为。这种方法尤其适用于具有理智购买动机的顾客。

在使用逻辑提示法时，推销人员应该讲究逻辑性、科学性与艺术性的和谐统一，做到情理并重，从而增强推销洽谈的说服力和感染力。

**案例**

一位营业员在向顾客推销电视机时这样说道："这台电视机售价仅1000元，寿命却长达1万小时，这样，你每小时只需要1角钱，而现在看电影每小时平均需要5元钱左右，且不说电视机使用起来有非常方便等好处。"

电视机的销售人员在说明电视机的物美价廉、使用方便时，并没有笼统地去讲，而是运用比较分析、事实罗列的思维方式，采用算账的办法来启发、引导顾客去分析与判断，而且最后留下的一句话："且不说电视机使用起来有非常方便等好处"，巧妙地把最后部分的理由留给顾客自己去推理、去判断，从而使顾客理性地分析判断中，对推销活动的理解是科学的，发自内心的，从而自觉地、心悦诚服地信任推销品，并乐于购买它。

（资料来源：吴建安、王旭：《现代推销学》，东北财经大学出版社2006年版。）

### 二、演示法

在现代推销中，推销品越来越复杂，推销信息越来越广泛，推销人员仅仅利用语言已经无法完全传递商品信息，为了更加准确有效地传递信息，尤其是为了有效传递某些只有亲身感受才能明晰的信息时，还必须利用演示法。

演示法又称"示范法"，是推销人员通过实际操作推销品或辅助物品，让顾客通过视觉、听觉、味觉、嗅觉以及触觉直接感受推销品的信息，最终促使顾客购买推销品的洽谈方法。通过这种方法，顾客可以直观感受推销品能给他带来的好处和利益，证实推销品的性能和特点，这对于坚定其购买决心有着重要的作用。

演示法具体分为产品演示法、行动演示法、文字演示法等。

#### （一）产品演示法

**产品演示法是指推销人员通过直接演示推销品，向顾客传递推销的有关信息，进而劝说顾客购买推销品的洽谈方法**。这一方法的运用，把产品本身作为传递信息的媒介，向顾客传递更生动、具体、形象、真实、可靠的推销信息，顾客从中可以获得较为全面的产品信息，有利于顾客正确认识推销活动，并接受推销品。这种生动、形象的信息传递方法，为推销洽谈营造了一个真实可信的情景，具有较好的洽谈效果，因此得到广泛的实际应用。

**案例**

哑巴在街头卖刀，他将几根铁丝置于案板上，举起菜刀，一刀砍下，铁丝被齐刷刷地砍断，哑巴继而向路人亮出菜刀，刀口丝毫无损，不一会儿，哑巴的刀卖完了。这就是产品演示的效果。

一个推销员站在街头，从口袋掏出一块手帕，扔在地上，来回地踩、搓，然后把已经很脏的手帕捡起来，掏出推销品倒在手帕上，放在清水里洗一洗，取出来又是一块干净的手帕了。推销员不断地重复这个动作，吸引了很多的行人，大家都对这个去污产品产生了浓厚的兴趣。

（资料来源：人民网，http：//www.people.com.cn，2006 年 1 月 31 日。）

推销人员在使用产品演示法的时候，要注意以下几个问题：

1. 根据推销品的特点选择合适的演示方式和演示地点。
2. 演示一定要娴熟。
3. 演示速度适当，最好边演示边讲解。
4. 鼓励顾客参与，让顾客融入推销活动中。这样做有利于发挥顾客的推销联想，使顾客产生推销认同，增强洽谈的说服力和感染力，提高洽谈效率。

#### （二）行动演示法

**行动演示法是指推销人员运用非语言化的形式向顾客展示推销品的优点，以提示顾客采取购买行为的一种方法**。行动演示法既可通过推销人员的行为直接展示产品的优良质量，又可以通过产品加工过程的演示来间接展示产品的主要优点。这一方法的运用，不仅能吸引顾客的注意和兴趣，而且通过现场展示与使用推销品，给顾客一种真实可信的感觉，很直观地暗示与激励顾客采取购买行为。行动演示法只适合那些简单的、便于携带和表演的产品。在演示时，推销人员要做到动作自然，不可过于矫揉造作，以免失去动作表演的真实性；在演示过程中，要反复、多次地演示推销品的主要优点，以加深顾客的印象。

#### （三）文字演示法

**文字演示法是指推销人员通过演示推销品的有关文字资料来劝说顾客购买的一种推销洽谈方法**。用来演示的文字资料通常包括产品说明书、价目表、获奖证书、质量检测证书、新闻报道等。这些文字资料，可以大大提高顾客对推销活动的信任感。在运用这一方法时，推销人员选择的文字资料要求具有真实性、针对性、相关性和权威性，以便较好地运用文字资料进行洽谈演示，增强谈判的说服力。

## 第三节 推销洽谈的策略

推销洽谈是一门艺术性、技巧性很强的学问，其策略技巧运用得好坏直接关系到谈判的成败。洽谈策略是指推销谈判人员未取得预期成果而采取的一些措施。由于推销活动中谈判所涉及的内容的不同、谈判的性质各有差异，因此，推销洽谈策略种类很多，数不胜数。下面将推销洽谈中一些常用的策略作简要的介绍。

## 一、虚张声势

优秀的推销员一定要牢记，在一般情况下，出价较高留有讨价还价的余地，则往往能以较高的价格达成交易。因此，在谈判时卖方往往运用出价较高而让步缓慢的策略，并辅之以宣扬产品的先进性、实用性、能带给买方的利益、好处以及价格的合理性等，以此从心理上激起顾客的购买欲望，或者击破对方杀价的奢望，从而收到较好的谈判成果。当然，对方也可能有应对之策，如采用吹毛求疵、虚张声势等战术进行周旋，对产品的质量提出非常苛刻的要求，在这种情况下，推销人员应做到：

1. 要有耐心，静心等待顾客在吹毛求疵时出现漏洞，然后抓住其主要的实质性的问题，以点带面地说服对方。

2. 对顾客提出的某些问题和要求，应避重就轻地回答或者不予回答。遇到实际问题时要据理力争，并耐心说服顾客。

3. 虚张声势，不轻易让步。在保持谈判不破裂的情况下，把握谈判的主动权，争取最好的结果。

## 二、声东击西

推销人员在洽谈过程中出于种种需要而有意识地将谈判中所讨论的议题转移到对自己并不重要的问题上去。在讨价还价阶段，推销人员往往喜欢采用这种策略。使用这种策略的目的在于：

1. 尽管所讨论的问题对自己是次要的，但通过这种方式又表明了自己的重视。这样就可以提高该议题在对方心目中的价值，一旦自己作出让步，就能使对方满意。

2. 作为一种障眼法，能转移对方的视线。如自己关心的是价格问题，而对方的兴趣可能在储运问题上，则此时推销员应该设法把议题引向其他方面，比如付款条件、方式等，以此来分散对方对上述两个关键问题的注意力。

3. 为以后真正的洽谈铺平道路。

4. 把某一议题的讨论暂时搁置起来，以便抽出时间对其他问题作更深入的了解。

5. 延缓对方所要采取的行动。

6. 一方面以继续谈判来应付对方，作为缓兵之计；另一方面寻找其他更好的策略和方法解决问题。

## 三、慎重让步

推销人员在谈判中把握和灵活运用让步的原则能够使自己在讨价还价中立于不败之地。主要的做法有：

1. 为自己留下讨价还价的余地，出价尽可能地高但又不失其可行性，要留有退路但也不能漫天要价。

2. 尽量让对方先表达意向，让其表明所有的要求，然后尽量给予圆满的解释，即使是相同的理由也不妨多说一次，语气温和，言辞恳切，感召对方。同时还可以向对方保证提供好的售后服务或承诺在下次交易时提供优惠条件等。

3. 尽量让对方在重要问题上作出让步，而自己在较小的问题上考虑适当让步。

4. 不要让步太快，即使是小的让步，也最好是在对方努力争取后再给予。因为人们往往不太珍惜轻易获得的利益和好处。

5. 不要白白地作出让步，自己每次让步都要从对方那里获得某些好处，有时迫不得已要作出让步也必须保持全局的有利情势。

6. 切忌让步幅度过大、让步频率过高。

### 四、后发制人

有经验的推销人员在谈判中还经常使用后发制人的策略，希望自己的意见既能被对方接受又不致引起对方的反感。应该如何使用这种策略才能收到好的谈判效果？常见的做法有：

1. 少说多听。如果对方希望表现自己，就尽量保持沉默，注意倾听。这样能使对方说得更多、更详细、更准确，而推销人员也会听得更明白。因此，在对方发言讲话时切忌打岔，那样会让对方产生反感，以致会妨碍意见的交流和推销商谈的顺利进行。

2. 在倾听对方讲话时，尽量不要构思自己的答辩，要从对方的立场去了解对方所讲的情况，了解他们的看法、需求和顾虑，然后从正面叙述对方的观点，表示出自己已经了解或理解对方。否则，就很难令对方接受自己的观点。

3. 商谈时不要高声或傲慢地讲话。以温和而又有节制的态度待人，容易赢得对方的信任、理解和合作；相反，如果以严厉、傲慢的态度说话只会令对方反感，使对方变得更加固执。

4. 不要急于说出自己的观点。最好能先让对方说出他的观点，然后再有目的地发表自己的意见，这样不但有针对性，而且更容易让对方折服。

5. 抓住重点牢记在心，以便争论时有的放矢，增强说服力。要注意争论时是双方的观点交锋，讨论问题时应对事不对人，避免矛盾激化。

6. 必要时暂时同意某些不太重要的看法或意见，不要正面反对对方的某些观点，特别是对方特别在乎自己的观点或看法的时候。人们大多喜欢保持合作的态度，而不愿意彼此冲突，对于双方在重要问题上的意见分歧，可以引用有说服力的先例或商业上的惯例予以说明，使双方能够设法以客观的标准去看待和解决问题。

7. 推销人员在了解对方的处境和目的以后，最好能够再复述一遍，让对方感觉自己已被人理解，增进对方对自己的好感，使其乐意合作。

### 五、车轮战术

车轮战术即在谈判进入某个关键的时刻，制造、利用各种“客观”原因，召回谈判主要负责人或某个重要成员，让另外身份相当的人代替。该策略通常是在谈判的中后期，如果谈判形势对自己不利，或自己在某个问题上因考虑不周而作出了许诺，事后又必须反悔；或双方发生激烈的争吵，即将形成谈判僵局；或对方成交心切等情况出现时，考虑使用。此时替补者的优势在于：

1. 如若反悔，替补者完全有机会、有借口抹煞前任所作出的让步或所作出的承诺，使一切从头开始。

2. 在因激烈的争吵使谈判即将陷于僵局的情况下，替补者也能够掌握主动权，他既可以更换议题，不介入其前任争吵的是非之中，也可以继承其前任的有利因素，加入自己的新策略，更加强有力地打击对方，使对方在强大的压力面前让步；他还可以汲取前任的经验教训，以调和者的身份通过有说服力的资料、实例，强调双方的共同利益，采用所谓的公平原则标准，调解矛盾，以赢得对方的好感，从而为以后的谈判奠定好的基础。

3. 经过前任谈判者与对方交往后，己方对对方参与谈判的组成人员的性格、爱好、优势、缺点都已经基本了解，而己方替补者的情况对方则一无所知。只要替补者能够抓住时机，迎合对方，避开对方的锋芒，就能在谈判中取得胜利。

### 六、速战速决

在推销业务洽谈中，促使对方按照自己的意图尽快签约是谈判的目的之一。有经验的推销人员在谈判过程中会采用或明或暗的方法促使对方尽快签订合约而结束谈判。常用的方法有：

1. 从正面重复拟订合同的要求。比如，“经过双方的共同努力，我们对于各项条款都已基本达成了一致意见，为了不使我们的洽谈成果付诸东流，我们签订如下合同”。

2. 假使谈判的一方想尽早结束谈判，就应该少说话，即使要表达自己的观点，也都应该围绕签约问题或将一些双方一致同意的问题，绝不要触及双方意向还有很大差距的问题。同时，还要认真听取对方的意见，不要被对方看出成交心切。

3. 对方如果不同意签约，要问清楚对方的问题所在，让其解释，然后代其解答或想办法解决。

4. 大胆假设一切问题都已经得到解决，并且用暗示的手段使对方签约。比如，询问对方何时需要产品，目的港选在什么地方，按合同规定的时间开立信用证是否有困难等。上述询问，均已表明询问者认为可以签约了，至少可以说明询问者认为主要的问题和事项都已经谈妥，可以成交了。

5. 提供某些特殊的优惠条件作为尽快签约的鼓励。比如，提供折扣、分期付款、附送礼品或配件、免费送货、免费调试安装、培训技术人员或者其他一些额外的服务项目等。

6. 找出一个令人信服的借口，说明如果今天不能签约，明天以后都有其他的安排，时间上会有冲突，以此暗示如果对方不同意现在签约就只好等待若干天以后了，从而激发或迫使对方马上签约。

### 七、休会策略

休会策略是指推销谈判进行到一定阶段或遇到某种障碍时，谈判双方或一方提出休会，使谈判双方参与人员有机会恢复体力和调整对策，推动谈判的顺利进行。一般认为在如下情况出现时可以采用此策略：

1. 在谈判即将陷于僵局时。

2. 在洽谈的某一议程接近尾声时。

3. 新的情况突然出现，双方或者一方感觉到难以应付，此时不妨提出休会，以研究、协调相应对策。

4. 在谈判一方不满现状出现时。

5. 在谈判陷于低潮时。谈判时间持续过长，参与谈判的双方人员都会感到疲劳，注意力也会随之分散，若继续谈判，效果不一定好，此时休会稍作休息，有利于洽谈取得理想的效果。

推销洽谈中的休会一般是由一方提出，经过对方同意才能实施，因此提出休会建议时，还应该注意几个问题：（1）要把握好时机，看准对方的态度变化情况；（2）要明白无误、委婉地提出休会的请求；（3）要讲清楚休会的时间，以免出现误会；（4）注意避免谈过多的新问题，要先注重解决眼前的问题。

### 八、最后通牒

大多数推销洽谈尤其是那种双方争执不下的谈判，基本上是到了最后期限或临近最后期限才达成协议的。由此，推销人员可以把最后期限作为一种策略加以利用，向对方展开心理攻势，以求获得对自己有利的交易条件或者达到与对方成交的目的。在推销谈判中刚刚提出最后期限时，对方往往并不十分在意，但随着最后期限的逐渐迫近，对方内心的焦虑会与日俱增，特别是当对方负有尽可能签约的使命时，对方就会显得焦躁不安，而到了截止日期那一天，这种焦躁和不安会达到最高峰。

针对这种心理状况，在谈判过程中对于某些一时难以达成协议的棘手的问题，推销人员不必急于解决，而要善于运用最后期限策略，规定出谈判的截止时间，对这些棘手的问题暂时不予理睬。临近谈判的最后期限，推销人员可以借助这一无形的压力向对方施展心理攻势。有时，还可以作一些小的让步作为配合，给对方造成机不可失、时不再来的感觉，以此说服对方。推销洽谈中，推销人员只要在那些悬而未决的问题上态度灵活一些，稍作让步，整个推销合同签订的问题就可以顺利解决。

### 九、价格引诱

有经验的推销人员往往把市场价格上涨看做是一个有利的时机。在这种情况下，也许能够达成很多交易，无需按部就班，逐条逐项去谈合同。其成功的秘诀就是在价格上做文章，利用市场价格预期上涨的趋势，在谈判中诱使对方成交。

比如，某公司的推销员对其客户说："贵公司是我们的老客户了，我们理当给予特别的照顾。据可靠消息，今年年底前我们经营的设备价格要上涨。假如贵公司打算订购这批货，要求在半年到一年内交货，就可以在订货合同上将价格条款按现价确定下来，这份合同就有了保值作用，你们觉得怎么样？"如果此时市场价格确实有可能上涨，这个提议就很有诱惑力。推销人员还可以补充说："签订合同只是为了价格保值，如果觉得不合适，可以随时撤销合同。如果要正式撤销合同，必须提前90天通知我们，以便我们对供货另作安排。”这样就可以大大消除顾客的疑虑，促使顾客决心购买。

价格引诱策略的使用实质上就是利用市场价格上涨的时机以及人们在这种市场状态下的特殊心理，把谈判对手的注意力吸引到价格问题上来，使其忽略对合同的其他重要条款的关注。当然，采用这种策略的目的在于快速与顾客成交，不能欺骗顾客。

## 复习思考题

1. 推销洽谈的具体内容有哪些？
2. 推销洽谈应坚持哪些原则？
3. 举出一个利用间接提示法的例子，并且说明它的优、缺点。

## 案例分析

20 世纪 80 年代末，硅谷某家电子公司研制出一种新型集成电路，其先进性尚不能被公众了解。而此时，公司又负债累累，即将破产，这种集成电路能否被认可，可以说是公司最后的希望。幸运的是，欧洲一家公司慧眼识珠，派三名代表来洽谈转让事宜。诚意看起来不小，但其报价却只有研制费的 2/3。这时，电子公司的代表站起来说：“先生们，今天先到这儿吧！”从开始到结束，这次洽谈只持续了三分钟。岂料下午欧洲人就要求重开谈判，态度明显“合作”了不少，于是电路专利以一个较高的价格进行了转让。

（资料来源：http：//08qxgz. blog. 163. com/blog/static/970524632009102598377748/，2009 年 11 月 25 日。）

**案例思考：**

1. 该电子公司的谈判代表用的是什么策略？
2. 该策略的适用条件是什么？

## 技能训练

**模拟推销**

将学生进行分组，每组任选一种产品，选择恰当的展示方法，进行产品介绍，要求将产品的主要特色与优势一一展示出来。

# 第十一章 顾客异议

学习目标

- □ 熟悉顾客异议的基本内容
- □ 掌握顾客异议的类型与分析
- □ 掌握顾客异议的处理方法

案例导入

**吉拉德扬长避短化解顾客异议**

一家笔记本电脑公司的犹太推销员吉拉德去拜访一位工程师。这位工程师提出了他的抱怨："我觉得你们的笔记本有点重。"

吉拉德问："为什么你会觉得重?"这位工程师说："你看，一般的电脑重量只有2千克，你的电脑却有2.5千克。"

吉拉德说："我明白了。工程师在外面工作，想携带较轻的笔记本电脑。除此以外，你觉得还有什么指标比较重要?"

这位工程师说："当然最重要的是配置，如CPU的速度，内存、硬盘的容量，其次是可靠性和耐用性，再后来才是重量。"

吉拉德说："每个公司设计产品的时候，都会平衡性能的各个方面。如果重量轻了，一些可靠性设计可能就要牺牲掉。"这位工程师说："有道理。"

吉拉德说："基于这种设计思路，我们笔记本的配置和坚固性一直是行业界里最好的。你对这一点有疑问吗？鱼与熊掌不能兼得。"

这位工程师说："你比喻得很形象。我们在设计产品的时候也会遇到这个问题。再说只是重了0.5千克，不是个大数字。"

最后，这位工程师订购了15台电脑。

（资料来源：宁一编译：《犹太商人的交谈策略》，中央编译出版社2004年版。）

**案例思考：** 吉拉德采用了哪些方法处理顾客异议？

## 第一节 顾客异议概述

在整个推销过程中，从接触顾客开始一直到售后的各种服务，顾客都可能产生各种各样的异议，若不妥善处理，会使推销工作前功尽弃基至会彻底失去顾客。然而遭遇顾客异议未必就是一件坏事。著名推销大师齐格·齐格勒说："包括购买重要的东西在内，你在大多数场合进行推销时，如果不遇到顾客的反驳，我就可以完全有信心地说，他不是你的顾客。如果顾客对你的讲述进行反驳，你就应该暗自庆幸，这回又有新的顾客了。"因此，处理顾客异议对整个推销工作具有重要影响。

### 一、顾客异议的概念

**顾客异议，是顾客对推销人员或其推销的产品、推销活动所作出的一种形式上表现为怀疑、否定或反面意见的反应。**换言之，是顾客用来作为拒绝购买理由的意见、问题和看法。据不完全统计，推销人员每达成一笔生意要受到179次拒绝。推销人员推销的产品被顾客拒绝购买的原因，多数是由于推销人员未能正确处理好顾客异议所引起的。

### 二、顾客异议产生的根源

对顾客异议产生的根源进行分析，有助于推销人员掌握处理顾客异议的规律和技巧。

#### （一）由顾客方面的原因所引起的

顾客方面的原因所引起的异议来自于顾客心理上所产生的障碍，如顾客的偏见、习惯、经验、知识面的宽窄等都可能导致顾客异议，形成推销障碍。这方面的原因大致包括以下十个方面：

- **顾客没有真正认识到自己的需要。**

由于顾客没有真正认识到自己的需要或发现自己存在的问题，没有意识到需要去改变现状，而维持原来的消费方式，缺乏对新产品、新服务、新供应商的需求和购买动机。这是由于顾客认知方面的原因引起的。推销人员对于这类缺乏认识而产生需求异议的顾客，应通过深入了解后确认顾客的需要，并从关心与服务顾客的角度出发，利用各种提示和演示技术，帮助顾客了解自己的需要和问题，刺激顾客的购买欲望，提供更多的推销信息，使其接受新的消费方式和推销品。

- **顾客的自我表现。**

有的顾客由于个人性格方面的原因，经常在推销人员对产品作出介绍后，提出异议，有时甚至会提出很尖锐的异议。但是，异议的内容却似是而非。这可能是因为顾客性格上有“表现”的心理冲动，借以表明自己的特长，求得心理平衡。对此，推销人员要予以理解，注意采取谦虚的态度耐心倾听，对某些有道理的意见表示赞同，使顾客的自尊心和虚荣心得到满足，这无疑会赢得顾客的好感，促进交易。

- **顾客的偏见与习惯。**

偏见即顾客所提异议带有强烈的感情色彩，有些问题可能客观上存在，但远没有顾客描述得那样严重。偏见是顾客认知中不全面的认识，也可以说是一个错误的认识。例如，有些顾客认为只要是名牌产品，它的质量就一定没有问题，不是名牌产品，他就不买。即便有些推销人员向这类顾客推销性价比较高的产品，这些顾客也会拒绝购买。此外，顾客都有一定的购买经验，往往习惯以自己的经验作为购买的标准。当推销人员的介绍与顾客的经验不符时，顾客就会提出异议。在不影响推销的前提下，推销人员应尽量避免讨论偏见和习惯的问题。在处理这类顾客时，推销人员首先要推销的是新的消费观念和方式，引导顾客改变陈旧的生活方式和过时的观念。

- **顾客的信息过时。**

在通常情况下，顾客总是倾向于购买他们习惯购买的产品和向熟悉的推销人员购买。如果顾客没有掌握新的信息，就会表现出对新产品的抗拒。随着现代科技的发展，新产品层出不穷。有些新产品尤其是高科技产品的特点与优势并不能一目了然。由于顾客的认识水平有限，从而易导致顾客异议的产生。对此，推销人员应能够以各种有效的展示与演示，深入浅出地向顾客推荐产品，进行启蒙和普及工作，消除顾客异议。

- **顾客心理不平衡。**

由于各种原因，如家庭失和、人际关系紧张、情感失落、晋升受挫、身体欠佳等因素，造成顾客心情不好。顾客不能有效控制自己的心情时不停地向推销人员提出异议，这也许是他们寻求心理平衡和发泄的一种方式。

- **顾客的能力。**

有的顾客因自己的知识水平、判断力、决断能力、性格等原因，造成他们购买行为的犹豫和彷徨；有的顾客因缺乏购买决策权及缺乏必要的影响力等造成签约的困难。上述因素构成了顾客的异议根源，但是顾客在表达异议时不会直截了当地说清楚，一般情况下，顾客会以虚假异议的形式进行表示，因此推销人员必须加以鉴别。

- **顾客的个人态度。**

有的顾客受了一些不良风气的影响，在个人私利的驱动下，对推销人员提出各种各样的异议，以便从中达到满足个人愿望的目的。如果他们个人的要求达不到，他们的异议就可能永远也没有解决的可能。

- **顾客的借口。**

在洽谈过程中，顾客可能由于资金不足而不能购买；或是由于个人不能做主，不能作出购买决定；或是想比较一下，再作购买决定……但碍于面子，顾客往往不好意思说出来，而是提出一些反对意见作为借口，以达到不买的目的。由于是借口，不是真正的反对意见，所以推销人员没有必要回答，因为就是消除了顾客的借口也不会达成交易。如果推销人员认真地加以辩驳，顾客更会感到他有必要为自己的借口作辩护，从而使借口真正变为反对意见，甚至会激怒顾客。所以，推销人员如果辨别出顾客的异议属于借口，可以告诉顾客回去考虑一下再决定。

- **顾客是一位善于挑剔的买主。**

有些顾客虽然心里想买，但为了争取对自己有利的交易条件，往往会在鸡蛋里挑骨头，肆意夸大商品的某些微不足道的缺点，甚至无中生有，把商品说得一无是处，这是顾客讨价还价前的一种策略。对付这类顾客，推销人员要有耐心，不要被对方的虚张声势吓住，而要坚定对自己产品的信心，巧妙地进行反驳。

- **顾客受到其他因素的影响。**

例如，顾客有固定的采购关系，绝大多数顾客在长期的生产经营活动中，已经与其他的供应商建立了比较固定的供销关系，顾客在接受新的供应商时必然要考虑企业和个人关系的协调问题而提出货源异议等。

### （二）由推销品方面的原因所引起的

由推销品方面引起的顾客异议大致有以下三个方面：

- **产品价格。**

价格是形成推销障碍最常见最重要的原因之一。顾客常认为推销品的价格太贵，总是希望通过讨价还价，在取得能够接受的价格后才实现交易；但有些顾客却认为购买便宜货是一件有失身份的事。因此，推销人员要认真研究和掌握顾客在购买过程中对价格的心理活动，有针对性地采取价格策略，以消除顾客的价格异议。

- **产品质量。**

顾客在决定产品购买时最主要的因素是产品的质量。顾客对产品质量提出反对意见，通常有以下几种情况：（1）推销品确实存在着不能满足顾客需求的缺陷与不足；（2）顾客缺乏经验或出于主观上的考虑，以质量为理由，拒绝购买；（3）顾客所了解的关于质量的有关信息与标准已经陈旧或作废；（4）顾客由于担心购买不当就以质量为借口拒绝购买。另外，还有顾客以质量为筹码进行压价，或由于推销人员推销不当，引起顾客对推销品的质量产生误会。

因此，当顾客提出质量异议时，推销人员应认真找出并确定引起顾客异议的深层原因，使顾客正确认识产品质量因素。此外，要高度重视和正确处理顾客在购买与使用推销品后提出的质量异议，对这种异议如果处理不及时，将会成为顾客不满的导火线，影响推销效果和企业的声誉。

- **产品服务。**

很多顾客购买某种商品就是看中了它的服务。如果顾客对服务产生异议，其根本原因在于顾客对服务的依赖程度很强。如果推销人员不能够提供比竞争对手更好的服务，给顾客更多的附加利益，或推销人员的态度不好，令顾客感到缺乏服务诚意和精神，就会提出异议。

### （三）由推销人员方面的原因所引起的

这方面的原因主要是由于推销人员不注意推销礼仪，不讲究推销语言艺术，轻易承诺又不兑现，推销信息不足，缺乏必要的服务意识和气质造成的。推销人员的这些表现无法取信于顾客，甚至使顾客厌恶和反感，自然会遭到顾客的冷遇和拒绝。另外，在某些推销环境里，推销人员的性别、顾客对推销人员的排斥、推销人员只顾自己说话而没有给顾客表达思想的机会等，也会引起顾客的反对意见。

**（四）由于推销环境不良的原因引起的**

推销环境不良是指顾客所处的周围环境和条件不利于推销。顾客的消费需求与自然环境和社会环境有密切关系，并受到这些环境的影响与制约。在不同的推销环境里，顾客有着不同的购买能力和购买习惯，有着不同的消费水平和消费结构，这要求推销人员的推销活动必须符合推销环境的要求。否则，顾客必然会提出反对意见。因此，推销人员要注意搜集不同环境下的政治、经济、文化、市场竞争等多方面的资料来帮助自己推销。

## 三、处理顾客异议的原则

**（一）尊重顾客异议，礼让三分**

无论顾客异议有无道理、有无事实依据，推销人员都应该认真倾听、平和对待，要表现出对顾客的尊重和重视，使顾客首先获得心理上的满足。这样在推销人员作进一步的说服时，顾客才会采取比较合作的态度。推销人员在推销商品的过程中，即便是顾客的看法和观点不正确，也不能强硬地反驳。每个人都会坚持自己的看法，不要企图说服顾客改变他的错误，要让顾客感到他说的有一定的道理。推销人员在辨析了顾客的异议后，再寻求其他比较委婉的方法向顾客讲明道理，顾客才能接受推销人员的建议和观点。总之，推销人员在遇到顾客异议时，要礼让顾客三分。

**（二）真诚倾听，耐心解释**

在洽谈过程中，推销人员应避免与顾客争论，更不允许争吵。在导致推销失败的原因中，推销人员与顾客发生争论高居第一位。推销人员首先应该时刻牢记提出异议的顾客是合作伙伴，而不是敌人。其次，推销人员应当树立“顾客总是有道理”的观念，推销洽谈不是澄清事实的讨论会，推销的目的在于达成交易，满足顾客的需要。顾客异议是一种客观存在，推销人员不要试图去压制顾客的意见，更不能贬低顾客的看法，而应该换位思考，理解顾客的想法和看法。在解答问题时，“态度胜过真理”。尤其是对待主观上的问题，处理更需谨慎。

犹太商人常说：“不要赢了嘴巴，输掉了金钱。”与顾客争辩，失败的永远是推销人员，这正如著名企业家戴尔·卡内基对“辩论”的理解一样：“每一场辩论的结果十有八九都是双方比以前更加坚信自己有100%的理由”。因此，如果推销人员在嘴上战胜了顾客，但最后的结果，就一定是推销人员失去了销售机会。

**（三）维护顾客的自尊，正视顾客异议**

如果推销人员让顾客感觉“不给面子”，甚至羞辱他，无论你所推销的商品价值有多高，不管你推销的商品有多么的价廉物美，都难以成交。例如，顾客提出商品价格太高，推销人员就不能在语言上暗含顾客“没有钱，买不起”的意思，进而轻视对方。顾客的意见无论是对是错、是深刻还是幼稚，推销人员都不能有讥笑、不耐烦、轻蔑、走神、东张西望、绷着脸、耷拉着头等表现，给对方留下轻视的感觉。推销人员要维护顾客的自尊，讲话时面带微笑、正视顾客，听对方讲话时要全神贯注，回答顾客问话时语气不能生硬，“你错了”、“连这你都不懂”、“你没明白我说的意思等”……这样的表达方式贬低了顾客，会伤害顾客的自尊心。

**（四）向顾客提供真正的价值和利益**

在处理顾客异议时，推销人员要真正做到从顾客的立场出发，了解顾客的问题，在立足于满足顾客的需求和利益的前提下，去说服顾客。这时，推销人员应着重说明顾客通过购买推销品所能获得的价值和利益，并通过各种可能的方法，向顾客证明购买推销品确实得到了这种利益，让顾客眼见为实。例如，对企业用户要从“降低成本”、“增加效益”的角度进行说服；对中间商要用“进货价格低”、“商品质量优”进行说服；对消费者则以“便利”、“使用效果好”进行说服等。要注意克服顾客的风险顾虑，在比较利益的促进下完成推销任务。这是推销人员能否说服顾客的关键。要做到这一点，推销人员必须设身处地地为顾客着想，和顾客作角色互换，了解对方的感情及顾客的所想、所虑，利于正确处理顾客的异议。

**案例**

**犹太人克洛里推销木材**

犹太人克洛里是纽约泰勒木材公司的推销人员。他说：“多年来，我总是指责那些大发脾气的木材检验员的错误，虽然我在口舌上获胜了，但他们绝不改变自己的错误，这使公司丧失了成千上万的金钱。因此，我决定不用这种方法了。

“有一天早上，我办公室的电话响了，一位愤怒的主顾在电话那头抱怨：在木材卸下1/4后他们的木材检验员报告说，55%的木材不合格。他们的公司已经下令停止卸货，请我们立即把木材运回去。

“我赶到现场去查看，才知道他们的检查太严格了，而且把检验规格也搞错了。我没有暗示他们检查错了，而是先告诉他们本公司以后送货时要更好地满足他们公司的需要，并以一种非常友好而合作的方式请教，并且坚持把他们认为不合格的木材挑出来，使他们感到高兴。我又小心地提问，让他们觉得有些不能接受的木材可能是合格的。

“渐渐地，他们的整个态度都有了很大的改变。结果，在我走后，他们把卸下的木材又重新检查了一遍，全部接受了，于是我收到了一张全额支票。”

（资料来源：盛琳：《电话销售口才》，企业管理出版社 2008 年版。）

## 第二节 顾客异议的类型与对策

### 一、需求异议

**【概念】**需求异议是顾客自己提出不需要所推销的商品。

**【示例】**顾客表示："我们已经有了"，"这个东西没有什么用"等。顾客在不想购买的情况下，最常用的借口就是"我考虑考虑再说"。因为在顾客看来，这种说法比较温和，又留有余地，既可以避免推销人员的难堪或因不买遭推销人员的白眼，又可以给自己预留一个机会。在这种情况下，推销人员最重要的任务是要判断顾客这种说法是"真"还是"假"。

**【对策】**顾客提出这类异议有以下几种可能：一是顾客确实不需要推销品；二是顾客的一种托辞；三是顾客可能对推销品还缺乏认识。推销人员对此要作具体分析，搞清楚顾客异议究竟属于哪一种，然后才能正确处理。

### 二、产品异议

**【概念】**产品异议是指顾客针对推销品的质量、性能、规格、品种、花色、包装等方面提出的反对意见，认为推销品不能满足自己的需要方面的异议。

**【示例】**"我不喜欢这个颜色"、"这个造型太古板"、"新产品的质量都不太稳定"、"这种电脑的运行速度太慢"、这个手提包的款式已经过时了"、"这个品牌的汽车性能不好"等。

**【对策】**产品质量异议是比较常见的顾客异议，其产生的原因非常复杂，有可能由于产品自身客观存在的不足，也有可能源于顾客自身的主观因素，如顾客的文化素质、知识水平、消费习惯等，也有可能是顾客的一种主观看法，如偏见、借口等。此种异议是推销人员面临的一个重大障碍，且一旦形成就不易说服。

### 三、价格方面的异议

**【概念】**价格异议是顾客认为价格过高或价格与价值不符而提出的反对意见。

**【示例】**比如，"这东西怎么这么贵呀！""太贵了！便宜一点吧。""同样的东西，你们怎么卖得比别人贵！"等等。

在推销过程中，推销人员最常碰到价格异议。因为价格与顾客的切身利益密切相关，顾客对产品的价格最为敏感，一般首先会提出价格异议。即使推销人员的报价比较合理，顾客仍会抱怨："你这价格太高了。""你们的竞争对手的价格比你们低很多，而质量却差不多。"这是顾客受自身的购买习惯、购买经验、认识水平以及外界因素影响而产生的一种自认为推销品价格过高的异议。

【对策】顾客最爱在价格上挑剔，对于任何类型的顾客来说，总是希望买到最便宜的东西。因此，推销人员在日常的交易中都有可能会碰到价格异议。为了有效处理顾客的价格异议，推销人员必须正确认识价格异议产生的根源和顾客讨价还价的动机。

处理价格异议最有效的对策就是：对症下药，直接加以解决。

- 如果是因为顾客购买力不足而觉得产品太贵，那就要提供一个适合顾客购买力的购买方案，如分期付款或银行按揭。目前房地产、汽车行业的销售就是用这种办法来解决价格的问题。
- 如果顾客因为认为讨价还价必有好处，那么推销人员最简单的解决方法就是告诉顾客产品的价格是公司的统一价，价格不能再谈，顾客自然就放弃了讨价还价了。
- 如果顾客是出于不了解产品的价值而提出价格太贵，推销人员解决的办法就是向他解释产品的价值，解释价格贵的原因。
- 如果顾客决定购买之前最后又提出降价要求（“最后反对”），他会说：“再便宜一点吧，便宜一点我就买！”如果推销人员知道这是顾客的最后反对，一般只需告诉他：“这已经够便宜了，再降价的话，我们就要赔本了！”不需要答应顾客的请求，照样可以达成交易。

### 四、权力异议

【概念】权力异议是指顾客以缺乏购买决策权力为理由而提出的反对意见。

【示例】“领导不在”、“这件事我做不了主，需要跟厂长商量再决定”、“订货的事我无权决定”、“要我先生看了再说”，等等。权力异议有真假之分，真实的权力异议是推销活动的直接障碍，推销人员应对顾客的购买权力进行认真分析，找准目标顾客；虚假的权力异议，应看做是顾客拒绝推销人员的一种借口，要采取适当的转化技巧进行化解。

【对策】权力异议既然有真有假，那么一般而言，推销人员在寻找目标顾客时，就已经对顾客的各方面情况作了较为充分的了解，也应该了解到谁是具有购买权力的人。面对没有购买权力的顾客极力推销商品是推销工作的严重失误，是无效推销。如果真的如此，说明推销人员找错了对象，应予以及时纠正；如果只是顾客的一种托辞，还需采取适当的方法进行化解。面对此类异议而放弃推销在大多数情况下更是推销工作的严重失误，属于无力推销。

### 五、财力异议

【概念】财力异议是指顾客出于多种原因提出自己无力支付的各种反对意见。

【示例】比如，“对不起，这东西太贵了，我买不起！”“最近我们各方面的开支比较多，没钱买这东西。”“我收入不高，买不起这东西”等。

【对策】顾客的财力异议也有真假两种情况。一般来说，顾客不愿意让别人知道他们财力有限。所以，如果顾客真正无力支付，往往并不直接地表现出来，而是间接地表现为质量方面的异议或进货渠道方面的异议等。而真正具有购买力的顾客则喜欢用这种异议来掩盖其真实的异议。比如，顾客早已决定购买其他品牌的产品或者顾客不想购买某产品；

或可能因为推销人员说明不够，顾客没有意识到产品的真正价值，这时都会以“价格太贵”为借口。推销人员应善于识别，一旦觉察顾客确实存在缺乏支付能力的情况，通常的做法是停止推销，但态度要和蔼，以免失去未来的潜在顾客。推销人员也可根据具体情况，或协助对方解决支付能力问题，如答应赊销、延期付款等，通过说服使顾客觉得购买机会难得而决定购买。

## 六、购买时间的异议

**【概念】**购买时间异议是指顾客认为在不是最佳的购买时间或对推销人员提出交货时间表示的反对意见，有时甚至是顾客有意拖延购买时间。

**【示例】**推销人员经常听到顾客说：“让我再想一想，过几天答复”、“你先让我考虑考虑”、“我需要一些时间再作购买决定”、“我们需要研究研究，有消息再通知你”、“把材料留下，以后答复你”、“现在生意不好做，过一段时间再说吧”，等等，这些都是顾客购买时间异议的具体表现。

**【对策】**事实上，许多顾客都用拖延时间来代替说“不”。这些拒绝明显意味着顾客还没有完全下决心，拖延购买的真正原因可能是因为价格、产品或其他方面不合适。有些顾客还利用购买时间异议来拒绝推销人员的接近和洽谈。不过，在现实中，推销人员也应该给顾客作出购买决定的时间，让顾客在自由宽松的环境下理智决策。针对顾客的购买时间异议，推销人员要认真分析，有的放矢，正确处理。

顾客购买时间异议的提出也可能会有三种情况：一是时间确实欠佳；二是确实尚未考虑成熟；三是拖延或推脱购买的借口。对此推销人员要作具体分析。

## 七、进货渠道的异议

**【概念】**进货渠道异议是在推销中顾客已有供货商或者希望从别的渠道购买产品，而不希望从推销人员手中购买，也称为货源异议。

**【示例】**在实际的推销过程中，顾客经常会这样说：“你们的产品质量不行，我宁愿去买另一家企业的产品”、“我用的是某公司的产品”、“对不起，我们有供应商了”、“我们这类产品已经不需要进新品”、“我不想从推销人员手中买东西，那不可靠”、“我有熟悉的渠道”、“我们对现在的供货商很满意”等。顾客还常常会提出：“我们一直用某某厂的产品，从来没有买过你们厂的产品”、“没听说过你们这个企业”等。

**【对策】**进货渠道异议是顾客对推销品的来源提出的异议。顾客提出这类异议，表明顾客愿意购买推销品，只是不愿向眼下这位推销人员及其所代表的公司购买。当然，有些顾客是利用进货渠道异议与推销人员讨价还价，甚至利用进货渠道异议来拒绝推销人员的接近。如顾客认为推销人员所代表的企业知名度不高、运输不便或分销渠道层次太多等。因此，推销人员应认真分析进货渠道异议的真正原因。

值得注意的是，要改变顾客原有的购买习惯，让他重新选择供货商，难度是很大的，特别是双方有着长期稳定的业务联系或互惠关系时。但是，这并不意味着没有任何机会。要获得成功，其基本条件是：首先，推销人员推销的产品必须要比原有产品更具有优越性或吸引力；其次，推销人员必须向对方提供一个完整翔实的购买执行方案，要有足够的说服力让对方相信，改变供货商不会引起购买程序的混乱，不会增加顾客企业（组织）有关部门的工作量，甚至比原来更省心、更可靠；最后，要有打“持久战”的心理准备，因为要让顾客改变他已习惯的购货渠道，不是在短时间内就可以完成的，推销人员要有耐心。

### 八、推销人员异议

**【概念】** 推销人员异议是指顾客对推销人员的行为提出的反对意见。这种异议往往是由推销人员自身所造成的。这是顾客针对个别推销人员，表示对他们的不信任而提出的异议，表现在顾客拒绝接待某一特定的推销人员和拒绝购买他所推销的产品。

**【示例】**“你说的没有一句是实话”、“你别想指望我再在你手中购买你的产品了”。

**【对策】** 推销人员态度不好，或自吹自擂、过分夸大推销品的好处，或礼貌用语欠佳等都会引起顾客的反感，从而使顾客拒绝购买推销品。因此，推销人员一定要注意保持良好的仪容仪表，举止得体，并注意自身素质的培训，以诚相待，给顾客留下良好的印象，从而顺利地开展推销工作。以上是顾客异议的一些具体表现，这些异议中有的是真实的，有的是不真实的，按照其异议的真实性区分，可分为三种：

一是真实的意见。即顾客提出的异议是客观存在的，推销人员曾向顾客推销过劣质产品或令顾客不满意的产品。

二是偏见。即顾客所提异议带有强烈的感情色彩，有些问题可能客观上存在，但远没有顾客描述得那样严重。如推销人员曾向顾客作出承诺，但由于客观原因，确实没有兑现或兑现速度较低等所致。

三是借口。即顾客所提异议没有客观存在的依据，纯属主观想象。

解决这类异议，推销人员要从自身做起，不断完善自己的工作。作为推销人员，千万要记住“推销产品之前推销自己”的警示。

### 九、服务异议

**【概念】** 服务方异议是指顾客对推销人员或所代表企业的售后服务不满，而不购买推销的产品。

事实上，服务异议本身就是产品异议的一种，因为从现代营销观念来看，服务是产品整体概念的第三个层次，即附加产品，包括送货、安装、维修等一系列内容。这里的附加利益就是指售前、售中和售后服务。在企业产品差异日益缩小的情况下，顾客选择哪个企业的产品，很大程度上取决于该企业是否能提供优质的服务。良好的售前、售中和售后服务能够消除顾客的后顾之忧，增强他们的购买决心。

**【示例】** 服务异议是顾客对购买前后一系列服务工作所提出的异议。顾客可能对所提供的服务不满意而提出异议。如对服务项目的设置、服务的方式方法、服务的延续时间、服务的保证程度等多方面提出的意见。此外，由于生产运输条件的限制，交货时间和交货地点不能完全达到顾客的要求，顾客也会提出异议。顾客的服务异议通常会用以下几种语言表现出来，如“你们这里的环境太差了”、“你们服务柜台太少了，这么拥挤”、“你们往往现在说得好听，在需要你们的时候，公司的维修人员老是慢条斯理的”、“人家都保修三年，终生维修，你们怎么没有啊？”等等。

**【对策】**在竞争日益激烈的市场中，顾客对企业销售服务质量和水平的要求越来越高，从某种角度来讲，顾客对服务的要求总是没有止境。因此，要消除或减缓此类顾客异议的基本前提是提高企业的服务水平和质量。除此之外，对待顾客的服务异议，推销人员首先要态度诚恳，应主动向顾客道歉，然后问明原因，尽量耐心地解释，稳定顾客的情绪，再找出双方都能接受的处理办法。推销人员要向企业反映顾客的要求，并联系有关部门加以改进。同时，非常重要的一件事情就是要解释不能完全满足顾客对服务要求的具体原因。

### 十、其他方面的异议

在推销中，顾客还可能会提出其他异议，如借口、恶意反对、出于自我表现的各种异议、出于了解情况的顾客异议、顾客的“最后反对”等。这些异议形式多样，动机和原因复杂，推销人员要善于深入分析，巧妙反对。

总之，顾客异议有很多，导致顾客异议的原因也错综复杂。我们不仅要准确判断顾客异议类型，而且还要善于分析顾客的异议，找出顾客异议的真正原因，针对不同的顾客异议，采用不同的处理措施。推销人员只有消除了顾客异议，才能促使顾客购买商品，所以处理顾客异议是推销是否成功的关键所在。

## 第三节
## 顾客异议的处理方法

### 一、处理顾客异议的方法

#### （一）直接否定法

**【概念】**直接否定法又称“反驳处理法”，是指推销人员针对顾客所提的意见予以直接否定的处理方法。

**【基本特点】**（1）给顾客直接、明确、不容置疑的否定回答；（2）传送与顾客异议不一致的信息，可以加大说服力度；（3）推销人员与顾客之间的信息反馈速度快，可缩短推销时间、达到提高推销效率的目的。但这种方法也有其缺点，因为直接反驳对方容易使气氛僵化不友好，使顾客产生敌对心理，不利于顾客接纳推销人员的意见。

**【适用范围】**在以下这些条件同时具备的情况下可以使用这种方法：（1）是与推销直接相关的顾客异议；（2）顾客意见属于客观异议；（3）顾客有原则性或实质性的错误看法，如果不处理，会引起顾客对推销品及有关情况的误解；（4）推销人员手头有足够的事实依据，可以纠正顾客的看法。在这种情况下推销人员不妨直言不讳，但要注意态度一定要友好而温和，最好是引经据典，这样才最有说服力，同时又可以让顾客感到你的信心。

**【处理示例】**

顾客："你的商品不行，你们那个地方的假冒伪劣商品在全国都很出名。"

推销人员："本公司的产品绝对是真货。这是国家质量鉴定书、产品许可证和营业执照，我们公司不经营假冒伪劣商品。"

顾客："你们的产品比别人的贵。"

推销人员："不会吧，我这里有同类商品的报价单，我们的产品价格是最低的。"

顾客："你们公司的售后服务不好，电话叫修，却姗姗来迟。"

推销人员："我相信你说的是个别情况。我们公司的经营宗旨就是服务第一。我们公司在全国都设有维修中心，随叫随到，并且承诺在两小时之内一定到现场为顾客排忧解难，用最快的速度，为顾客提供最满意的服务。"

**【注意事项】**直接否定法是一种紧促的短兵相接方法，是直接驳回顾客的异议，这很容易引起顾客的反感，一旦把握不好，容易触犯顾客的自尊心，使顾客产生心理压力和抵触情绪，造成紧张气氛，不利于顺利达成交易。因此，应该注意：

（1）推销人员要始终保持友好的态度、温和的语气和婉转的表述。切不可因为顾客有误解而表现出气愤、不耐烦等表情。

（2）应依靠事实和逻辑的力量说服顾客，不能态度恶劣，与顾客争辩。

（3）注重信息沟通，以正确答案否定偏见异议、以新的信息去反驳过时的信息、以真实的信息去反驳虚假的信息，向顾客传递最新的、正确的推销信息。把对方驳得体无完肤并不是最好的解决之道，而用事实说话，既解决了论据问题，又可以有效地达到推销的目的。

### （二）但是处理法

**【概念】**但是处理法也叫"转折"处理法或称"迂回"处理法。采用这种方法时，推销人员首先应该承认顾客异议的合理成分，然后用"但是"、"不过"、"然而"等转折词将话锋一转，对顾客异议予以婉转否定。

**【基本特点】**它是推销人员先肯定顾客的意见，然后换一个角度再作解释的方法。其优点是：（1）顾客比较容易接受；（2）能保持良好的推销洽谈气氛；（3）推销人员有较大的活动余地；（4）成功的可能性较大。这种方法的不足之处是：（1）仍然是热处理，因为它要求推销人员在顾客表示有购买异议后立即给予否定，这样顾客与推销人员的回旋余地其实都不大；（2）给顾客的异议增加了分量；（3）顾客感到推销人员是在耍滑头，是在回避矛盾，进而会令顾客认为推销人员不可靠。

**【适用范围】**这是推销人员常使用的方法，它适合于大部分真实的顾客异议，特别适合于真实的主观顾客异议。这种方法常用来处理顾客因为有效信息不足而产生片面经验、成见和主观意见且不能自圆其说的情况。

**【处理示例】**

顾客："你推销的服装颜色过时了。"

推销人员："小姐，您的记忆力的确很好，这种颜色几年前已经流行过了。我想您是知道的，服装的潮流是轮回的，如今又有了这种颜色回潮的迹象。”

顾客：“我对皮沙发没兴趣，使用久了以后，它们不容易擦干净。”

推销人员：“你说得有一定的道理，但是我们公司为解决这一问题，为顾客提供了专门用于清洁沙发的清洁剂。清洁沙发比过去省事多了，一点都不麻烦。”

这样一来，不仅给顾客留住了“面子”，而且也消除了顾客的疑虑。

**【注意事项】**

（1）推销人员首先要承认顾客的看法有一定道理，即向顾客作出一定让步，然后才讲出自己的看法。处理不当，可能会使顾客提出更多的意见。

（2）尽量淡化转折的意思。在使用过程中要尽量少地使用“但是”一词，而实际谈话中却包含着“但是”的意思，这样效果会更好。只要推销人员灵活掌握了这种方法就会保持良好的洽谈气氛，为自己的谈话留有余地。

（3）不能滥用，否则容易引起顾客的反感。

（4）运用“但是法”处理顾客异议时，推销人员也可以表示出对顾客异议的同情、理解，以使顾客心理获得暂时的平衡，然后转移话题，对顾客的异议进行反驳处理。这样一般不会冒犯顾客，能保持较为良好的推销气氛。

### （三）补偿处理法

**【概念】**补偿处理法是指推销人员先同意和接受顾客所提的意见，并用有关优点或其他利益来抵补的一种顾客异议处理方法。补偿法是推销人员在坦率地承认顾客所提出问题的确存在的同时，指出顾客可以从推销品及其购买条件中得到另外的实惠，使异议所提问题造成的损失得到充分补偿，从而使顾客得到心理平衡，增强购买的信心。

**【基本特点】**它是推销人员给顾客其他方面的利益来解决顾客异议达到成交目的的一种处理办法。这种方法的优点是：（1）比较辩证，因为任何商品都有其优点和缺点，推销人员用商品的优点或其他利益来弥补商品的缺点，比较容易让顾客接受；（2）能使顾客心理平衡，顾客可以从推销品及其购买条件中得到另外的实惠，使顾客异议所提问题造成的损失得到充分补偿，从而让顾客得到心理平衡，增强购买的信心。其缺点是：（1）可能产生负面效应，让顾客得寸进尺；（2）也可能会增加顾客新的异议处理因素；（3）也有可能影响企业的形象与商品的市场定位。

**【适用范围】**这种方法适用于顾客所提的反对意见属于推销企业、推销产品等方面某些客观存在的缺陷。顾客是精明的，推销人员所推销的产品也绝对不是十全十美的。因此，如果顾客提出的异议有道理，推销人员采取否认或转移话题等策略是不明智的。这时，应先承认顾客的意见有道理，肯定产品的有关缺点，然后利用产品的优点来补偿和抵消这些缺点。

**【处理示例】**

顾客：“我不打算购买这种空调，因为没有赠品，而购买其他知名品牌的空调，还会赠送旅行方便椅。”

推销人员：“其实，我们公司的空调技术更加成熟。这样吧，你购买我们的空调，我们赠送你一对腰枕，怎么样？”

顾客：“上次，我在你们商店买了一件衣服，后来我在其他商店也看到了一模一样的衣服，我才知道你们卖得并不便宜。”

推销人员：“上次，我们商店的衣服由于进价高了一些，因此，售价也稍高了一点。这次，你在我们这里买衣服，我给你七五折作为补偿。”

**【注意事项】**

（1）使用这一方法的关键在于：推销人员应尽快承认顾客的异议有道理，然后提出自己产品的好处作为补救，抵消顾客那些不买的理由。记住，你越是纠缠对方那些站得住脚的理由，你做成这笔买卖的可能性就越小。

（2）注意所用推销方面的优点能足够抵消甚至超过顾客所提的不足，如果一个优点不够，可以同时用数个优点来抵消缺点。

### （四）利用处理法

**【概念】**利用处理法又叫“转化处理法”、“以子之矛攻子之盾法”等，即推销人员将顾客异议正确的一面转化为顾客购买的理由，从而说服顾客完成购买行为的一种异议处理方法。利用处理法是一种有效的顾客异议处理方法。

**【基本特点】**利用处理法的优点是：（1）用积极的顾客异议来促成交易，利用顾客之“矛”攻顾客之“盾”，使之在最关键的问题上转换看法，进而转换对销售介绍的态度，并且可以使顾客无法再提出新的异议，促使销售进入成交阶段；（2）具有很强的说服力，从而使推销人员变被动为主动；（3）化顾客异议中的消极因素为积极因素，化销售障碍为销售动力，取得较好的销售功效；（4）它不仅使推销人员正视顾客异议，不回避异议，还有利于良好的合作关系的建立。其缺点是有时转化不当会弄巧成拙。

**【适用范围】**这种方法适用于顾客异议本身可能隐藏着可以利用的信息或矛盾。任何看法或意见都可以从不同的角度进行认识，如果顾客的意见正好是可以转化为有利的推销理由，推销人员可以巧妙地加以利用。

**【处理示例】**

顾客说：“又涨价了。”

推销人员：“是的，价格是涨了，而且以后还得涨，现在不进货机会就丢掉了。”

顾客：“对不起，我很忙，没有时间和你谈话。”

推销人员：“正因为你忙，你一定想过要设法节省时间吧，我们的财务软件一定会帮助你节省记账、算账和报账的时间，我正是为帮助你们在工作上节省时间来的。”

顾客：“我的小孩连学校的课本都没兴趣，怎么可能会看课外读物？”

推销人员：“我们这套读本就是为激发小朋友的学习兴趣而特别编写的。”

**【注意事项】**要特别注意语气，不要太尖刻，不要给顾客听起来像是你在利用他的话柄反驳。

（1）推销人员在肯定、赞美顾客异议的积极因素时，应做到态度诚恳热情，方式得当，以保持良好的销售气氛。

（2）推销人员必须认真分析与区别对待顾客的异议。在转化法中，顾客的异议是利用、转化的基础，推销人员肯定与赞美的是顾客异议的实际性、合理性与积极性，其目的在于利用异议中正确的部分和积极的因素。因此，推销人员不能不加分析地对顾客异议的内容一概加以肯定与赞美，而应在分析与判断的基础上，只肯定与赞美顾客异议中的正确部分与积极因素，利用顾客异议本身的矛盾去处理异议。

(3) 向顾客传递正确的信息。推销人员在运用转化法时，应该正确分析影响销售的各种环境因素，分析影响顾客购买的各种因素，向顾客传达客观的、真实的、预测正确的信息，不能为了销售商品，不负责任地向顾客传递虚假信息，误导顾客。

**（五）询问处理法**

**【概念】**询问处理法是指推销人员在未完全理解顾客异议的具体内容时，对顾客进一步询问，以了解顾客真正异议的处理办法。

**【基本特点】**是推销人员对顾客的问题提出反问（询问）来了解顾客提出异议的原因，然后再加以处理的一种方法。其优点是：(1) 通过询问，推销人员可以了解到顾客的真正异议，获得更多的顾客信息，为进一步销售奠定基础；(2) 如果询问法运用得当，必然带有请教的含意，既可以为顾客提供有关的信息，又可以使销售保持良好的气氛与人际关系；(3) 推销人员有较多的时间进行思考，并为制定下一步的销售策略提供了机会；(4) 推销人员从被动地听取顾客申诉异议转为主动地提出问题，与顾客共同探讨。这种方法的缺点是：(1) 推销人员询问过多或询问不当，会引起顾客的反感，甚至产生抵触情绪；(2) 由于顾客本来就有不少异议，在推销人员的进一步追问下若引发新的异议，会造成对销售更为不利的局面；(3) 推销人员对顾客的异议追问过猛，会破坏销售气氛并导致最终无法成交。

**【适用范围】**这种方法主要用于推销人员不能确定背景、动机的各种异议，它可以使推销人员处在主动的位置。在实际推销过程中，顾客异议的类型、性质与根源往往错综复杂，很难辨别，有的异议仅仅是顾客用来拒绝购买而随手拈来的一个借口，有的异议与顾客的真实想法完全不一致，甚至有时顾客本人也无法说清楚有关购买异议的真实原因。这时，采用询问处理法就是最安全也是最有效的方法。

**【处理示例】**

顾客："报纸上说你们公司生产的药品有问题。"

推销人员："您能谈谈报纸上对这种药品提出了哪些意见吗？或许我可以帮您弄清楚事实……"

推销人员："目前你有哪一家银行的银行卡呢？"或者说："我很好奇，你之前拥有什么样的银行卡，你原来的银行卡已经用了多久？"

顾客："我用×××银行的卡已经很久了，用起来也很方便，不打算另外办卡，银行卡办多了，管理起来很麻烦。"

推销人员："是的，没错。但办了这些银行卡，是否让你们感到方便和得到了好处呢？"

顾客："是的。"

推销人员："如果你原来没有办银行卡，后来因为办了银行卡得到了方便和好处，你不认为应该再探讨一下现在重新办理一张新型银行卡，会给你带来意想不到的好处吗？"

**【注意事项】**

（1）推销人员应讲究销售礼仪，注意询问的语气要温和，要体现关切的心情。

（2）不要过多地追问，否则会引起顾客的反感。

（3）应具体情况具体分析，有针对性地提出问题。对于那些对销售成交无关的、次要的或者是无效的顾客异议，则不应该进行询问。只应对那些不询问就不能成交的顾客异议进行询问及了解，才能提高销售效率。

（4）注意在恰当的时间追问顾客，千万不可自以为是，无端冒犯顾客。只有及时询问顾客，才能了解顾客的真实想法，才能引导顾客把产生购买障碍的真正根源讲出来。

### （六）放过处理法

**【概念】**放过处理法又叫"忽略处理法"、"沉默处理法"、"冷处理法"。它是指推销人员对于顾客所提意见装没听见不予理睬或忽略放过的处理方法。

当顾客提出的一些异议并非真的想要获得解决或讨论时，或者说顾客只是随意说说而已的时候，推销人员可以采用一带而过甚至不予答复的一种处理方法。

**【基本特点】**放过处理法的优点是：（1）避免可能发生的不愉快，始终保持良好的洽谈气氛；（2）可以节省时间，回到推销产品的主题上。但这种方法也有其缺点：（1）如果运用不当，会伤害顾客的自尊心。如告诉顾客说："这种问题，也值得来问我吗？"（2）如果推销人员判断失误，可能会失去真正的推销机会。

**【适用范围】**这种方法主要适用于这样的顾客异议：与推销毫无关系的、极其无聊的、恶意干扰的、容易引起激烈争执的、会破坏洽谈布局的、不处理也不会影响推销等的顾客异议。

**【处理示例】**

顾客："你们厂怎么建在这个地方，真不方便。"

推销人员："先生，请您看看产品……"

顾客："喂，推销员，你们公司的化妆品为何不请张柏芝来做广告？"

推销人员："你问的这个问题，只有公司才能回答你，我们这些推销员还真不清楚这些事情。请问女士，你要购买哪一种化妆品呢……"

**【注意事项】**对于顾客的一些不影响成交的反对意见最好不要反驳，采用不理睬的方法是最佳的。推销人员千万不要把推销变成战斗或是顾客的批斗会。顾客一有反对意见，你就反驳，会给顾客造成你总在挑他毛病的印象。

### （七）重复削弱法

**【概念】**重复削弱法是指推销人员先用相对温和的语气复述顾客异议，然后再加以处理的方法。

**【基本特点】**这种方法的优点是：推销人员可以先用婉转的语气和合适的说法复述顾

客的意见，从而把它转化成正常的顾客异议，这样推销人员就可以按正常的方式处理。其缺点是：一般难以直接加以解答或者解答反而会惹怒顾客。

**【适用范围】**这种方法主要适用于带有强烈的情绪或明显的夸张成分的顾客异议。

**【处理示例】**

顾客："我在别的商店看到一模一样的提包，只卖25元。你卖的皮包价格简直是天价。"

推销人员："卖25元那是合成革的。皮件材料有真皮，也有合成革的，从表面上看极为相似。你用手摸摸，再仔细看看，比较一下，合成革提包哪能与真皮提包相比。我的包价格确实要高一些，但你为它付这个价格值得。因为这只真皮皮包提在手里，可以显示你的身份和地位，而且在社交场合里，你也会因为拥有它而感到自豪。"

顾客："你们这些推销人员在推销商品时，即使商品不好，也非要说好！"

推销人员："我不会把不好的商品卖给您。您可能有所不知，您看我这里有很多客户的评价，您可以看一看……"

**【注意事项】**推销人员只能减弱而不能改变顾客的说法，否则顾客会认为推销人员歪曲他的意思而对你产生不满。你可以复述之后问一下："您认为这种说法确切吗？"然后再说下文，以求得顾客的认可。

### （八）使用证据处理法

**【概念】**使用证据处理法是推销人员使用各种证据来解答顾客各种异议的方法。

**【基本特点】**使用证据处理法的优点有：（1）推销人员拿出有力的证据，很容易让顾客产生一种信任感；（2）可以减少顾客所担心的问题，促进推销成功。这种方法的缺点是：如果推销人员向顾客提供了不能让顾客产生信任感的证据，可能会导致推销失败。

**【适用范围】**这种方法主要适用于证据不充分而引起顾客的担忧和疑虑。特别是在新产品推销宣传推广中，经常会遇到出自不信任推销人员推销谈话的各种异议，这时推销人员可以使用各种证据。比如，在进场谈判中，推销人员可以使用该产品在其他地区的销售状况来化解顾客的许多怀疑。

**【处理示例】**

顾客："你卖的木地板甲醛含量有多高？"

推销人员说："我这里推销的木地板都是通过了国家质量检验的，你看这里还有绿色环保标志呢。"

**【注意事项】**

（1）注意积累来自于第三方的有力证据。如来自于权威机构的证明、著名专家的认可证言、顾客的感谢信等。特别是目标顾客认识的人或企业的证明或评价对产品的宣传更加有效。

（2）使用的证据和理由必须实事求是，切记凭空臆造，任意杜撰早晚有被识破的时候，推销人员及其公司都要为此付出惨重的代价。

### （九）预防法

**【概念】** 预防法是指推销人员在顾客尚未提出异议时，抢先就顾客可能提出的异议内容进行主动处理的方法。

**【基本特点】** 这种方法的优点是：（1）使推销人员争取主动，先发制人，提前纠正顾客的错误看法；（2）推销人员可以在事前针对顾客可能提出的异议做好充分的准备。其缺点是：（1）预先处理顾客异议，如果用词或语气不当会给顾客造成心理压力；（2）预先处理顾客异议，还会形成异议的传染与扩散，使顾客失去购买的信心。

**【适用范围】** 这种方法适合于顾客普遍要问且推销人员可以很容易解决的异议。

**【处理示例】**

推销人员："你们很可能担心这种割草机容易割手？"

顾客："是的。这正是我们所担心的。"

推销人员："实话告诉你们吧，除非你们把自己的手放在割草机里，否则割草机是不会割手的。"

推销人员："你们可能很担心，我们是否能准时交货。"

顾客："是的。你提出的这个问题正是我们所担心的。"

推销人员："公司要求我们在24小时之内，准时把货物送到顾客手中，否则，我们会被公司扣发工资或奖金来补偿顾客的损失。"

**【注意事项】**

（1）推销人员必须广泛搜集资料，做好准备，敏锐观察顾客的心理与行为变化。

（2）看准时机，将说服与产品信息顺理成章地结合在一起。

（3）推销人员要淡化自己提出的异议，防止顾客提出新的异议。

## 二、顾客异议处理方法的应用

推销过程实际上就是一个顾客提出异议，推销人员不断消除顾客异议并促成交易的过程。顾客异议是不可避免的，顾客异议也并非都是消极的，关键是推销人员要运用正确的方法加以处理。如果推销人员能把顾客异议的处理方法融会贯通，并用来处理我们在上一节中所讲解的各种各样的顾客异议，那么推销就能顺利地取得成功。

### （一）价格异议的处理方法

**【情景展示】** 这个推销员做得对吗？

推销人员："这条裤子不错，挺合您身的，穿上会显得更潇洒。"

顾客："不过，这裤子的颜色我不怎么喜欢，我喜欢那种浅灰色的。"

推销人员："有啊，我们这里款式多着呢。您看，这是从意大利进口的，价格也挺便宜。和您刚才看的差不多，做工更好一些。怎么样？试一试吧！"

顾客："嗯……啊，还行吧，这件要多少钱？"

推销人员："一点也不贵，像这样物美价廉的外来货还真不多。你到那边去看看就知道了，一条裤子就要800块。这条裤子才380块钱呢！"

顾客："还是贵啊！"

推销人员："再便宜的穿起来就没有这么挺了。现在稍微好一点的都是这么个价格。"

顾客："好吧，那就这一条吧。"

（资料来源：根据刘俊《优秀推销技能培训手册》相关资料整理。）

**【情景分析】**这位推销人员先遇到顾客提出产品异议，但我们可以看出顾客提出的产品异议是假，他真正的异议是价格异议。顾客总希望价格再低些，这就意味着推销人员或者降低价格，或者增添商品。这位推销人员先采用"比较法"巧妙地把自己推销的产品与其他外来货进行比较，让顾客感到不贵；然后，又采用了"重复削弱处理法"来强调自己推销的产品无论从布料到做工都是很不错的，多谈商品的价值，削弱顾客认为商品价高的认识。由于很多时候推销人员都无权降低价格更不能随意赠送商品，这就使得推销人员要运用一定的谈话技巧，或加重商品价值的砝码，或减轻价格的砝码，让顾客充分认识到商品的价值，得到心理上的平衡，得出商品便宜、值得购买的结论。本例中的推销人员一开始就以"一点也不贵"稳住顾客，然后一番合情合理的讲解，便得顾客再没有理由讨价还价了。

**【分析启示】**推销人员除了可以采用"比较法"和"重复削弱处理法"来处理顾客的价格异议外，还可以采用以下几种方法来解决顾客提出的价格异议：

（1）信誉差价法。在讨价还价的过程中，可以采用顶住价格、强调信誉的办法，如提出及时发货、包退包换、公司的知名度高等条件打动顾客。

（2）价值差价法。强调商品的价值及顾客购进这批商品后将得到的利益，以降低顾客对价格的专注力。

（3）最低价格法。在推销洽谈进行到适当的时候，推销人员可以以摊牌的方式表明这是最低价了。运用这种方式，推销人员要注意留有余地，防止僵局的出现。

（4）预先处理法。在业务洽谈之前，我们可以向对方言明，我方的供货价格已经"定死"，并且因为种种原则不能下调。

（5）补偿法。表明销售这一产品自己同样没有赚钱，完全是为了完成公司规定的销售额，希望这次顾客也能帮帮忙，并向顾客表明一定会在以后其他产品的合作上加以弥补。

### （二）产品异议的处理方法

**【情景展示】**推销人员向顾客推销短衬衫的技巧对吗？

推销人员："这种短衬衫是服装师专门针对年轻人的特点设计的，您看这色彩、样式都很时尚。"

顾客："我很喜欢这种新款短衬衫，可惜布料太薄了，我们男士很容易出汗，怕穿不了一会儿就会被汗打湿了。"

推销人员："其实，你的担心是多余的。这种布料看上去很薄，但它是用一种高级纤维织成的，穿在身上轻飘、凉爽，很吸汗，刚开始有些顾客与你的顾虑是一样的，有顾客穿了这种短衬衫后，反馈给我们的信息是穿这种短衬衫真的凉爽、吸汗。"

顾客："好吧，我买一件来试试看。"

（资料来源：本资料根据刘俊《优秀推销技能培训手册》相关资料整理。）

【情景分析】这位推销人员较好地利用了“但是法”化解了顾客的异议。推销人员面对顾客提出的商品异议，不是先否定或反驳，而是在不同程度上先肯定顾客的看法，这种实事求是的销售态度易赢得顾客的好感与信赖；然后用事实委婉、自然地指出顾客的观点并不全面，进而在尊重顾客、不冒犯顾客的前提下，较好地消除顾客的异议。

【分析启示】

（1）从“但是法”的基本思想来看，它不适用于那些敏感的、固执的、个性强且具有理智性购买动机的顾客，也不适用于探索研究性的、疑问类型的顾客异议，而适用于那些因顾客的成见、偏见及信息不通而产生的异议，适用于武断性的、陈述性的顾客异议。简而言之，“但是法”适宜在“以柔克刚”的情况下应用。

（2）推销人员应注意选择好重新销售的角度。“但是法”成功的关键在于：利用“但是”一词避开顾客异议之后，再从顾客可能会接受的新的角度、新的思维方法、新的内容及重点重新开展销售说服。推销人员应该针对顾客的特点、异议的具体情况与商品的主要特色与优势，开展重点销售。

（3）推销人员应围绕新的重点提供大量信息。推销人员在转换销售角度之后，应该围绕新的重点，针对顾客的心理特征与思维活动，重新开始向顾客提供足够的信息，进行有针对性地重点介绍，使顾客在新的信息介绍中获得新知。推销人员重新提供新的信息内容是“但是法”取得成效的关键。

（4）注意转换词的选择。在“但是法”中，可以使用的转折词有很多，如“虽然”、“不过”、“然而”、“除非”、“诚然”、“但是”等。由于“但是”一词听起来显得生硬，让人觉得不太舒服，所以，在实际销售活动中，推销人员应针对不同的顾客选用不同的转换词，尽量做到语气委婉，转折自然，更好地消除顾客的不满情绪。

### （三）服务异议的处理方法

【情景展示】这位推销人员是如何处理顾客的服务异议？

推销人员：“现在好多家庭都装这种分体式空调机，噪音小、功能多。”

顾客：“这种分体式空调机只负责上门安装，又没有说上门维修，坏了不知道怎么办？”

推销人员：“您只是担心这一点吗？那么您尽可放心。生产这种空调机的企业在我市有特约维修服务部，随时可以上门维修、保养。您看商品说明书上都写明了维修服务部的地址和电话。”

（资料来源：本资料根据刘俊《优秀推销技能培训手册》相关资料整理。）

【情景分析】这位推销人员较好地运用了“直接否定法”排除了顾客的异议。在实际销售活动中，正确、灵活地应用“直接否定法”来处理顾客异议，不仅可以增强销售的说服力，还可以给顾客一个简单明了、不容置疑的解答，可以有效地节省时间，提高销售效率。由于“直接否定法”是推销人员直接反驳顾客意见，如果运用不当，极易使顾客自尊心受到伤害，甚至会激怒顾客，易使销售陷于困境，甚至导致销售失败，因此，使用时要小心。

【分析启示】

(1)“直接否定法”只适用于处理因顾客的无知、误解、成见、信息不足等原因而引起的有效顾客异议，不适用于处理无关顾客异议，不适用于处理因情感因素或个性问题引起的顾客异议，亦不适用于有自我表现欲望与较为敏感的顾客提出来的异议。

(2) 反驳顾客必须有理有据。运用“直接否定法”化解顾客的异议时，用以反驳顾客异议的根据必须是合理的、科学的，而且是有据可查、有证可见的。推销人员可以用摆事实、讲道理的方法对顾客的异议进行澄清和解释，注意销售说服的逻辑性，运用事实与逻辑说服顾客，化解顾客的异议。

(3) 应当始终维持良好的销售气氛。在运用反驱法处理顾客异议时，推销人员应该明白：反驳的只是顾客的看法、意见，而绝不是顾客的人格，更不是顾客的全部。所以，在反驳顾客异议的过程中，不仅要关心销售的结果，更要关心顾客的情绪与心理，做到态度友好真挚，用词委婉，语气诚恳，既有效地反驳顾客的异议，又不冒犯顾客，使顾客感到既消除了心中的疑虑，又增加了新的知识，从而创造出良好的交易氛围。

(4) 向顾客提供更多的销售信息。在运用“直接否定法”处理顾客异议的过程中，推销人员应始终坚持以销售信息的传递与提供为基础，以销售教育为手段，向顾客提供丰富信息，使顾客解除误会，增进知识，增强购买信心。

### （四）需求异议的处理方法

**【情景展示】** 顾客的需求异议得到了解决吗？

一位中年女士来到药品柜台前，欲购护肤品，售货员向她推荐了一种用于延缓衰老的保健品。

顾客：“我这个年纪买这种防止衰老的保健品干什么，我只是想保护皮肤。”

推销人员：“这种防止衰老的保健品就是特别为你们这个年龄的妇女生产的。女人过了40岁左右，皮肤就会出现皱纹，现在不注意内在的调理，如果岁数再大一些，你即便想调理也不容易了。人上了年纪皮肤不如年轻时，除了要有高级一点的护肤品外，口服一些延缓衰老的保健品也是很有必要的。”

顾客：“我少买一点，尝试一下，好的话，下次再多买一些。”

（资料来源：本资料根据刘俊《优秀推销技能培训手册》相关资料整理。）

**【情景分析】** 顾客异议的类型属于需求异议，售货员较好地应用了“转化法”（利用处理法）处理了顾客的异议。售货员只肯定了顾客异议中正确的部分与积极因素，直接引证顾客的话，将顾客的异议变成说服顾客的理由，具有很强的说服力，从而使推销人员变被动为主动，从“防守”转入“进攻”，有利于销售工作的进一步开展。

**【分析启示】**“转化法”是一种有效的顾客异议处理方法。它不仅使推销人员正视顾客异议，不回避异议，有利于良好的合作关系的建立，而且可以调动顾客的积极性，化顾客异议中的消极因素为积极因素，化销售障碍为销售动力，取得较好的销售功效。另外，“转化法”用顾客之“矛”攻顾客之“盾”，使之在最关键的问题上转换看法，进而转换对销售介绍的态度，并且可以使顾客无法再提出新的异议，促使销售进入成交阶段。

### （五）权力异议的处理方法

**【情景展示】**推销人员是怎样来探询顾客的权力异议的？

推销人员："您想看一下新进的节能灯吗？您看一下这个品牌，这是最新推出的，性能好，使用的时间长，又很省电。"

顾客："这种牌子的节能灯是不错，不过我们和××厂已有十几年的协作关系，现在要换品牌，我可做不了主。"

推销人员："经理，您真会说话，您做不了主谁能做主？"

（资料来源：本资料根据刘俊《优秀推销技能培训手册》相关资料整理。）

**【情景分析】**这位推销人员巧妙地运用"询问法"来应对顾客的购买权力异议。通过询问，推销人员可以进行一步了解顾客，获得更多的顾客信息，为进一步销售奠定基础；如果"询问法"运用得当，必然带有请教的概念，既可以为顾客提供有关的信息，又可以使销售保持良好的气氛与人际关系；推销人员有较多的时间进行思考，并为制订下一步的销售策略提供了机会；推销人员从被动听取顾客申诉异议转为主动地提出问题，与顾客共同探讨。

**【分析启示】**推销人员在采用"询问法"来处理顾客异议的时候，要注意提问的技巧。推销人员可以采用的提问方法有：（1）封闭式提问法，在一定范围内引出顾客肯定或否定答复的问句。（2）开放式提问法，即在广泛的领域内引出广泛答复的问句，这种问句无法以"是"或"否"等简单字句答复。（3）引导性提问，即对答案具有强烈的暗示性的问句。这一类问题几乎令答者毫无选择地按发问者所设计的答案作答，有不可否认的引导性。（4）证实性提问，即针对对方的答复重新措词，使其得以证实或加以补充的一种问句。（5）探索性提问。即对对方的意见或回答进行引申、试探的一种问句。这种提问不仅可以发掘更多的信息，而且可以起到探试的作用。

## 复习思考题

1. 顾客说："你介绍的产品的确很好，但我们厂规模小，不适合使用这种产品"这种异议属于（　　）。

A. 需求异议　　B. 产品异议
C. 财力异议　　D. 对推销员的异议

2. 推销员讲："价格不能再降了，不过我们可以承担运输费用，你看这样可以吗？"（　　）

A. 直接否定法　　B. 转化法
C. 补偿法　　D. 询问法

3. 当顾客询问："你们什么时候可以交货？"较好的一种回答是（　　）。

A. 告诉顾客一个准确的交货时间
B. 不正面回答，而是反问"您看什么时候交货比较合适"
C. 提出问题"你是不是现在就需要？"

D. 告诉顾客"我需要请示一下厂里"

4. 推销员应当树立"顾客总是有道理"的观念，属于处理顾客异议的原则中的(　　)。

A. 尊重顾客异议　　B. 永不争辩

C. 维护顾客的自尊　　D. 强调顾客受益

5. 如果觉察到顾客马上就会提出某种反对意见，最好是(　　)。

A. 在顾客提出异议之前回答　　B. 对顾客的异议立即给予答复

C. 对顾客异议延迟回答　　D. 尊重顾客的意见

## 案例分析

韩昆仑刚做营销员不久，就遇到了一些问题。他推销的是一种不太有名气的电热扇。尽管在同行业中不是很出名，但这种牌子的电热扇的价格不高，性能也还可以，它主要是针对中低收入家庭进行销售的。

有一天，他到一个高档别墅小区去推销产品，对方听了他的介绍后，说道："你卖的是什么牌子的电热扇呢？连听都没有听说过，也值得拿到我们这个地方来销售吗？国内的××知名品牌的电热扇质量、性能都很好啊！小伙子，如果你在我们小区推销××知名品牌的电热扇，一定会有人买你的，但如果是这种，那我劝你不要再到这儿来推销。"他无言以对，灰溜溜地退了出来。

接下来的几天，他又好几次碰到类似的情况。他泄气了，对自己说："看来我是卖错了产品，我还是换一个牌子的电热扇来卖吧。"

几天后，他真的离职了，并到了大家都认为是卖知名品牌电热扇的商家去做推销工作。但他的销售业绩还是没有多大的提高，因为他又遇到了同样的问题。

(资料来源：www.yewuyuan.com，2008年8月11日。)

**案例思考：**

1. 韩昆仑遇到了什么类型的顾客异议？
2. 韩昆仑的问题出在哪里？
3. 如果你面对客户的这种异议，你该怎么办？

## 技能训练

**模拟训练**

(1) 以小组为单位，分析不同类型顾客的顾客异议。到汽车行、手机和服装专卖店、家乐福和红旗超市等地方去观察、倾听和了解顾客异议。

(具体的角色可由教师根据情况选择)

(2) 模拟推销员接近不同类型的顾客。分组演示，找出、分析和处理顾客异议。

# 第十二章
# 推销成交与管理

**学习目标**

- □ 理解推销成交概述中的内容
- □ 掌握推销成交策略与方法
- □ 熟悉推销成交的追踪管理

## 案例导入

### 约翰为何未能促成交易？

约翰是一位口才不错的推销人员，但是他的销售业绩却很差。有一天，他的主管布朗陪他去销售自动售货机。他们来到客户的办公室，客户说："半个小时后我还有一个重要的会议，因此你们要快一点。"约翰开始苦干起来，他先后让自动售货机送出咖啡、橙汁、法国洋葱汤来，他按下按钮，不断向客户展示如何操作自动售货机，弄得自动售货机嗡嗡作响。然后，他又告诉客户说："这种自动售货机可以配出 17 种不同口味的茶，靠的就是超高温的沸水和流动的水蒸汽，自动售货机在使用时，可能会有些危险。"

话音未落，客户就吼叫起来："滚出去！滚！滚！滚！"后来他的主管布朗告诉他："实际上，客户在我们到达后的半小时，就答应买下自动售货机了。而你倒是花上一个小时让他发现自动售货机的缺点，结果还被轰了出来。"

其实，约翰只需简单地说一句："我们不会耽误你开会的，先生，你最喜欢喝什么咖啡？"然后，从自动售货机中倒出来不就行了吗？

（资料来源：宁一编译：《犹太商人的交谈策略》，中央编译出版社 2004 年版。）

**分析：**本例属因推销过程太长而未能实现成交。客户是各种各样的，客户并不都需要一个完整的推销展示过程，所以当客户已经表示"买"时，若还在按部就班地进行推销"演示"，就是画蛇添足了。

## 第一节
# 推销成交概述

### 一、推销成交的含义与条件

推销人员在前面所做的寻找客户、对客户的资格进行审查、约见客户、与客户洽谈和处理客户异议，都是想要达到推销成交的最终目的。因为没有推销成交，就意味着所有的推销工作都是无效的。聪明的推销人员会动脑筋去思考如何促使客户购买商品，实现推销成交。

#### （一）什么是推销成交

推销成交是推销人员通过一系列推销活动的开展，促使客户购买商品或接受服务，实现交换的过程。

推销人员要帮助客户作出使双方都受益的购买决策。我们可以从以下几个方面来了解推销成交：

1. 推销成交是推销前期工作做得好坏的积极反应；
2. 推销成交是客户接受推销人员建议的渐进过程与结果；
3. 推销成交是客户接受推销人员建议并立即购买推销品的行为；
4. 推销成交不是推销的结束，而是下一次推销的开始。

事实上，推销人员的关键工作就是要挖掘商品的卖点，并把它简明扼要地介绍给客户，使客户接受推销人员的建议，并作出购买的决定。能够顺其自然地劝导客户，推销人员在介绍商品时一定要对自己代言的商品了如指掌，才能做到从容不迫。如果推销人员对客户的提问是不知所措，或者不能给客户作出一个满意的答复，推销成交是很难达成的。

#### （二）识别客户成交意愿的信号

当客户有购买意图时，会在语言、行动等方面表现出来。客户成交信号未必就会转化为现实的购买行为，但它是推销人员促成推销成交的有利时机。客户成交的信号可以归为以下几个方面：

1. 语言信号。

（1）客户有肯定语言，如："我就是打算买这种款式的商品。"

（2）询问有关产品的相关问题。客户会对产品的运输、拆装、使用与保养、质量保障等方面进行询问。如客户有可能会说："什么时候能送货上门？""怎样存管、拆装，才能避免商品出现损坏？""商品在使用与保养的过程中，要注意哪些问题？""产品质量出现了问题，会履行'三包'吗？"客户在有成交意愿时，会在乎商品的很多细节问题。推销人员这时要耐心地讲解并在适当时机暗示客户购买。

（3）用假设的口吻与语气来讨价还价，如："假如我们购买，你们有什么优惠？折扣可以减低吗？""假如我们马上购买，你们能否及时送货？"

（4）客户向推销人员提出一些请求，如："你说你的产品好，你们敢让我们试用一段时间再付款吗？""能到我们的公司去与我们的经理谈吗？"

2. 动作信号。

（1）客户动作放松，神情平静地耐心听推销人员的介绍或解释；

（2）在同一类商品不同品牌前徘徊不走，不时地停下来细看、触摸某一商品；

（3）直奔某类商品的陈列架，将商品拿下又放上；

（4）去看其他商品时，又回头看先前看过的商品；

（5）客户主动靠近推销人员，询问产品的有关情况。

3. 表情信号。客户的面部表情会因其购买心理活动的变化而变得丰富多彩。客户刚开始与推销人员接触时，通常会严肃、冷漠，一旦客户有购买意图时，会对推销人员表现出热情、兴奋、信任和友好。下面的几种表情是客户在成交过程中的常见的面部表情：

（1）眉头舒展，原先故作的微笑归于自然；

（2）眼珠儿转动加快，好像在想什么问题；

（3）紧闭的嘴唇变得放松；

（4）视线随着推销人员示范的商品而移动。

当然，在实际的推销成交环节中，还有很多可以让推销人员识别和把握的客户成交意图的信号。推销人员面对客户表现出来的购买意愿要善于辨别，要学会察言观色，积累经验才能准确判断客户成交的真正意图。

### （三）推销人员在推销成交过程中常见的错误

推销人员不能获得推销成功的原因是多种多样的。有些可能是客户对商品认识不够或购买力不足所致；有些可能是商品的功效、品牌、价格等方面所致。但有时商品和客户本身没有问题，问题出在推销人员的推销成交技巧方面。妨碍推销成交的低级错误很多，推销新手最容易犯的错误主要表现在：

1. 对商品的卖点挖掘不够准确，夸大用途和功效，节外生枝。通常，推销人员在客户面前说明了商品在功能、用途、价格、质量、服务、存放和保养的优势后，并不等于客户就完全认同推销人员的介绍。除此之外，在客户眼中，商品的好处还包括：省钱、省时、方便、提高他人的认同感、安全、时尚、环保、健康等。

推销人员应向客户说明商品的优势卖点，不要夸大商品的用途和功效；在介绍商品的卖点时，不要画蛇添足、节外生枝。

2. 提问不当，自断财路。比如，捕捉到客户成交信号时，问客户"打不打算买"，这一问法给了客户两个选择答案，客户有时会犹豫不决。如果客户回答"不买"，成交就意味着失败。

3. 过于急切，吓跑客户。过于急切，让客户觉得你心怀叵测，怀疑不是商品有问题，就是价格有问题，客户多半会放弃购买。

4. 喜形于色，致客户生疑。喜形于色会让客户误认为推销人员占了便宜，如果客户观察到这一点的话，客户很可能改变主意，告诉推销人员“不买了”。因此，即便推销获得成功，推销人员也要控制自己的情绪，甚至要让客户感到推销人员是在自己没有赚钱的情况下卖给他的。

5. 热情过分，让客户产生压力。理智的客户喜欢自己判断，过分热情，让客户感到不买过意不去，买了又怕买得不适当，于是，原本打算买又怕难为情，干脆走掉算了。

6. 卖弄口才，唱独角戏。目前，市场上的商品琳琅满目的，推销人员都会说自己的商品很好，但客户却不会那样认为，他们反倒会认为推销人员在那里“王婆卖瓜，自卖自夸”。重要的是客户如果认同商品，推销人员无需费口舌，客户也会决定购买；反之，客户没有认同，推销人员说上三天三夜也没用。推销人员在推销成交环节，语言要精练、恰到好处。

7. 死要面子，强行争辩。犹太商人有句名言，就是“不要赢了嘴巴，输掉了金钱”。推销人员在客户的面前得理也要让三分，尽量顺着客户，让客户在口头上感到自己占了上风。这时，推销人员要巧妙地引导客户的活动，提出交易，最后才能达成交易。

8. 不敢或不善于成交。有些推销人员害怕向客户提出成交，其实推销人员要树立起推销成交对客户有利的意识。尽管推销人员不能有任何强迫的态度和做法要求客户按自己的意志办事，但仍然可以积极引导、鼓励客户发表观点和提出要求，观察其反应，抓住推销成交的主动权。

## 二、成交的方法

推销人员除了用简单明确的语言，向客户直截了当地提出购买建议外，还可以采用下列方法来做好推销成交工作：

### （一）微不足道成交法

从心理学的角度看，客户一般都比较重视一些重大的成交问题，轻易不作明确的表态；相反，对于一些细微问题，客户往往容易忽略，如发货日期、付款方法等，决策时比较果断、明确。这种方法利用了客户的这种心理，避免了直接提示重大的和客户比较敏感的成交问题。在推销过程中，客户有许多次要的问题，如发货日期、付款方法、购买量、价格等。当客户觉得价格太贵或不好直接要求客户购买大量的商品时，运用这种方法最有效。同其他方法一样，要想使这种方法生效，首先要让客户热衷、渴望这种商品。

例如，当客户认为商品价格太贵时，推销人员使用这种方法的技巧就是要把价格降到微不足道的程度，向客户表明，他肯定能买得起。事实上，任何人都能买得起。

微不足道成交法的优点是：（1）成交氛围好，客户压力不大；（2）可切换细微问题，指导达成交易。该方法的不足之处是如果推销人员时机、要点把握不好，采用“小点”或次要的方法来推进成交，容易失去大买卖。

### （二）假定成交法

**假定成交法是指推销人员假定客户已经接受推销建议，只需对某一具体问题作出答**

**复，从而要求客户购买的一种成交方法**。它回避了是否购买的问题，直接进入成交阶段，它可以把客户的成交意向直接转化为购买行动。

推销人员对老客户、依赖型客户、已发出购买信号的客户、重大异议已排除的客户可以采用这种方法。通常使用的语言是："这次准备进点什么货？明天发货你看可以吗？"大胆用"如果"、"假设"，客户会"以假当真"，成交的几率就会大大提高。

假定成交法的优点是：减轻因决策而给客户带来的心理压力；避免客户拖延时间。缺点是客户异议没有得到解决会导致客户反感。应用该方法要注意看准客户类型、成交信号。

### （三）选择成交法

推销人员直接向客户提供一些购买决策选择方案，并且要求客户立即购买推销品的一种成交方法，它是假定成交法的应用和发展。推销人员可以在假定成交的基础上，向客户提供成交决策比较方案，先假定成交，后选择成交。推销人员给客户的选择方案不要太多，因为太多了以后，客户会不知所措，反而会对购买的商品犹豫不决。"二选一法"是应用选择成交法的最好技巧。

当推销人员发现时机已经成熟时，不必问客户买不买，而是在假设他要买的前提下，在两个备选方案中，问他一个选择性的问题。

推销人员可以提供在规格大小、颜色、数量、送货日期、收款方法等方面的两种方案让客户任意选择。假设一位女士想买手机，可以问她："您是喜欢白色的，还是红色的？"如果卖汽车，推销人员可以问客户："您比较喜欢手动挡还是自动挡呢？""您觉得我们是今天下午送货，还是明天早上送货到您家比较方便呢？"

心理学上有个名词叫做"沉锚"效应：人们在作决策时，第一信息对思维影响很大，第一信息会像沉入海底的锚一样，把你的思维固定在某处。推销人员给客户提供不同的第一信息，会对客户的购买决策施加不同的影响。推销人员要应用这种方法来促进成交。

**案例**

有两家卖粥的小店，每天的客流量相差不多。然而晚上结算的时候，左边这家总是比右边那家多出百十来元钱。于是，有人走进了右边那家粥店，看看究竟是怎么回事儿。

服务小姐微笑着把那人迎进去，给他盛好一碗粥。问他："加不加鸡蛋？"那人说加。于是她给那人加了一个鸡蛋。每进来一个客户，服务员都要问一句："加不加鸡蛋？"客人有说加的，也有说不加的，大概各占一半。随后那人又走进左边这家小店。

服务小姐同样微笑着把他迎进去，给他盛好一碗粥，问他："加一个鸡蛋，还是加两个鸡蛋？"那人笑了，说："加一个。"再进来一个客人，服务员又问一句："加一个鸡蛋还是两个鸡蛋？"突然间，那人明白了这家店成功的秘诀。

（资料来源：杨华：《金牌推销员直销话术》，中国民航出版社 2005 年版。）

选择成交法的优点是客户购买商品心理负担小。缺点是可能使推销成交失去机会。在采用选择成交法时，要注意：（1）限制选择范围；（2）应向客户提出可行性方案；

(3) 选择权与主动权合理使用；(4) 推销人员在适当时要帮助客户选择。

**（四）总结利益成交法**

总结利益成交法是指推销人员就产品所具有的优势或缺点，在成交中以一种积极的方式集中加以概括，让客户认可产品的优势并最终促成交易的一种方法。

推销人员讲："你看我们的产品，性能不错，价格又很低，外观很漂亮，买一台肯定不吃亏。"这是一种总结利益成交法的语言技巧。总结利益成交法是美国推销大师富兰克林惯用的成交方法，其基本技巧是：

1. 把推销产品的利益优势和购买理由写在右边；
2. 把购买产品的反对理由写在左边；
3. 多记录购买理由，反对理由采用不理睬、不记录或少记录的方法；
4. 解决放弃购买的理由，总结肯定产品的利益优势，让客户赞同购买。

**案例**

有一位推销人员向一位女士推销沙发座椅。这位女士觉得沙发不够柔软，正犹豫不决时，这位推销人员拿出了纸和笔，采用总结成交利益法来帮助这位女士作出购买决定。

| 同意购买的理由 | 反对购买的理由 |
|---|---|
| • 沙发结实、不塌陷 | • 沙发硬、重 |
| • 可送货上门 | • 价格较贵 |
| • 款式新，花色大方 | …… |
| • 不喜欢可在15天内退货 | …… |

这位女士说："可能就是这两个原因，导致了沙发硬和重、价格贵的原因。既然如此，价格贵一点也在情理之中，我打算买下来。"

（资料来源：本案例根据刘俊《优秀推销技能培训手册》相关资料整理。）

利益成交法的优点是：(1) 有助于客户认清产品或服务的优点和缺点；(2) 给客户好的建议，消除客户心中的顾虑；(3) 可采用书面或简单的口头方式。不利之处是：(1) 有时客户会不耐烦；(2) 对客户的顾虑处理不到位，会引起争论，不利于成交。

**（五）紧迫成交法**

紧迫成交法又称为"压力成交法"，这是一种推销人员利用推销时机、推销政策给客户造成紧迫感的一种成交方法。这种成交法对那些已对产品动心的客户，或者是那些准备购买但又有点犹豫的客户最管用。紧迫成交法可利用机会和优惠演化为两种推销技巧。

第一种机会成交法，是推销人员向客户提示最后优惠成交期。推销人员利用优惠期快结束来给客户施加购买的紧迫感，促使客户尽快作出购买的决定。客户通常会担心优惠期结束后，自己会丧失利益。

第二种优惠成交法，是指推销人员用各种各样的让利和优惠条件吸引顾客进行成交的一种技巧。

紧迫成交法的优点是：利用客户怕买不到商品或失去优惠的心理效应，促进成交。缺点是有时客户会认为这是推销人员的一种销售策略，不太相信。因此，推销人员要用巧妙的语言，不知不觉地给客户制造紧张感，让客户渴望买到商品；还要让客户相信这些政策是真的能给他带来实际好处。

**（六）亲子成交法**

亲子成交法是推销人员利用客户喜爱子女的心理，通过客户的孩子向其施加成交压力的方法。推销人员在采用这种方法时，必须要了解客户是否有年龄合适的孩子。初次访问有子女的家庭时，应该带些小礼物，或能和小朋友玩的小宠物，以获得孩子的喜爱借机达到推销目标。

亲子成交法的优点是节省推销时间，让孩子说服客户更容易。缺点是利用孩子，有时会让客户处于“买”与“不买”的尴尬处境。推销人员在使用这种方法时，关键是亲近孩子，拉近与客户的距离，让他们接受产品。

**（七）请求成交法**

请求成交法是在推销人员接到客户的购买信号后，用明确的语言向客户直接提出购买的建议，以求成交的方法。例如，“既然已没有什么问题，我看咱们现在就把合同订下来吧。”这种方法一般适用于老客户，而且推销人员要对最后的成交有把握。

请求成交法主要适合有明显购买倾向的客户；对异议已解决的客户；购销双方对互利的结果充满自信的客户。例如，“既然你对这件产品满意，就把它买下来吧”，“张总，你对我们的产品销售前景如此看好，那你购一批货回去卖，怎样？”

这种方法的优点是可以加快客户购买决策的速度，缺点是提建议时若言语不当，会给没下决心购买的客户带来压力。

**（八）从众成交法**

它是推销人员利用客户的从众心理促成购买的方法。客户的购买行为除了受自身因素的影响外，还受社会购买环境因素的影响。客户会把大多数人的购买行为作为自己购买行为实施的一个依据。推销人员利用这种心理，用暗示去影响客户的心理，进而促成客户的购买行为。

这种方法通常使用的语言有很多，例如，“这是今年最流行的款式，你穿上一定漂亮，我们刚进了十套。今天已经卖出了三套，你买一套吧，它很适合你。”“像你这种年龄和职业的人到我们这里来买房的人很多，我们的房子就是专门为你们这种阶层的人打造的。”

从众成交法的优点是利用客户的从众心理倾向来证明客户购买产品的正确性，缺点是如果客户不喜欢从众，而喜欢与众不同，就会弄巧成拙。推销人员在采用这种方法时要善于辨别客户的类型及产品类型，有时不妨用试探性的语言去处理，避免出现差错。

### （九）保证成交法

保证成交法是指推销人员向客户提供某种成交保证，消除客户成交心理障碍来促成交易的方法。因为客户购买商品时总是怕在价格、质量、维修等方面吃亏，如果推销人员说："你放心好了，如果有问题，我们公司包退。"这就无疑是给客户吃了一颗定心丸。

保证成交法的优点是直击客户的成交心理障碍，消除疑虑，让客户买得放心；缺点是推销人员在向客户作保证时，切不可过度保证，以免出现意想不到的麻烦。

总之，推销成交的方法有很多。推销人员在应用这些方法来做推销时，可以把多种成交方法综合交叉使用，例如，推销人员可以先向客户作出保证，然后再使用请求成交法促使推销成交。当然，推销人员也可以使用其中一两种方法熟练地加以使用，以达到推销成交的目的。

**相关资料**

**推销产品时应经常使用的语言**

- "你下一步有何打算?"
- "是什么原因妨碍你作出购买决定?"
- "如果我们能满足你现在提出的需要，我们现在可以谈谈具体的细节问题吗?"
- "为了得到你的同意，我还要做些什么?"
- "可以请教一下，除了我们以外，还有谁在与你联系？你认为他们哪一方面做得更好?"
- "你认为我们现在离合作还有多远?"
- "你想要什么样的运输方式?"
- "你希望什么样的付款方式?"
- "你对产品最感兴趣的地方在哪里?"
- "你愿意为我们的产品提出宝贵意见吗?"

（资料来源：百度知道 http://zhidao.baidu.com，2006年11月3日。）

## 三、签订销售成交合同

如果推销人员促成交易的业务涉及的时间长、金额大，那么买卖双方就应当在国家的法律和法规许可的范围内，本着在平等互利、等价有偿、诚实信用的原则上，签订销售合同。

### （一）销售合同的主要内容

1. 当事人的名称或者姓名。当事人的名称，是对法人和其他的组织而言，是代表他们的符号，是指经过登记主管机关核准登记的名称；自然人的姓名，是指经户籍登记机关核准登记的正式用名。

2. 住所或地址。自然人的住所是指自然人生活和进行民事活动的主要场地或中心场所，即指其户籍所在地；当自然人的经常居住地与户籍所在地不一致时，经常居住地视为住所。组织的地址是指组织的主要办事机构所在地。

3. 标的。它是双方当事人权利义务共同指向的对象，在销售合同中，具体指的是买卖的货物。

4. 数量。是衡量合同当事人权利义务大小的尺度，通常以数字和计量单位来表示。

5. 质量。包括规格、性质、款式、标准等。

6. 价款。这是有偿合同的基本条款。价款是取得标的物应当支付的代价，即买方应支付的货款及相关款项。

7. 履行期限、地点和方式。履行期限是当事人履行合同的时间限度，应当规定得具体、明确；履行地点是指合同当事人履行合同与接受履行的地方；履行方式，是指当事人履行合同和接受履行的方法，包括交付标的物的方式、支付价款的方式等。

8. 违约责任。它是合同当事人因违反合同义务承担的民事责任。在合同中明确规定违约责任，有利于监督当事人履行合同，有利于确定违反合同义务的当事人应当承担的责任，有利于合同争议的解决和保护当事人的合法权利。

9. 解决争议的方法。解决争议的条款是当事人关于解决争议的程序、方法等内容的约定。双方可以约定以下内容：仲裁条款；选择诉讼法院的条款；选择检验、鉴定机构的条款；法律适用条款；关于协商解决争议的条款。

10. 其他条款。根据法律规定或销售合同性质具备的条款，以及当事人一方要求必须规定的条款。

### （二）定金和订金的区别

1. 定金是指为了担保合同债权的受偿，而由一方当事人向对方当事人预先交付的一定数额的金钱。定金应当以书面形式约定，如果债务人按照合同的约定，适当地履行了合同规定的义务，定金既可以抵做价款，也可以返还给定金支付人。如果当事人在订立合同时既约定了违约金，又约定了定金，当有违约行为发生时，当事人可以选择其中的一种。

根据《经济合同》中的定金法则，当缴纳定金者不履行协议时，无权请求返还定金，接受定金方不履行协议时，要双倍返还定金。

2. 订金有预约之意，当不想履行时，可申请退还订金，避免无谓的损失；而接受订金方在没有履行义务时，也只需按原额退还。

### （三）销售合同履行争议处理

销售合同在履行过程中出现争议，应视情况作如下处理：

1. 质量要求不明确的处理。如果质量要求不明确，则应按国家标准或行业标准履行；没有国家标准或行业标准的，按照通常标准履行。在质量标准合格的前提下，如果有等级的，应按照同类产品或同类服务的中等质量标准履行；有样品的，按封存的样品质量履行。

2. 履行期限不明确的处理。在这种情况下，当事人任何一方都可以随时向对方尽义务，也可以随时请求对方履行义务，但应给对方必要的准备时间。这里的“准备时间”，因各类合同特点不同、标的不同，要求也不同，应从实际出发区别掌握，但不能无限期延长，以免影响生产和流通的正常进行。

3. 履行地点不明确的处理。如果履行是给付货币，应在接受给付一方的所在地履行；履行是货币以外的其他标的，应在履行义务的一方所在地履行。具体可根据标的的性质分别处理；工业产品一般应在供方所在地履行；农副产品依当地以往销售或收购同类产品的规定或习惯履行；交付建筑物的，在建筑物所在地履行。

4. 价款或酬金约定不明确的处理。按照国家规定的价格履行；国家没有规定价格的，参照市价或者同类物品的价格或同类劳务的报酬标准执行。

5. 包装物约定不明确的处理。一般以不损坏物品和运输、保管的安全，以及有利于营销为原则进行包装。

6. 合同履行跟踪。推销人员必须随时跟踪自己所经手合同的履行情况，如果客户逾期未履行，或者违约，应当及时报告主管，并积极地采取措施，防止损失扩大。

7. 违约责任。它是指合同当事人因违反合同义务承担的民事责任。在合同中明确规定违约责任，有利于监督当事人履行合同，有利于确定违反合同义务的当事人应当承担的责任，有利于合同争议的解决和保护当事人的合法权利。

8. 解决争议的方法。销售合同在履行过程中，引起推销人员与客户之间争议的处理方法有：（1）和解；（2）调解；（3）仲裁；（4）诉讼。

总之，推销人员除了在掌握推销成交基本方法的基础上，在涉及重大销售合同的签约时要注意的事项有：（1）推销成交的结果不能停留在口头上，应将一切结果付诸行动；（2）协议文字要简洁、内容要具体。

## 第二节
# 推　销　管　理

### 一、客户关系管理

过去，推销主要以交易型推销为主，即推销人员把产品一次性销售给客户之后，双方关系就结束了。在当今市场经济环境下，推销活动更多地采取关系型或合作型交易的方式。在新型的交易方式下，推销人员为了实现客户满意，要与客户建立关系，与客户达成交易后，还需要做大量的售后服务工作。因此，推销人员与客户之间的关系维护，就是客户关系管理。在客户关系管理中，推销人员的工作重点应该通过维护老客户的关系来开发新客户，让客户满意，培养和提高客户的忠诚度，从而建立和发展稳固的客情关系。

不同行业，维系客户关系的具体内容和要求会有明显的不同，但推销成交的后续工作要点是基本相同的。本书主要从建立客户档案、联络客户感情、售后服务三方面来讲解。

#### （一）建立客户档案

建立客户档案是推销人员联络客户感情，了解客户购买状况，并开展相应推销活动的重要工具。客户档案是推销人员对客户的相关信息所做的详细记录资料，它是推销人员对客户进行管理的一种方式。

1. 客户档案的基本内容。包括客户的基础资料、客户业务特征、客户的财务状况、客户的交易状况等几个方面。

（1）客户的基础资料。客户的名称、地址、电话；所有者、经营管理者、法人代表个人的性格、兴趣、爱好、家庭、学历、年龄、能力；创业时间与本公司交易的时间；客户的组织形式等。

（2）客户的业务特征。客户的经营管理者和业务人员的素质、与其他竞争者的关系、与本公司的业务关系及合作态度、客户的服务区域、销售能力、销售渠道网络的密集程度、发展潜力、经营观念、经营方向、经营政策、规模、经营特点等。

（3）客户的财务状况。包括客户的销售业绩、资产负债状况、销售利润、税收缴纳、融资渠道与融资能力、信用等级、付款方式等。

（4）客户的交易状况。推销人员不仅要对客户过去的交易状况略知一二，而且还要掌握客户目前的交易状况，更重要的是通过目前客户交易的状况去预测客户未来的交易情况，这有利于推销人员规避一些推销风险，也为未来的推销工作打下基础。客户的交易状况主要涉及销售活动现状、存在的问题、保持的优势、未来的对策、客户形象、声誉、交易条件等方面。

2. 编制客户档案。推销人员需要编制的客户档案的一般格式如表 12 – 1 至表 12 – 3 所示。

**表 12 – 1　　客户资料卡的详尽内容**

| 编号 | 组织类客户 | 编号 | 个人或家庭类客户 |
|---|---|---|---|
| 1 | 公司名称 | 1 | 姓名 |
| 2 | 公司地址 | 2 | 年龄 |
| 3 | 联系方式 | 3 | 学历 |
| 4 | 所属行业 | 4 | 职业 |
| 5 | 公司创办日期 | 5 | 性格 |
| 6 | 员工人数 | 6 | 籍贯 |
| 7 | 注册资本额 | 7 | 民族 |
| 8 | 负责人 | 8 | 兴趣爱好 |
| 9 | 业界信用 | 9 | 工作单位 |
| 10 | 市场地位（市场占有率） | 10 | 职务 |
| 11 | 采购主管 | 11 | 住址 |
| 12 | 采购协办人员 | 12 | 联系方式 |
| 13 | 与本单位开始交易日期 | 13 | 与本单位开始交易日期 |
| 14 | 交易实绩 | 14 | 交易实绩 |
| 15 | 信用评绩状况 | 15 | 信用状况 |

续表

| 编号 | 组织类客户 | 编号 | 个人或家庭类客户 |
|---|---|---|---|
| 16 | 开户银行 | 16 | 往来银行 |
| 17 | 付款方式 | 17 | 付款方式 |
| 18 | 付款日期 | 18 | 付款日期 |
| 19 | 付款条件 | 19 | 付款条件 |

**表 12－2** 个 人 联 系 卡

年 月 日

| | | |
|---|---|---|
| 姓 名： | 电 话： | |
| 性 别： | 性格爱好： | |
| 职 业： | 主要经历： | |
| 年 龄： | 工作单位： | |
| 职 务： | 主要家庭成员： | |
| 职 称： | 推销访问记录 | 第一次 |
| 住 址： | | 第二次 |
| 收 入： | | 第三次 |
| 学历及母校： | 备注 | |

**表 12－3** 组 织 联 系 卡

年 月 日

| | | | | | | |
|---|---|---|---|---|---|---|
| 公司名称 | | | | 地 址 | | |
| 创业时间 | 年 月 日 | | | 资金占用 | | |
| 交易起始 | 年 月 日 | | | 现有员工 | | |
| 信 用 度 | | | | | | |
| 知 名 度 | | | | | | |
| 截止期限 | | 付款时间 | | 银行资信 | | |
| 公司负责人 | 姓 名 | | 住 址 | | 特 长 | |
| | 年 龄 | | 性 格 | | 籍 贯 | |
| | 职 称 | | 兴趣爱好 | | 文化程度 | |
| 公司采办人员或供销员 | 姓 名 | | 住 址 | | 特 长 | |
| | 年 龄 | | 性 格 | | 籍 贯 | |
| | 职 称 | | 兴趣爱好 | | 文化程度 | |
| 推销访问记录 | 第一次 | | | | | |
| | 第二次 | | | | | |
| | 第三次 | | | | | |
| 备 注 | | | | | | |

3. 分析与提取对推销活动有用的信息。客户档案建立好以后，推销人员千万不要把这种推销工作方法流于一种形式，更不要认为客户档案工作做或不做都没有关系，如果推销人员是这样认为的，那就大错特错。建立客户档案不是推销工作的根本目的，关键是推销人员要对它进行分析，以此来维护客户关系，做好推销成交后对客户的追踪管理。

**（二）维护客户关系的方法**

推销人员的工作并不是说在向客户销售了某种商品之后就结束了，推销人员还应继续关注客户的有关情况，为客户提供实际的帮助或有用的信息，这有利于维护客户关系。与客户保持联络，加深印象或感情的方法有很多，根据美国的《销售学基础》一书所提供的建议，推销人员可以从以下几个方面来维护客户关系：

1. 尽管你与客户相隔遥远，但不管何时，一想起或看到某些东西能够解决客户的一个问题，就应立刻打电话。

2. 给客户邮寄他们可能感兴趣的剪报。推销人员可以从商业刊物、行业年报、报纸等上面剪下来客户感兴趣的材料，当然，这些剪报材料的内容不一定与推销有关。

3. 向那些被选任官职、得到晋升或受到奖赏的客户邮寄贺信。

4. 准确知晓客户的相关家事安排，如结婚、生日、生子或其他活动，尽量去参加这些活动，也可以邮寄卡片或打电话去表示祝贺。

5. 遇到重大节日应打电话给客户或给客户邮寄一张贺卡。

6. 给客户邮寄或打电话，让客户了解公司新货上市的消息。

7. 公司举行各种重大喜庆活动、优惠活动、开设讲座时，要邀请客户参加，让客户感到自己受重视对自己有所帮助。

8. 开展售后服务工作，打电话询问和了解客户使用产品后的情况，为客户提供帮助，及时解决问题。

9. 处理好客户的退货和投诉等许多服务方面的工作。

只有维护好客户关系，让客户满意，才能提高客户对公司、产品、自己的忠诚度，这就是维护客户关系的具体办法。要成为优秀的推销人员，就要维护好客户关系，并把这些方法落到实处，并且用一颗真诚的心，真正为客户提供帮助，让客户成为你的好朋友。

**（三）做好售后服务承诺工作，持续推销**

商品的种类很多，每一种商品的特点、价格、功能等都有所区别，而且，公司对不同交易数量、不同交易支付条件的客户，其售后服务的承诺也有所差别。推销人员应掌握公司提供给客户的服务承诺政策，才能很好地履行公司对客户的售后服务承诺。当然，推销人员提供给不同客户的售后服务承诺工作的要求和内容有时不一样，售后服务承诺涉及的内容也是多方面的，推销人员应灵活处理。

**案例**

美国凯特皮纳勒公司是生产推土机和铲车的大公司。它在广告中声称："凡是购买了我们产品的人，不管在世界的哪一个地方，如要更换零配件，我们保证在48小时内送到你的手中。如果送不到，我们的产品就白送给你。”他们说到做到，有时为把一个价值只有50美元的零件送到边远地区，不惜动用直升飞机，费用要超过2000美元；有时无法按时在48小时内把零件送到用户手里，就真的将产品白送个用户。这样做，用户当然是欢迎的，但肯定也会牺牲公司的一些利益。

（资料来源：李放、杨明：《源远流长的商业哲学》，出版参考，2006年11期。）

我们通过上面的资料可知，公司要履行对客户的承诺，同样推销人员也要对客户做到言必行，行必果。售后服务是公司对客户的一种承诺，故在交易达成后，推销人员有责任和义务实施公司对客户的承诺，联系并处理好售后服务承诺履行方面的工作。

1. 做好售后基础性服务工作。推销人员在推销成交后要为客户承诺做好的基础性服务工作有：（1）商品包装。推销人员要按客户的要求为客户提供普通包装、礼品包装、组合包装和整件包装；（2）办理货款结算，推销人员应主动、热情地到收银台去为客户办好付款手续，或与公司相关部门取得联系为客户办理好分期付款手续；（3）确定交货时间、安排送货，推销人员应当在客户方便的时间给他们提供交货与送货事宜；（4）联系上门安装与调试、指导使用或协助销售，应避免因这些问题引起客户的抱怨；（5）说明产品的养护与维修，是推销人员售货后需要向客户提醒的一个注意事项，可能由于客户对产品的养护与维修方法不对，导致出现客户对商品的不满。推销人员应当熟知推销成交后的这些常规性工作。

2. 重点处理“三包”服务中的客户退货。“三包”服务包括包换、包修、包退。推销人员最不愿意遇到的就是客户要退货。因为退货不仅影响公司的销售，而且也会减少推销人员的业绩。故推销人员要重点处理好“三包”服务中的退货服务。推销人员要辨别客户退货的类型，退货可分为销售订单退货和已送货并收款后的退货。每种退货的理由有所不同，但总的来讲，退货大致可能由以下几种情况引起：

- 第一种是由于客户方面的原因引起的退货：（1）客户下了订单后，又觉得不满意，改变主意不买；（2）客户的购买行为受到家人、同学、朋友等周围人的反对，反悔退货；（3）客户出现财务困难，要求暂缓送货或干脆退货。
- 第二种是由于推销人员方面的原因引起的退货：（1）强行推销，客户迫于压力，不好意思当面拒绝，勉强答应购买，事后要求取消订单；（2）推销人员不讲信用，答应给客户的赠品或额外服务未履行。
- 第三种是由于商品方面的原因引起的退货：（1）客户要求换购公司其他产品；（2）产品质量、等级有瑕疵，收到的货物与推销人员介绍的产品不一致；（3）竞争杀价，导致客户嫌价格太贵，引起退货。
- 第四种是由于公司方面的原因引起的退货：（1）送货太慢，未按商定的时间履行，给客户造成不便；（2）安装、调试服务不够及时，遭到客户的退货；（3）送货员态度不佳，客户为了出一口气而退货。

推销人员处理客户退货的工作方法是：首先，要分清客户退货的原因；其次，查出问题后，要对症下药。不管是哪一种原因引起客户退货，推销人员都应当首先向客户说明或道歉，这样可以挽回客户，不再要求退货。如果是推销人员自己引起的，要承认自己的疏忽或错误；如果是由于客户引起的，要了解真正原因，尽量打消客户退货的念头；如果因商品方面的问题引起退货，推销人员要根据情况酌情处理，该退货就退货，该调换就调换；如果是公司有关人员引起的，推销人员要及时与配送等相关部门取得联系，消除客户心中的不满。

3. 回访客户，择机推广产品，扩大销售。推销人员回访客户可以采取定期和不定期回访的方式，也可以借助电话、贺卡、邮件、QQ、邮寄等方式来回访客户。回访客户有几大好处：（1）可以了解客户购买产品后的满意度，及时向公司反馈，让公司获得建设性意见；（2）发现产品中存在的问题，为客户抓紧时机提供维修、保养、退换等方面的服务；（3）巩固与客户的关系，择机推销产品。

回访客户是推销人员扩大公司销售额的一种方法，因此，推销人员不要简单地去做回访客户的工作，而应该在回访客户的过程中，在不经意之间让客户了解公司产品的不同种类、价格、不同的商品能给客户带去什么样的利益，新产品、新的促销活动都应当及时在回访客户的过程中适当地向客户宣传、介绍，以此来扩大销售额，提升自己的推销业绩。

通常，公司售后服务承诺工作包括商品的退回与调换、处理客户的抱怨、定期回访客户和为客户提供新品信息等方面。

## 二、推销绩效评估

推销绩效评估是公司按照有关政策和标准定期对推销人员的业绩进行考评的一种工作方法。推销绩效评估有助于提高推销人员的销售业绩和推销能力。通常，推销人员的推销绩效高，说明推销人员的工作做得好；反之，就差。推销绩效评估数量指标如下：

1. 销售额。这是推销目标中最基本的指标，是从量的角度考察推销人员工作业绩的主要指标，也可用销售量来表示。

2. 销售目标达成率。这是实际销售额与目标销售额之比，可以用来衡量推销人员销售目标的完成程度。

3. 折扣率。这是推销人员对顾客所让出的折扣额占销售总额的比例。如果折扣率增加的幅度超过了销售额增长的幅度说明利润下降，如果折扣率增加的幅度小于销售额的增长幅度说明企业的盈利增加。折扣率反映了推销效率的高低。

4. 毛利率。销售总额减去产品成本，再减去推销中折扣的金额为毛利额。毛利额与销售金额的比就是毛利率。毛利率的高低，反映了产品的盈利水平。

5. 货款回收率。这是收回货款金额与销售金额之间的比例，回收率越高越有利于企业资金周转。回收率低则会造成资金周转困难，而且意味着具有一定的风险。

6. 推销费用。推销费用是为完成推销任务而耗费的各项支出。费用的增加必然造成销售成本的增加，利润下降，因此费用应当有所控制。但推销费用往往与推销次数有关，而推销次数又与推销成果成正比，要提高推销成果就应当增加推销次数，而次数的增加也意味着费用的增加。推销人员处理好推销费用、推销次数与推销成果的关系是确保推销费用的增长率不低于销售业绩的增长率。

## 复习思考题

1. “您是要红的，还是要白的？”推销人员采用的是(　　)来促成交易。
   A. 假定成交法　　B. 选择成交法
   C. 局部成交法　　D. 保证成交法
2. “存货有限，欲购从速。”推销人员采用的是(　　)来促成交易。
   A. 紧迫成交法　　B. 优惠成交法
   C. 假定成交法　　D. 局部成交法
3. 推销人员在促成交易的过程中常见的错误有(　　)。
   A. 卖弄口才，唱独角戏　　B. 热情过分，让客户产生压力
   C. 提问不当，自断财路　　D. 夸大用途和功效，节外生枝
   E. 过于急切，吓跑客户　　F. 喜形于色，致客户生疑
4. 销售合同的主要内容有(　　)。
   A. 当事人的名称或者姓名　　B. 标的
   C. 数量　　D. 质量
   E. 住所　　F. 价款

## 案例分析

### 德国机械厂的客户档案

日本S商社的小野先生当年在德国的一家机械工厂做访问时，其总务科长——一位年轻的德国人，不仅热情地招待了小野先生，而且对小野先生的家庭、兴趣、爱好、生日、所属的社会团体、宗教信仰等都很了解。小野先生对他的敬业精神大为感动，尽力促成了S商社与这家机械厂的合作，从这家机械厂购买了大量的设备。在此后的十多年时间里，双方始终保持着密切的交易交系。为什么会有这样的结果？原来，德国的这家机械厂对每一个交往过的客户都建立了详细的客户档案，随时可以调用，因而才有了这样一种情形。

（资料来源：重庆工商大学，《商务谈判与推销技巧案例集》。）

案例思考：你知道怎样建立客户档案吗？

## 技能训练

**模拟训练**

（1）以小组为单位，分析不同的促成客户交易的方法。请求成交法、比较成交法、优惠成交法、局部成交法、总结成交法等都是要训练的方法。

（2）模拟推销人员接近不同类型的客户。分组演示不同的促成客户交易的多种情景的方法，其他小组找出问题并且予以纠正。

# 主要参考文献

1. ［美］戴维·A. 拉克斯、詹姆迪·K. 西本斯：《谈判》，姜范、陈大为译，机械工业出版社 2004 年版。

2. ［英］盖温·肯尼迪，陈述译：《谈判是什么》，中国宇航出版社 2004 年版。

3. 郭奉元：《现代推销技术》，高等教育出版社 2000 年版。

4. 李世宗：《现代推销技术》，北京师范大学出版社 2007 年版。

5. 张丽芳、宋桂华：《实用商务谈判》，北京交通大学出版社 2007 年版。

6. 杨群祥：《商务谈判》，东北财经大学出版社 2005 年版。

7. 樊建廷：《商务谈判》，东北财经大学出版社 2001 年版。

8. 冯华亚：《商务谈判》，清华大学出版社 2006 年版。

9. 贾蔚、栾秀云：《现代商务谈判理论与实务》，中国经济出版社 2006 年版。

10. 李海琼：《现代推销技术》，高等教育出版社 2001 年版。

11. 吴建安、王旭：《现代推销学》，东北财经大学出版社 2000 年版。

12. 龚荒：《商务谈判与推销技巧》，清华大学出版社、北京交通大学出版社 2005 年版。

13. 吴之为：《现代推销学》，首都经济贸易大学出版社 1996 年版。

14. 任焕琴：《公共关系管理实务》，中国计量出版社 2009 年版。

15. 钟立群：《现代推销技术》，电子工业出版社 2005 年版。

16. 陈瑛、蒋永忠：《推销技术》，中国财政经济出版社 2007 年版。

17. 刘园：《国际商务谈判》，首都经济贸易大学出版社 2004 年版。

18. 王红：《推销技巧》，武汉大学出版社 2004 年版。

19. 方其：《商务谈判——理论、技巧、案例》，中国人民大学出版社 2004 年版。

20. 王晓：《现代商务谈判》，高等教育出版社 2007 年版。

21. 肖华：《商务谈判实训》，中国劳动社会保障出版社 2006 年版。

22. 王景山、范银萍：《商务谈判》，北京理工大学出版社 2007 年版。

23. 陈文汉：《商务谈判实务》，电子工业出版社 2009 年版。

24. 乔·吉拉德著，崔权醴、李春荣译：《如何成交》，经济日报出版社 1997 年版。

25. 刘俊：《优秀推销技能培训手册》，海天出版社 2007 年版。
26. 李五一：《推销口才》，蓝天出版社 1997 年版。
27. 徐育斐：《推销技巧》，中国商业出版社 2003 年版。
28. 郭国庆、李先国、牛海鹏：《推销员职业技能培训鉴定教材》，中央广播电视大学出版社 1999 年版。